KB253241

남북한 전문용어 비교 연구

남북한 전문용어 비교 연구

남북한 전문용어 비교 연구

김 광 수

도서출판 역락

한국과학기술원 전산학과 전문용어언어공학연구센터(KAIST KORTERM)에서 BK21의 지원을 받으면서 박사후 연수연구원 자격으로 공부한지 어언 2년이라는 시간이 흘렀다.

'전문용어학'이라는 학문이 무엇인지도 잘 모르고, 단지 우리말 어휘체계 속에 일반 용어와 다른 전문용어라는 어휘부류가 있다는 점, 남북한 전문용어들이 적지 않게 다르다는 점, 남북한 전문용어의 규범화와 통일은 매우 필요하다는 생각을 가지고 전문용어에 대한 공부를 시작했고, 고국에서 우리말에 대한 학문적 소양을 더욱 깊이 닦고 싶은 일념으로 이 길을 택하였다.

전에는 제 학술수준이 이만하면 괜찮다고 스스로 자부하기도 하였으나, 한국에 와서야 자신의 학식이 너무도 짧음을 진심으로 느꼈다. 너무 좋은 발견이었다. 교수님의 강의를 들어도 나한테는 너무도 익숙지 않은 수학적 논리와 기호들이었고, 학술대회에 참가해도 모두들 영어로 발표하였으며, 학생들 세미나를 들어가도 역시 알아듣기 힘든 학문분야들이었다. 학문이란 진짜 끝이 없음을 이제야 깊이 깨달았고 모름지기 하나 하나 배워나가면서 알아가는 것이 학문의 길임을 느꼈다.

가까이에 최기선 교수님과 같으신 박식한 교수분들이 계시고 또 열심히 연구하시는 연구원분들, 그리고 잘 가르쳐 주는 직원들과 학생들이 있었기에 2년 사이 모르는 것들을 조금씩 배워 나갔다.

그 동안 공부를 통해 '전문용어학'이란 21세기 정보화시대 아주 중요한 학문이고, 현대 사회에서 반드시 학문으로 자리 매김을 해야 함을 인식하였으며 민족통일을 지향하는 남북한에 있어서 전문용어의 규범화와 통일이 아주 시급한 과제임을 다시 한번 알게 되었다.

필자가 그 사이 『전문용어연구 1·2·3·4(전문용어언어공학연구센터 편)』

와 『우리나라에서의 어휘정리(사회과학출판사)』 등 전문용어에 관계되는 남북한의 좋은 저서와 논문들을 읽으면서 짬짬이 짧은 논문들을 몇 편 모아 보았다. 이러한 글들을 한 편의 『남북한 전문용어 비교 연구』라는 제목으로 책자를 펴낸다. 본 글은 남북한 전문용어의 개념과 어휘적 특성, 전문용어의 표준화와 통일, 남북한 전문용어를 비롯한 동아시아 전문용어 비교 연구 및 남북한 일반 언어연구 등으로 구성되었다. 이러한 내용들이 전문분야에 종사하는 분들뿐 아니라 일반 독자들까지도 전문용어와 남북한 전문용어에 대한 기초적인 지식을 쌓는 데 조그마한 도움이라도 되었으면 하는 바람이다.

이 책을 마무리하면서 2년 동안의 학습과 연구의 기회를 마련해 주신 BK21 사업단과 관련 부서 여러 선생님들께 진심으로 감사드린다. 2년간 나의 짧은 실력도 높이 보아주시고 지도해주신 최기선 교수님, 그리고 가까이에서 많은 도움을 주신 신효식 박사님, 시정곤 교수님 너무도 감사하며, 고국에 와 공부하게끔 도움을 주신 이정 형님께 고맙다는 인사를 올린다. 그리고 그 사이 코텀(KORTERM)에서 함께 생활한 친근한 우리 직원들, 석·박사 친구들에게도 고맙다는 인사를 전하고 싶다.

나의 학문의 길을 열어주신 중국에 계시는 지도교사 이득춘 교수님, 늘 가까이에서 지켜봐 주시는 김호웅 담임선생님, 김영수 형님 너무 고맙고, 가장 힘들고 어려울 때 큰 힘이 되어 주신 최명식 교수님, 류은종 교수님, 전학식 교수님, 김진용 교수님 등 여러 교수님들, 부모, 친척, 친구들께도 진심으로 고개 숙여 감사드린다.

끝으로 어려운 여건에도 수익성이 없는 이 책의 출판을 맡아 주신 역락출판사의 이대현 사장님과 원고 편집에 수고해 주신 편집부 권분옥 님께도 고마움을 전하고 싶다.

2004년 7월 7일

전문용어언어공학연구센터 연구실에서　白城軒 김광수

▌차 례

1 전문용어의 개념 및 어휘적 특성

1. 전문용어의 개념[1]

정보화시대, 지식경제시대 지식의 보급과 이전은 전의 그 어느 시기보다 더욱 중요하고 박절한 것이다. 지식정보의 전달매체(carrier)로서의 언어문자는 인류문명의 발전에서 없어서는 안 될 기본수단이며 이것이 현시대에 발휘하는 작용도 더욱 거대하여 졌다.

우리말 어휘구성에서 주요한 위치를 차지하는 전문용어는 인류의 과학지식이 자연언어에서의 결정체로서, 자연언어에서 인류의 과학기술의 발전과 가장 밀접한 관계를 가지고 있는 귀중한 재산이다.

순수 언어공학의 필요성과 더불어 응용시스템으로서 정보검색이나 기계번역에서 각 분야마다의 표준화된 전문용어의 사용이야말로 과학기술 발전의 승패를 가름하게 된다[2]고 말하고 있다. 과학기술의 발전에서

---

1) 이 글은 김광수(2003) 「조선어전문용어에 대한 약간한 고찰」(중국조선어문 3)을 수정, 보강하여 올린 것이다.
2) 최기선(2000), 「전문용어와 센터의 역할」, 전문용어연구 1, 전문용어언어공학연구

전문용어가 일으키는 큰 역할과 다른 나라들과의 정치, 경제적 접촉과 과학 문화 교류과정에 전문용어가 입을 수 있는 외부적인 영향도 아주 크기에 전문용어를 발전시켜야 하고 전문용어를 반드시 일반시민과 과학자, 그리고 기술자들 모두가 중시하여야 한다.

산업사회에서 지식정보화 사회로 변모해가는 현시대에 전문용어(Terminology)가 차지하는 중요한 위치를 감안하고 많은 학자들뿐 아니라 일반 시민들까지도 전문용어에 대해 관심을 가져야 한다.

1.1. 전문용어의 일반개념

전문용어는 어휘구성 속의 하나의 특수한 부류로서 이에 대한 연구를 잘 하려면 우선 전문용어에 대한 개념을 명확히 하여야 한다. 개념은 인간사유의 중요한 조성부분으로서 사물의 특유한 속성이 인간 두뇌에 반영된 것이다. 세상의 모든 사물이 천차만별한 것은 모든 사물이 그 자체가 특수한 속성을 가지고 있기 때문이다.

개념은 사물의 특유한 속성을 반영하기에 사물의 우연히 가지고 있는 속성을 말하는 것이 아니며 사물이 가지고 있는 우연한 속성을 버린 후 형성된 추상적인 속성을 말한다.

전문용어는 특정된 집단에서 정밀하게 규정된 과학적인 개념과 학술적인 내용을 담고 있는 특수한 어휘이다. 전문용어는 국제화된 단어로서 영어로 Term이라고 한다. 이 단어는 네덜란드어, 노르웨이어에서 Term이라고 하고, 독일어에서는 Terminus, 프랑스어에는 terme, 이탈리아어는 tèrmine, 에스파냐어는 temino, 포르투갈어는 termo, 러시아어, 불가리아어, 루마니아어, 슬로바키아어, 체코어, 폴란드어는 termin, 핀란

센터, p.1.

드어는 termi이다.[3]

　Term은 두 가지 어원으로 하나는 라틴어에서 오고 다른 하나는 희랍어에서 왔다. 라틴어어원 terminus의 함의는 경계비(界石), 변계, 한계, 결말, 경계수호신(護界神)의 조각상이고, 희랍어어원 Terma의 함의는 경기에서의 제1위, 종점, 한계, 최고점이다. 라틴어 terminus에 대한 희랍어 번역은 opos인데 그 뜻은 경기장의 계선, 경계비(界石), 한도, 영토 등이다. 어원적으로 보아 Term 이라는 이 단어가 라틴어나 희랍어에서 모두 계선(界限)이라는 함의를 가지고 있다.

　전문용어의 구체성에서 추상성으로의 발전은 이 단어가 오늘과 같은 뜻을 가지게 되었다. 과학기술에서 하나의 관점, 하나의 개념에 대한 한계를 명확히 확정할 것이 필요가 될 때 전문용어를 사용하는 것이라는 것을 알 수 있고 또 전문용어라는 것은 어떤 개념에 대한 한정이라는 것도 알 수 있다.

　전문용어는 그 용어마다 소속된 분야가 있고 그것을 쓰는 분야가 정해져 있는 것은 바로 그 학술적 내용이 어느 한 분야에 제한되어 규정되기 때문이다. 그래서 일정한 전문분야에는 자기들의 분야에 사용하는 전문용어사전을 가지고 있고 다른 한편 일반사전에도 일부 전문용어들을 표제어로 수록하고 있다.

　우리가 말하는 물리학용어, 화학용어, 의학용어, 컴퓨터용어, 경제용어 등이 바로 일정한 분야에서 쓰이는 전문용어라는 뜻이다. 한국의 『명사술어사전』과 조선의 『조선말대사전』 그리고 중국의 『조선말대사전』 등 여러 사전들에 전문용어가 표제어로 수록되어 있는데 국립국어연구원의 『표준국어대사전』에는 48분야로 전문용어가 분류되어 있고 조선의 『조영사전』[4]에는 전문용어가 103분야로 분류되어 있다.

---

3) 馮志偉(1997), 『現代術語學引論(An Introduction to Modern Terminology)』, 語文出版社, p.1.
4) 『조영사전』, 평양, 외국문도서출판사, 1991년.

1.2. 전문용어의 특성

전문용어가 일반용어와 구별되는 어휘적, 의미적, 단어조성 및 어휘체계의 특성을 가지고 있다.

어휘적 측면에서 전문용어는 여러 가지 특성을 지니고 있는데, 가장 중요한 특성은 전문용어의 간결성, 풍부성, 다양성이다. 전문용어는 학술적인 내용을 정밀하게 나타내야 할 요구로부터 길게 풀어 전개할 수 있는 가능성이 있으나 이러한 조건을 고려하면서도 전문용어는 그 기능에 맞게 짧게 만들어야 한다. 다시 말하여 전문용어는 엄밀하게 규정된 개념과 내용을 정확히 주고 또 용어로서의 면모도 갖추어야 하는 만큼 길어지지 말아야 하며 짧게 간결하게 구성하여야 한다.

영양학에서 '급성 간염이나 간경변증 등 간세포가 광범위한 괴사를 동반하는 범발성 간질화에 의해 간이 원래의 기능을 유지할 수 없게 된 상태 및 그에 따라서 나타나는 증상'을 '간부전(hepatic failure)', '정상적인 활동의 저하 또는 정지한 상태. 사람의 경우는 세포나 조직, 기관의 기능 특히 신경이나 근육의 기능이 장애되어 발생하는 생리적 기능의 변화'를 '마비(palsy)'라고[5] 하고 컴퓨터용어에서 '신호를 하나의 방향으로만 전송할 수 있는 버스'를 '단방향(unidirectional)'이라는 용어를 쓰고 있는데 이것은 모두 간결성원칙에 부합되는 용어들이다.[6]

컴퓨터용어에서 '자료를 눈으로 볼 수 있는 형태로 표시해 주는 출력장치'를 '표시를 하는 장치'로 하면 간결성원칙에 부합되지 않기에 반드시 '표시장치(display device)'라고 하여야 한다.

전문용어의 간결성은 또한 짧은 부호나 숫자, 고유명사 같은 것에서

---

5) 채범석 · 김을상, 『영양학사전』, 아카데미서적, 1998년.
6) EDPS연구회, 『컴퓨터용어대사전』, 대은출판사, 1992년.

줄여 쓰는데도 나타나는데 부호를 짧게 쓴 예를 들면 'ADESS(automatic data editing and switching system, 기상 자료 자동 편집 중계 시스템)', 'DNA(deoxyribonucleic acid, 디옥시리보핵산)', 'FAME(forecasts and appraisals for management evaluation, 경영 평가 예측 사정 시스템)', 'GESP(general extrasensory perception, 일반 초감각지각)' 등처럼 짧게 구성할 수 있는 것이다.[7]

전문용어의 간결성은 또한 전문용어의 특성이 잘 나타나게 매듭이 지게 끝을 마무리는 데도 나타나는데 접미사 '-기, -음, -이' 또는 '-식, -성, -행, -상, -도, -체' 등 많이 쓰일 수 있다. 정보기술표준 용어 '강한 형붙이기', '동기식', '상호조작성', '자료매체', '소프터웨어 묶음' 등이 그러한 예들이다. 전문용어는 이처럼 간결한 특성을 지니고 있기 때문에 복잡하고 다양한 학술적인 내용을 보다 뚜렷하고 알기 쉽게 표시할 수 있다.

전문용어는 일반적으로 너무 길면 용어의 일반적인 보급이 잘 안 된다. 여기에서 간결성은 늘 정확성과 모순을 가져온다. 용어가 반영하는 특성이 많으면 많을수록 개념에 대한 표시가 더 완전하고 명확하다. 그러나 그 특징이 많으면 많을수록 용어는 길어지고 사용의 불편을 가져오기에 전문용어의 사업에서 간결성과 명확성과의 관계를 잘 처리하여야 한다.

다음으로 전문용어의 풍부성과 다양성이다. 양적인 측면에서 전문용어는 어떤 어휘부류보다도 풍부한데 그것은 전문용어가 과학과 기술이 발전에 따라 끊임없이 늘어나며 새로운 과학부문이 개척되는데 따라 새로운 용어를 만들어 나가기 때문이다. 전문용어는 학문의 발전이나 새로운 전문분야의 출현에 따라 유동성을 보이는데, 그 수효는 점점 증가하고 있다. 전문용어는 새로운 개념을 나타내기 위해 전문분야에 종사하는 학문적 수준이나 전문성이 높은 전문가에 의해 인위적으로 만들어

---

7) 교학사사서부 편, 『영어약어사전』, 교학사, 1995년.

지면서[8] 전문용어는 풍부해지고 다양해지는 것이 사실이다.

전문용어의 이러한 풍부성과 다양성은 학술적인 개념을 추상화하거나 포괄해서 나타내지 않고 개별적으로 하나씩 표시해야 할 전문용어의 특성에서부터 오는 것이며 과학기술과 논리적 사유가 발전하는데 따라 용어는 더 늘어나게 되며 세분되는 과학부문에 따라 더 다양한 용어부류를 이루게 된다. 몇 년 전만 하여도 일반인들은 '프로그램, 전송파일, 알고리즘, 클릭, 업데이트'라는 용어들을 듣지도 못했을 것이나 점차적으로 정보기술이 발전하면서 이러한 용어들이 만들어지고 우리 생활 속에 들어와 언어생활을 더욱더 풍부하게 해준다.

전문용어의 의미적 특성은 먼저 그것이 하나의 뜻만 가진다는데 있다. 일반용어는 뜻을 여러 가지로 가질 수 있지만 전문용어는 그것을 허용하지 않으며 단 하나의 뜻을 가질 뿐 아니라 그것을 매우 정확하게 규정한 뜻 내용을 가지고 있다. '물의 비등점'이라고 할 때 물리학 용어로서 일정한 압력조건에서 '100℃'이다. 100℃ 가 아닌 99℃나 101℃는 '물의 비등점'이 아니다. 화학용어에서 '그램 분자량, 몰농도, 발화점, 응결점' 등 전문용어도 모두 이러한 정확성을 기하는 것이다.

전문용어의 의미적 특성은 의미의 폭이 좁고 의미 빛깔이 없는 대상논리적 뜻만 가지는 것이다. 일반용어로 쓰는 '심장'은 의미 폭이 넓으나 해부학 용어인 '염통'은 의미 폭이 매우 좁다. 의미 폭이 좁으면 좁을수록 전문용어의 뜻 내용은 정밀하다. 전문용어는 의미 폭이나 의미 빛깔을 가지지 않고 대상적 뜻만 가짐으로써 학술적인 내용을 정밀하게 나타낼 수 있다. 전문용어의 의미가 정밀한 학술적인 내용을 담고 있으며 의미 폭이나 의미 빛깔을 가지지 않는다 하여 결코 전문용어의 뜻 내용이 딱딱하고 단조롭다고만 볼 수 없다.

전문용어의 뜻 내용은 일반인들이 쓰는 말에 기초한 풍부하고 다양한

---

8) 박형익(2000), 「국어사전에서의 전문용어의 정의와 분류」, 전문용어연구 2, 전문용어언어공학연구센터, p.109.

특성을 지니고 있는데 '넓적바닥 플라스크, 번갈아 굽기법(alternate firing method), 더덜이 섞이(additive mixing), 안트라센반죽(anthracene paste)' 등 용어와 조선에서 로(爐)의 구조를 '로머리, 로가슴, 로배, 로허리, 로밑'으로 이름 붙인 것은 사람이나 동물의 몸 구조를 본떠서 지은 말로서 정밀하면서도 비유적인 표현 방법에 기초함으로 해서 다양하고 풍부하다.

전문용어는 특히 일상생활과 관련된 말마디들의 의미를 정밀화하여 씀으로써 의미 내용의 풍부성을 보장하고 있다.

전문용어의 이러한 의미론적인 특성은 주로 일반용어에 상대하여 나타나는 것이다. 그러므로 일반용어에서는 의미의 폭과 빛깔이 풍부화 되고 여러 가지 의미를 가지는 것이 발전으로 되지만 전문용어에서는 반대로 의미의 움직이지 않고 하나로 고착되어 더욱 정밀화 되는 것이다.

전문용어는 그 용어의 만들기도 중요한 특징을 가지고 있는데 그것은 주로 전문용어를 만드는 수단과 수법 그리고 용어를 만들어 쓰는 과정에서 일련의 특성을 지닌다.

전문용어를 만드는 측면에서 전문용어를 만드는 것은 하나 하나 따지고 합의하여 통일시키는 과정을 거치지만 그 과정이 매우 생산적이어서 그것이 생겨나는 속도는 매우 빠르다. 하기에 한국어 발전역사를 놓고 보면 전문용어체계의 형성은 일반용어에 비하여 매우 짧아 대체로는 현대에 와서 이루어졌다고 말할 수 있다. 이처럼 용어형성의 역사가 짧음에도 불구하고 전문용어의 양이 다른 어휘부류에 비교할 수 없이 많은 것은 전적으로 용어 만들기의 생산적 특성에 원인이 있다.

전문용어 만들기의 생산적 특성은 부분마다 제가끔 자기 부문의 용어를 번역하거나 만들어 쓰는 데로부터 전반적으로는 많은 양의 어휘가 생겨나는데 있다. 과학기술의 발전에 따라 1980년대부터 한국의 이공계, 경제계, 농학계, 의학계, 해양부문, 그리고 정보통신부문 등에서 앞을 다투어 자기 분야의 용어집들을 발간하여 많은 전문용어들이 정비되고 있다.

전문용어 만들기의 생산적 특성은 또한 용어를 비교적 짧은 기간에 쉽게 만들어 쓸 수 있다는데 있다. 전문용어가 아닌 일반 어휘는 오랜 역사적기간에 전체 인민의 언어생활과정에서만 새로운 어휘가 생겨나고 그것이 파악이 있는 경우에만 확고하게 어휘론적 체계 속에 들어오는 것이지만 전문용어는 새로 만들 필요성이 제기되면 곧 만들어 정확하게 사정하여 곧 받아 쓸 수 있는 특성을 지니고 있다. 전문용어는 손쉬운 유형화된 방법에 의하여 만들어지고 만들어진 어휘는 바로 생명력을 가지고 쓸 수 있으나 새로운 전문용어에 대한 현대적 요구가 매우 크다.

과학기술의 빠른 발전과 새로운 과학부문의 개척은 불가피하게 새로운 개념들을 낳으며 이에 따라 새로운 용어를 매우 많이 요구하게 된다. 이러한 객관적 요구에 맞게 제때에 용어를 만들어 쓸 수 있는 가능성이 있음으로 하여 전문용어는 보다 생산적으로 만들어진다.

전문용어 만들기의 생산적 특성은 단어 만들기 수단과 수법에 의하여 담보된다. 전문용어 만들기에는 비교적 유형화된 파생법, 합성법 등을 많이 쓰며 그렇게 함으로써 보다 많은 어휘를 보다 쉬운 방법으로 만들 수 있다. 특히 전문용어를 만드는 데서는 어근끼리 합치거나 접두사, 접미사를 덧붙여 전문용어로 정밀화하는 것이 가장 생산적인 수법이다.

예

① 접두사법 : 역- : 역반응/ 무- : 무공해분무/ 재- : 재연소, 재염색/ 순- : 순이론적, 순이론적계산
② 합성법 : 연쇄+ : 연쇄 반응, 연쇄운반체, 연쇄 전분 반응/ 절대+ : 절대습도, 절대측정, 절대온도, 절대 영전위/그램+ : 그램 분자량, 그램 원자 부피, 그램 원자량/ 이미노+ : 아미노말단기, 아미노당, 아미노화합물, 아미노수지
③ 접미사법 : -기 : 아세톡실기, 가속기, 흡착기, 기상자동기록기, 공기저장기 /-화 : 아세틸화, 알킬화, 알킬옥재연소기실화, 화학이온화

④ 접두사, 접미사법 : 순-(이론)-적, 친-(양쪽)-성, 내-(알코올)-성, 재-(연소)-기

전문용어는 단어 형성방법가운데서 보다 생산적인 유형화된 방법을 써서 가장 쉽고 파악 있게 말마디를 늘여나감으로써 끊임없이 보충된다.

전문용어 만들기의 생산적 특성은 다양한 언어적 수단을 이용하는데 나타난다. 일반용어에서 많이 쓰는 고유어를 적극 살려 단어 만들기 자료로 쓰면서 이와 함께 특수한 고유명사, 고장이름, 사람이름, 수자, 부호, 자모 등 여러 가지 자료를 잘 이용하고 있다. 단어 만들기 자료를 이처럼 널리 이용함으로써 용어를 늘여 나가는데 자료의 부족을 모르고 마음대로 말마디를 만들 수 있다. 특히 조선에서는 '오다, 가다, 달리다, 마르다, 얼다'와 같은 흔히 쓰는 일반용어와 '지내, 내굴'과 같은 좋은 방언들을 찾아서 전문용어 만들기의 자료로 씀으로써 '오가기운동(왕복운동), 이어달리기(계주), 말리기(건조), 얼구기(랭동), 지내찬김(과포화증기), 내굴안개(연무)' 등 여러 갈래로 용어를 만들어 쓰고 있는 것이다.

그러나 만들어 쓰는 전문용어의 구조는 반드시 그 언어의 단어형성규칙과 단어결합규칙에 부합되어야 한다. 예를 들면 '디젤발동기'라는 전문용어는 독일에서 Dieselmotor로 표시하여 Diesel와 Motor의 합성어로 하였으나 프랑스어는 moteur Diesel로 명명하여 Diesel가 뒤에 있고 moteur가 앞에 있다. 이러한 전문용어의 구조는 모두 해당언어의 단어 구성과 단어결합의 규칙을 준수하고 있다는 것을 설명한다. 한국어의 전문용어도 생산성이 높다고 하여 아무렇게나 만들어 쓸 것이 아니라 한국어의 단어 조성적 특성 및 단어결합적 특성에 맞게 만들어 쓰고 있다.

이와 같이 전문용어는 가장 생산적인 단어 만들기 수법과 풍부한 언어자료에 기초함으로써 현실이 요구하는 새로운 용어들을 민감하게 만들어 쓸 수 있는 특성을 지니고 있다.

전문용어의 중요한 언어적 특성의 하나가 그의 체계성이다. 전문용어는 매우 복잡하고 다양한 자연과 사회의 여러 대상과 현상 등을 깊은 연관 속에서 반영한 것이기 때문에 아주 짜이어 있고 다양하다. 전문용어의 체계성은 과학기술적 내용을 쉽게 이해하고 논리 정연하게 나타내는데 중요한 작용을 하며 나아가서 전문용어의 기능을 높이고 그것을 발전시키는데 커다란 역할을 논다.

전문용어의 체계성에서 중요한 특성은 무엇보다도 학술적 내용의 체계를 그대로 말마디에 옮겨 반영함으로써 알기 쉽게 하는 것이다. 학술적 내용의 체계성을 표현하려면 이처럼 몇 개의 말마디단위를 중심으로 용어부류를 묶는 것이 필요하다.

> 나무(tree) : [정보기술용어]
> 나무 : 부분나무 → 순서나무 → 2진나무 → 균형나무 → 높이균형나무

전문용어의 체계성은 또한 용어가 평면적으로만 연관되어 있지 않고 입체적인 체계를 이루고 있는 데서 나타난다.

현실세계의 연관자체가 복잡한 입체적인 체계 속에 존재하는 만큼 그의 학술적인 내용을 나타내는 전문용어의 체계성이 입체성을 띠는 것은 당연한 것이다.

> 표식(indicator) : [정보기술용어]
> 표식 ➡ 내부표식
> ⬇
> ➡ 기록권표식 → 기록권시작표식 → 기록권끝표식
> ⬇
> ➡ 머리부표식 → 꼬리표식
> ⬇
> ➡ 파일시작표식 → 파일끝표식

여러 갈래로 연관된 학술적 내용을 말마디의 연관으로 나타내는 이러한 특성은 전문용어의 고유한 특성으로 되며 따라서 이것은 용어의 좋은 기능을 담보하는 우수성으로 된다.

전문용어의 체계성의 또 하나의 중요한 특성은 그것이 매우 한정적인 분야에서 사용된다는 것이다. 전문용어를 현상적으로 보면 용어부류가 주로 일정한 전문분야를 단위로 하여 묶이는데 이렇게 묶이어진 전문용어는 해당 분과와 항목에서만 자기의 기본 뜻으로 통하게 되어 있어서 실제적인 전문용어의 존재단위는 항목 내지 분과이며 이 단위 안에서만 용어의 기능이 제대로 발휘된다. 따라서 일정한 전문분야는 전문용어의 허물 수 없는 울타리로 되어 있으며 전문용어의 체계성도 이 범위 안에서 이루어진다.

전문용어는 자연과학이나 사회과학의 발전과 밀접한 관계가 있는 것으로서 전문용어는 우선 사회발전의 면모를 잘 보여 준다. 전문용어는 인류의 과학기술지식이 자연언어에서의 결정체로서 자연언어 가운데서 인류의 과학기술의 발전과 가장 밀접한 관계를 가지고 있는 귀중한 재산이다. 인류의 과학사에서 새 개념의 생성과 낡은 개념의 소실은 전문용어로서 실현된다.

새로운 과학개념의 생성은 하나의 새로운 용어로서 그것을 표시하며 낡은 개념이 이미 시대에 지나고 혹은 실천과정에서 착오적이라는 것이 증명되었을 때에는 또 낡은 개념과 관계되는 용어는 그에 따라 소멸되어 낡은 용어로 되며 과학사를 이야기 할 때만이 사람들이 그것을 인용할 뿐이다.

'장(場)'이라는 학술용어의 제기도 물리학에서의 학술연구의 발전을 보여준다. 영국의 물리학가 패러데이(M. Faraday, 1791~1867)는 전자기감응 현상을 해석하기 위해 '장(場)'이라는 개념을 제기하였다. 그는 '공간에는 자력선이라는 장으로 차 있다'고 하였는데 당시의 많은 물리학자들이 이것은 도리에 어긋나는 망상이라 하였다. 당시 27살 밖에 안 되는 영국의 물리학자 매크스월(J.G. Maxwell, 1831~1879)은 '장'이라는 대담한 사상을 받아들여 '장'의 개념을 수학언어로 표시하였다.

1964년 그는 '장(場)'의 개념에서 출발하여 한조의 미적분 방정식으로 전부의 자기장현상을 개괄하였고 더 나가서 전자파의 존재와 전자파의 전파속도는 빛의 속도라고 예언하였으며 빛이라는 것은 파장이 일정한 범위에서의 특수한 전자파라고 하였다. 이렇게 그는 광학, 전기학, 자기 마당학을 하나로 융합시켜 '매크스월 전자기이론'을 세상에 내놓았다.[9]

사회과학 전문용어 '철학, 정치, 물질, 의식, 종교, 학술, 문학, 예술, 국가, 민족' 등도 마찬가지로 인간의 사회과학의 발전, 변화와 함께 발전하고, 전문용어는 사회 변화의 면모도 잘 나타낸다.

1.3. 전문용어와 우리들의 자세

전문용어는 일반용어와 다른 특성, 자체의 언어적 특징을 가지고 있을 뿐 아니라 인류의 사회, 자연과학의 발전과정을 잘 반영한다. 즉 전문용어라는 것은 일정한 전문분야에서 사용되는 어휘이지만 우리들의 생활과 밀접한 관계를 가지고 있다.

오늘날 전문용어는 더 이상 해당 분야의 전문가들만의 용어가 아니다. 비전문가들도 각급 학교의 교과서나 대중매체를 통해 많은 전문용어를 친숙하게 접하게 되었다. 그런 과정에서 일반인에게 친숙해진 일부 전문용어들 예를 들면 유전, 돌연변이, 암, 백혈병, 콜레라, 루메티즘, 단백질, 지방, 탄수화물, 적조 현상, 페널티킥, 플레이오프, 오존, 백금, 컴퓨터, 인터넷, 멀티미디어, 브라운관, 저항, 로봇, 레이더, 레이저, 사이버, 형이상학, 장르 등은 그 전문성이 상당히 약화되었거나 약화되는 과

---

9) 馮志偉(2000), 『術語淺說』, 語文出版社, p.3.

정에 있어 전문용어가 아닌 것들과의 경계가 흐릿하게 되어 가는 것으로 보이고[10] 있다는 것이다.

우리들은 전문용어를 커뮤니케이션(communication)이라는 차원에서 생각할 때에 전문용어의 개념을 명확히 하고 그에 대한 목록을 추출하여야 하며 다음으로 전문용어의 언어적환경 수집 및 유형화에 의한 전문용어표준화 과정의 과학화, 그리고 국제 전문용어센터와의 협조 및 그에 대한 보급 등도 매우 필수적인 것이다.[11]

다음으로 전문용어는 우리 생활과 우리들의 자연에 대한 인식과 깊은 관계를 가지고 있기에 자각적으로 전문용어에 대한 인식을 깊게 해야 한다. 우리들의 일상어휘에서 얼마 전까지만 하여도 들어보지 못하던 어휘들이 상당히 많이 나타나고 있다. 이러한 어휘들은 처음에는 일정한 전문분야에서 쓰이다가 점차적으로 우리 생활 속에 들어오는 것을 인식하게 된다. 예를 들면 '커뮤니케이션(정보통신용어)', '해부(생물학용어)', '분해(화학부문용어)', '공명(물리학용어)' 등은 본래 일정한 분야에 쓰이는 전문용어이지만 점차적으로 우리들의 생활 속에 깊이 들어와 일반용어와 같이 이용되고 있다. 이것은 전문용어란 전문분야에서만 쓰이는 것이 아니라 우리들이 자연과학이나 사회과학에 대한 인식이 깊어지면서 그 용어들이 생활 속에 들어와 일생생활의 의사소통 기능도 잘 발휘하는 것이라는 것도 설명해 준다.

오늘날 수많은 다양한 전문기술 분야가 날로 증가되고 이 분야의 지식과 용어들이 우리 일상생활 속에 침투하여 더 이상 전문지식과 용어로서가 아니라 일반어의 한 부분을 차지하고 있다. 예컨대 정보통신과 산업경제 분야만 하더라도 이들은 일상의 매스컴과 각종 직업생활과 밀

---

10) 김문호(2001), 「전문용어와 고유어의 상관관계」, 전문용어연구 3, 전문용어언어
　　공학연구센터, p.8.
11) 최기선(2000), 「전문용어와 센터의 역할」, 전문용어연구 1, 전문용어언어공학연
　　구센터, p.2.

접한 연관 속에서 일상화되고 있다. 전문용어는 이제 소수의 전문 연구자들의 영역이 아니라 모든 사람들이 매일 겪는 언어생활의 일부가 되었고 앞으로 이에 대한 의존도가 날로 증가할 것으로 전망하고[12] 있다.

그 다음으로 우리가 모든 부문의 전문용어를 다 장악하지는 못하더라도 일정한 정도의 전문용어는 명확히 장악할 필요성은 가져야 한다. 전문용어를 장악하는 것이 우리 현대문화인으로서 응당 갖추어야 할 정확한 자세라고 말할 수 있다. 전문용어는 일상생활과의 관련이 없는 것이 아니고 개념화된 전문용어의 적극적인 보급이 일상생활의 질을 향상시킬 수 있다고 할 수 있다.[13]

우리가 물리학에서 적어도 '전압, 힘, 인력'이라는 것이 무엇이고, 화학에서 '원자량, 유기물, 반응, 촉매'가 무엇이며, 의학에서 '고혈압, 편도염, 암, 진단'이 무엇인가를 알아야 하지 않겠는가? 그리고 현대 정보통신기술이 발전하면서 정보통신용어 '인터넷, 웹사이트, 검색, 하드웨어, 마우스, 다운로드' 등은 알아야 한다고 생각한다.

끝으로 국가적 기반으로서 개념을 대표하는 전문용어의 구축과 표준화는 장기적인 자연언어처리기술 발전은 물론 국민의 전문의식수준의 향상, 국가 과학기술 자원관리의 효율화와 더불어 자생적 학문의 발전과 잉태를 가져올 수 있고 최신과학기술 성과의 국제적 교류에도 아주 필요한 것이[14]기에 반드시 국가적 기반에서의 표준화된 전문용어를 구축하고 보급하여야 한다.

---

12) 김현권(2001), 「전문용어의 언어학적 특성과 사전적 기술의 문제」, 전문용어연구 3, 전문용어언어공학연구센터, p.52.
13) 송영빈(2000), 「전문용어학의 제문제」, 전문용어연구 1, 전문용어언어공학연구센터, p.20.
14) 최기선(2000), 「전문용어와 센터의 역할」, 전문용어연구 1, 전문용어언어공학연구센터, p.1.

2. 한국어 전문용어의 어휘적 특성

우리는 한 언어에 사용되는 단어의 전체를 어휘라고 한다. 한국어 어휘라고 하면 한민족이 사용하는 단어의 전체를 말하는 것으로서 전문용어도 역시 한국어 어휘 중의 일부분이다.

전문용어는 일정한 전문분야에서 사용되는 용어들의 집합으로서 일반용어와 다른 점들도 많이 가지고 있다. 전문용어를 어휘적으로 잘 고찰하여 그 특성을 종합적으로 명확히 밝히는 것은 한국어의 전반적 어휘적 특성을 연구하는데 도움이 될 뿐 아니라 용어의 표준화와 통일, 자연언어처리 및 용어의 자동검색에도 매우 중요한 의의를 가질 것이라고 생각된다.

이런 목적에서 필자는 한국과학기술원 전문용어언어공학연구센터에서 구축한 DB자료에서 1만 개 용어자료를 중심으로 한국어 전문용어에 대한 어휘적 특성을 고찰한다.

2.1. 한자어·외래어·고유어

국어 어휘는 개별 낱말의 기원이 어디에 있느냐 하는 계보에 따라 고유어, 한자어, 외래어로 나눈다. 고유어는 원시 국어 이래 순수한 국어 낱말이라고 생각되는 것이고 한자어는 한자로 표기가 가능한 모든 우리말 단어이며 외래어는 금세기에 서양 여러 나라에서 새로운 문물제도와 더불어 들어온 낱말들이라[15]고 정의하고 있다.

---

15) 심재기, 「국어 어휘의 특성에 대하여」, 국어생활 90호 가을(제22호), p.3.

우리말 전문용어는 일반용어와 마찬가지로 그 기원에 따라 고유어, 한자어, 외래어로 나누며 전문용어에서 한자어와 외래어가 차지하는 수량이 일반용어에 비해 아주 많은 편이다. 그것은 전문용어라는 그 어휘적 특성과도 관련이 되는 것이다.

한자가 언제 우리말에 들어왔는지는 딱히 밝힐 수는 없지만 삼국시기 이전 오랜 시기부터 우리 언어 속에 깊이 침투된 것으로 이해하고 있다. 15세기 중엽 한글창제 이전까지는 우리말을 기록한 모든 서적들은 한자로 되어 있는 것이 사실이다.

삼국시기 조선의 지명, 향약이름, 관직이름, 동물이름, 법률용어 등 전문용어들은 모두 한자로 기록되어 있던 것이다. 이것은 한자어로 된 전문용어는 오랜 역사를 가지고 있음을 설명하여 준다. 현대 한국어의 전문용어는 한글로 씌어 있기에 한자어라는 인식이 인츰 안겨 오지 않지만 한자어가 우리말 전문용어의 적지 않은 수를 차지한다.

연구기구(explorer-의학), 지수(exponent-전기전자공학, 전산학, 의학), 지수부(exponent part-전산학), 이식(export-전산학), 노출(exposed-전기전자공학), 폭로(exposure-의학), 추출물(expressate-의학), 표현식(expression-전산학), 확장물(extender-의학), 확장성(extensibility-전산학), 신전(extension-의학), 신근(extensor-의학), 외부(external-전산학), 외부의(external-생물학, 의학), 외용(external application-의학), 외이(external ear-의학) 등은 한자어 전문용어들이다.

이것은 우선 한국어 전문용어는 근대 과학이 한국에 소개되기 시작하면서 일본의 한자어 전문용어에 익숙하게 되었고 광복과 더불어 일본어 전문용어는 한자 문화권이라는 것을 근거로 우리말 전문용어로 전락되었다. 그리고 외국문화와 접촉하는 과정에 새로운 문물이나 개념이 들어올 경우 그 당시 한자에 대한 소양이 풍부한 일부의 지식계층에 의해 한자 용어가 활발히 만들어지게 됨으로써 한국어 기본어휘와 유리된 한자어 전문용어들이 적지 안게 만들어지게 되었다고 말할 수도 있다.

한국어 전문용어에서 외래어 용어의 수도 적지 않는 양을 차지하는 것도 사실이다. 광복 후에는 미국 문화를 수용하고 정치, 경제, 문화적으로 대미 의존이 깊어지면서 영미 외래어가 급증하게 되었고 그밖에 예술, 의학 등의 분야에 따라 프랑스, 독일어, 이탈리아어 등의 차용이 지금까지 계속되고 있다. 최근에 와서는 서구화의 접촉이 가속화되고 새로운 개념과 문물이 흘러 들어오면서 새로운 어휘가 빠른 속도로 생산되고 있다. 특히 일부 전문가 집단에서 전문적인 성격을 띠고 사용되어 오던 컴퓨터 관련 어휘들은 최근에 와서 컴퓨터의 보급과 사용이 일반화되면서 빠르게 확산되고 있다.[16]

전산학, 생물학, 의학, 전기전자공학에 나타난 외래어 전문용어를 예로 들면 아래와 같다.

- 16비트(16bit-전산학)
- 1-메틸아데닌(1-methyladenine-생물학),
- 24비트(24 bit-전산학)
- 글루코사민(2-amino-2-deoxy-D-glucose-생물학)
- 32비트(32bit 전산학)
- 5-메틸시토신(5-methylcytosine-생물학)
- 아날로그(analog-전기전자공학, 전산학, 의학)
- 슈도우리딘(5-ribosyluracil-생물학)
- 8비트(8bit-전산학)
- 미오신필라멘트(A filament-생물학)
- 억셉터(acceptor-전기전자공학, 전산학)
- 액세서리(accessory-전산학)
- 오토캐드(auto Computer Aided Design-전산학)
- 아세탈(acetal-의학)
- 아세트알데하이드(acetaldehyde-의학)
- 아세톤(acetone-의학)
- 아세토나이트릴(acetonitrile-의학)

---

16) 황화상(2000), 「컴퓨터 관련 번역 전문용어 연구」, 전문용어연구 1, 전문용어언어공학연구센터, p.113.

여기에서 말하는 외래어라는 용어는 주로 유럽이나 미국에서 들어온 전문용어들은 말하는데 대부분은 음차표기로 되어 있다.

현대과학기술이 보통 우리들보다 미국이나 유럽이 앞서 가기 때문에 과학기술용어가 우리보다 그 쪽에서 먼저 만들어지는데 우리들이 선진 기술을 받아들일 때 용어에 대한 우리말 수용 과정을 거치지 않고 아무런 선정이 없이 그대로 받아들이는 사정과도 관련된다.

언어 차용이 생기는 원인을 민현식(2001)에서는 크게 두 가지 수동적, 소극적 원인과 적극적인 원인으로 지적하고 있다. 수동적, 소극적 원인으로는 민족 이동, 외침, 식민 지배 등을 들 수 있고 능동적, 적극적 원인으로는 선진 문물의 수용에 따른 필요적 동기(need motive)와 모방적(imitative motive), 과시적 동기(prestige motive)라든가 진취적 국민성, 국제화에 따른 교류 증대, 유행 심리 등을 들 수 있다고 한다. 한국어 전문용어에서의 외래어의 인입은 주로 적극적 원인으로 설명할 수 있다.

지금 쓰이고 있는 정보기술용어만 보아도 그가 가지고 있는 가장 큰 부족 점은 외래어와 어려운 한자어말들이 차지하는 비중이 지나치게 많은 것이라고 지적도 하고 있다. 한국어 전문용어에 한자어와 외래어가 많은 문제는 이후 반드시 해결해야 할 문제이다.

전문용어가 모국어화로 발전하지 않으면 전문분야의 의견교환에서 많은 문제점을 가져올 뿐 아니라 모든 국민의 지식수준을 높이는데 매우 불리한 입장에 처하게 된다. 전문용어는 일반인들에게도 알기 쉬운 말이어야 하며 가능하면 그 나라에서 일반적으로 쓰이는 단어를 기반으로 만드는 것이 바람직하다는 것은 여러 나라 학자들도 인정하고 있다. 하여 전문용어의 표준화와 함께 새로운 우리말로 된 전문용어들을 많이 개발하여야 한다.

진드기(acariasis-의학), 옴진드기(acaridan-의학), 여드름(acne-의학), 딸기코(acne rosacea-의학), 도토리(acorn-생물학), 가시(aculeus-생물학), 날카로운(acumen-생물학), 덧셈(add, addition-전산학), 기름(adeps-의학), 뒤(after-의학), 버섯(agaric acid-

의학), 날개(ala-생물학, 의학), 파리버섯(amanita pantherina-생물학), 꿀벌(apis mellifera-생물학), 들쥐(apodemus sylvaticus-의학), 냉이(arabidopsis thaliane-생물학), 나무의(arboreal-의학), 자기의(archegonial-생물학), 메마른(arid-생물학), 팔(arm-생물학), 땅벌레(armyworm-생물학), 무좀(athlete's foot-생물학), 귓바퀴(auricular-의학), 겨드랑이(axilla-의학), 오소리(badger-생물학), 절름발이(bad- ger leg-의학), 대머리(bald-생물학), 고래수염(baleen-생물학), 대나무(bamboo-생물학), 대벌레(bamboo worm-생물학) 등은 우리말로 된 전문용어들이다.

이러한 우리말 고유어 전문용어들을 접해 보면 용어들이 지칭하는 사물들이 아주 우리들의 가까이 있는 감을 주고 한자어나 외래어처럼 그렇게 생소한 감을 주지 않는다. 들어도 못 보고 알아듣기도 힘든 외래어나 한자어로 대화를 하기보다는 친근한 우리말로 의사교류를 하면 전반 국민들의 지식 수준을 높이는데도 아주 필요하다고 생각된다.

우리들은 전문용어의 한국어화에 의한 전문지식의 국산화로 국가 자생력 강화와 학문의 자생적 발전기반을 마련하며 국가표준에 입각한 전문용어 교환 형식을 갖추어야 한다[17]는 견해에 발을 맞추어야 한다.

아래 도표가 바로 필자가 전문용어 1만개를 조사한 결과로 우리말 전문용어의 한자어, 외래어, 고유어의 비례는 아래와 같다.

1	외래어	1363
2	한자어	7377
3	고유어	264
4	합성어	876
5	문법적 형태 결합	120

---

17) 강현화(2001), 「전문용어의 표준화를 위한 유형분석」, 전문용어연구 2, 전문용어 언어공학연구센터, p.3.

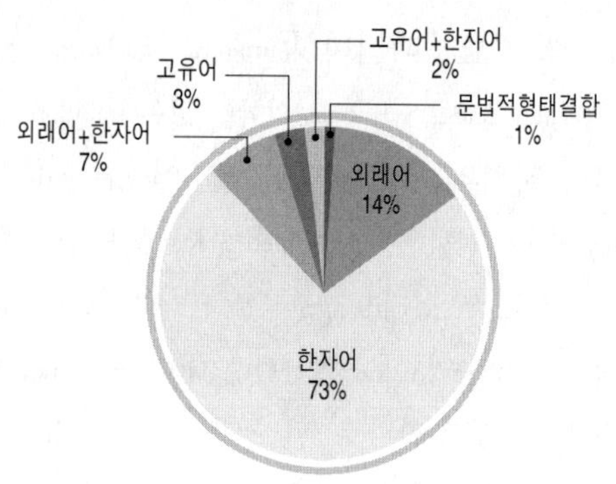

통계수치로 보아도 알 수 있는 바와 같이 한국어 전문용어에서 한자어, 외래어의 상당한 수 87%를 차지하고 고유어의 수는 아주 적게 겨우 3%라는 것이다.

2.2. 구조적 분석

2.2.1. 음절 유형

우리들이 문장을 발음할 때 자연스럽게 갈라져 나오는 소리의 한 덩어리를 음절이라고 한다. 일정한 뜻을 가진 단어는 하나 혹은 그 이상의 음절로 이루어진다. 뜻의 단위로서의 단어는 음절구성이 작으면 작을수록 의미가 모호하고 길면 길수록 뜻은 명확하나 단어가 너무 길면 기억하거나 사용하기에 매우 불편하다.

우리말 전문용어의 음절수를 고찰해보면 1음절로부터 2, 3, 4음절, 15음절까지도 나타나고 있다.

- 1음절 용어 : 금(au-의학), 관(canal-의학), 암(cancer-의학), 캡(cap-전기전자공학), 모(capillus-의학), 낭(capsule-의학)

　　이러한 전문용어들은 동음이의어 충돌현상이 심하여 언어교제에서 의미의 모호함을 나타내고 있는데 이런 용어는 될수록 2음절, 혹은 3음절로 만드는 것이 바람직하다고 본다.

　　의학용어 모(capillus-의학)를 보아도 이러한 점을 알 수가 있다. 『표준의학사전』에 '모'에 대해 '해부학상 술어로 복수형이 사용되며, 특히 두피 위의 모발집단을 가리킨다.'고 하였는데 이 용어는 아래와 같이 동음어로 우리말에서 많이 쓰인다.

- 모[mo]
  ① 옮겨 심기 위하여 가꾸어 기른 벼의 싹.
  ② 물건의 거죽으로 튀어나온 뾰족한 끝.
  ③ 성질·행동 등에서 특히 두드러지게 나타나는 점.
  ④ 각(角).
  ⑤ 윷놀이에서, 윷짝 네 개가 다 엎어진 경우를 이르는 말. 다섯 자리를 갈 수 있음.
  ⑥ 두부나 묵 따위를 잘라 놓은 덩이.
  ⑦ 동물의 털을 깎아 얻은 섬유. 특히, 양모(羊毛)를 이름.
  ⑧ 어머니. 어미.
  ⑨ 제사를 지낼 때, 모삿그릇에 꽂는 띠의 묶음.
  ⑩ (일부 명사 뒤에 붙어) '모자'의 뜻을 나타냄.

　　1음절 전문용어는 병(柄, edicel-생물, 瓶, bottle-화학), 인(鱗, nucleolus-생물, 燐, phosphorus-화학), 장(腸, intestine-생물, 場, field-화학), 체(體, soma-생물, 체, strainer/sieve-화학), 대(臺, stand-물리, 帶, zone-생물) 같은 용어도 있는데 이러한 전문용어는 우리말에서 표준화의 대상이라고 할 수도 있다.

　　한국어 전문용어를 2음절로부터 15음절까지 고찰하면 아래와 같다.

- **2음절 용어** : 풀림(annealing-생물학), 밴드(band-전기전자공학, 전산학), 칼슘(calx-의학), 소배(calyculus-생물학), 미뢰(calyculus gustatorius-생물

학), 근관(calyptra-생물학)

- **3음절 용어** : 어닐링(annealing-전기전자공학), 파아지(bacterial virus-생물학), 살균성(bactericidal-의학), 살균제(bactericide-생물학), 세균진(bacterid-의학), 꽃받침(calyx-생물학), 장뇨막(CAM-생물학)
- **4음절 용어** : 아미노당(aminosaccharide-의학), 정전용량(capacitance-전산학), 전기용량(capacitance-의학), 수정능력(capacitation-생물학)
- **5음절 용어** : 아미노필린(aminophylline-의학), 아미노푸린(aminopurine-의학), 아미오다론(amiodarone-의학)
- **6음절 용어** : 아미노프테린(aminopterin-생물학), 카날리제이션(canalization-생물학), 캄필로박터속(campylobacter-의학)
- **7음절 용어** : 칼슘통로차단제(calcium channel blocker-의학), 프로피온산칼슘(calcium propionate-의학), 파브리시우스낭(bursa of fabricius-생물학)
- **9음절 용어** : 카르복시펩티다아제(carboxypeptidase-생물학), 카르복시도박테리아(carboxydobacteria-생물학), 카르복시펩티다아제(carboxypeptidase-생물학)
- **10음절 용어** : 아미노트랜스퍼라아제(aminotransferase-생물학), 비정형마이코박테리아(atypical mycobacteria-의학), 자가면역성용혈성빈혈(autoimmune hemolytic anemia-의학), 카르바미노헤모글로빈(carbamino-hemoglobin-생물학), 카르바미노헤모글로빈(carbaminohemoglobin-의학)
- **13음절 용어** : 열쇠구멍삿갓조개헤모시아닌(keyhole-limpet hemocyanin-의학)
- **15음절 용어** : 생식샘자극호르몬과다고자닮은증(hypergonadotropic eunuchoidism-의학)
- **15음절 이상 용어** : 고정위성시스템의음성프로그램전송가상기준회선(hypothetical reference circuit for sound-programme transmissions systems in the fixed satellite service-컴퓨터/정보통신공학), 지상파시스템의음성프로그램전송가상기준회선(hypothetical reference circuit for sound-programme transmissions terrestrial systems-컴퓨터/정보통신공학), 정보처리장치등전자파장애자주규제협의회(Voluntary Control Council for Interference by Information Technology Equipment-컴퓨터/정보통신공학)

한국어 일반용어는 보통 가장 길어야 '—하다'형 단어 '푸석푸석하다, 용의주도하다, 아슬아슬하다'와 자연 관련 복합어 '담쟁이덩굴, 오갈피나무, 회오리바람' 등 그리고 외래어 '스테인레스스틸, 프라이버시'와 같은 단어들이다. 그러나 전문용어의 음절수는 여러 가지로 나타나는 한편 가장 길어 22개 음절까지도 나타나는 것이다. 이 역시 전문용어와 일반용어와 다른 또 하나의 특성으로 볼 수 있다.

2.2.2. 혼종어

합성어의 일종으로서 혼종어라는 부류가 전문용어에 있다. 한 언어의 어휘에서 단어는 먼 옛날에는 본래 하나의 고유어 성분으로만 이루어졌을 것이다. 그러나 우리들이 오랜 기간 여러 문화와 접촉하는 과정에서 다른 문화의 문물이나 제도를 받아들이면서 그와 함께 그것을 지칭하는 용어도 많이 받아들인다.

전문용어는 무한히 만들어 질 수 있는데 어떤 용어를 만들 때에 완전히 새로운 어떤 어휘를 탄생시키는 일은 거의 없다. 대부분 전문용어는 이미 있는 어휘를 활용하여 새로운 용어를 형성한다. 이는 전문용어라는 것이 단일 용어보다는 흔히 단일어에 다른 어휘적 단위나 형태소가 붙어 확장된 복합용어들이 많은 경향을 보이는 것으로 설명될 수 있다[18]는 것이다.

한국문화가 유교문화와의 접촉에서 중국어 용어를 받아들이고 유럽 및 미국 등 선진 문화와의 접촉에서 영어나 기타 외래어를 받아들여 쓰는데 이러한 현상은 전문용어 합성어에도 반영된다. 과학기술분야의 용어들은 일반용어와 달리 더욱 그러하다고 보아야 할 것이다. 이러한 용어는 전체 전문용어의 약 8%를 차지하여 고유어보다도 더 많은 수를

---

18) 조은경·서상규(2000), 「전문용어와 전문언어 말뭉치」, 전문용어연구 2, 전문용어언어공학연구센터, p.209.

점하고 있다.

각도센서(angle sensor-전기전자공학), 감기바이러스(ommon cold viruse's-의학), 강암모니아수(ammonia solution-의학), 개구충(ancylostoma caninum-의학), 개발시스템(developmint system-전산학), 개조충(dipylidium caninum-의학), 결정 트리(decision tree-전산학), 결합에너지(binding energy-전기전자공학, 의학), 고세균(archaea-생물학), 관리프로그램(control program-전산학), 관리제어시스템(executive control system-전산학), 국가코드(country code-전산학), 기본서비스(basic service-전기전자공학), 남성호르몬(androgenic hormones-의학), 뇌하수체전엽호르몬(anterior pituitary hormone-의학), 닭콜레라(chicken cholera-의학) 등이다.

에너지(energy-전기전자공학, 생물학, 의학)라는 외래어와 합성하여 혼종어를 이룬 용어들만 보아도 에너지 효율(energy efficiency-전기전자공학, 생물학), 에너지함수(energy function-전산학), 에너지 준위(energy level-전기전자공학), 에너지 대사(energy metabolism-생물학, 의학), 에너지 변환(energy transformation-생물학), 에너지흐름(energy-flow-생물학) 등

혼종어를 그래프로 표시하면 아래와 같다.

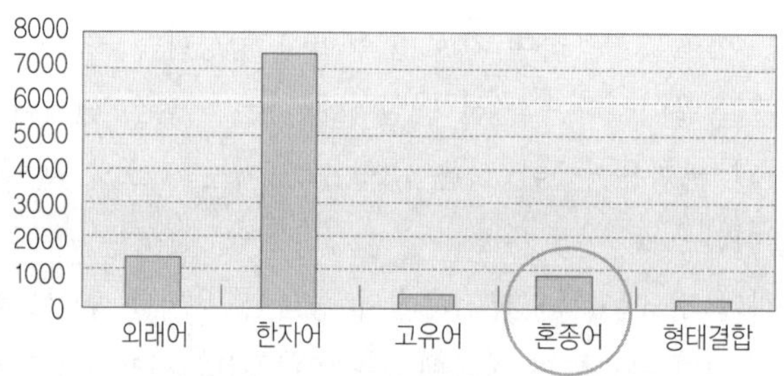

혼종어란 한 용어가 고유어나 한자어, 외래어로만 된 것이 아니라 두 가지 언어 이상의 용어로 결합된 것을 말한다. 이러한 용어들의 결합관계를 고찰해보아도 전문용어의 형태소 결합관계를 알 수 있다. 이러한 결합은 단순히 좌측에서 우측으로 배열된 범주의 집합이 아니라 계층적

구조를 이룬다. 다시 말하여 그것들은 계층적 구조(hierarchical structure)를 구성하는 범주의 집합인 것이다.

전문용어의 계층적 구조 분석은 한국어전문용어에 대해 정의문이 없이도 설명할 수 없는 현상을 설명할 수도 있으며 자연언어처리에도 필요한 작업이다. 단어가 '계층적'이라고 함은 몇몇 형태소가 결합하여 한 의미을 이루고 그것이 다음에 더 큰 형태소의 결합으로 되어 단어가 되는 것을 의미한다.

한국어 전문용어의 혼종어는 그 유형이 아주 복잡하다. 아래 예를 들면

① 고유어＋외래어(K+F) : 되돌림 루프(feedback loop-기초), 높은 채널(high channel-방송), 막대 안테나(barantenna-기초), 열쇠구멍 삿갓조개 헤모시아닌(keyhole-limpet hemocyanin-의학)

② 고유어＋한자어(K+C) : 되풀이攻擊[19] (replay attack-데이터통신), 높이 利得(height gain-전파), 번지는 現象(smearing-방송), 물결 現象(ringing-방송), 뛰어넘기距離(skip distance-전파), 밀려나오는 現象(walk out phe-nomena-기초), 돌아 들어오는 漏化(circulate crosstalk-전송), 부채꼴 喇叭管(sectoral horn-무선), 부채꼴 走査(sector scanning-무선)

③ 한자어＋고유어(C+K) : 動作힘(operating force-기초), 部分行올리기(par-tial line up-컴퓨터), 復寫機손(radiator loss-무선), 假想누름단추(light bu-tton-컴퓨터), 無結性檢査값(Integrity Check Value-관리운용), 符號일그러짐(telegraph distortion-전송), 非使用中끼어들기(notbusy interrupt-데이터통신)

④ 한자어＋외래어(C+F) : 非動機式 컴퓨터(asynchronous computer-컴퓨터), 文字 方式 使用者 인터페이스(character based user interface-컴퓨터), 文字 識別者 폰트(Character Identifier Font-컴퓨터), 無線 세션 프로토콜(Wireless Session Protocol-무선), 無線 識別 모듈(Wireless Identification

---

19) 한자어의 식별의 편리를 위해 용어에서 일부 한자어는 한자로 옮겨 놓았음.

Module-관리운용), 無線 識別 시스템(radio frequency indentification system-무선)

⑤ 외래어+고유어(F+K) : 드라이브 이름(drive name-컴퓨터), 데이터 엿보기(sniffering-통신망), 덕트 두께(duct thickeness-전파), 덕트 높이(duct height-전파), 디스크 묶음(disk pack-컴퓨터), 바이러스 속이기(virus hoax-기초)

⑥ 외래어+한자어(F+C) : 빔영역(beam area-위성통신), 빔직경(beam diameter-광통신), 빔집속(beam convergence-방송), 빔집속(beamconvergence-방송), 빔확산각(beam divergence angle-광통신), 비즈니스프로세스관리전문단체(Business Process Management Initiative-관리운용), 비즈니스 프로세스 모델링 언어(Business Process Modeling Language-컴퓨터)

두 가지 언어로 결합된 혼종어들은 대부분 앞 성분이 뒤 성분을 규정해 주는 규정관계로 된 것이고 중요성분은 항상 단어의 왼쪽 위치에 있다.

아래에 두 개 이상의 나라말로 결합된 혼종어의 결합관계는 두 가지 언어로 결합된 결합관계와 다른 특성을 가지고 있다.

⑦ 고유어+한자어+외래어(K+C+F) : 고리 型 레이저(ring laser-광통신), 고리 型 안테나(ring antenna-무선), 무릎 型 컴퓨터(lap top computer-컴퓨터), 배 壁 헤르니아(ventral hernia-의학)

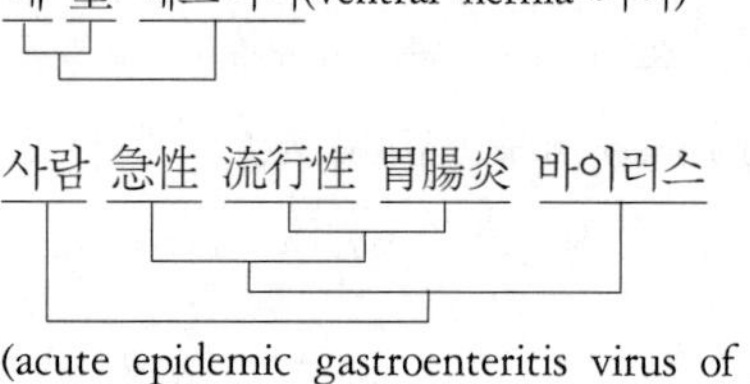

(acute epidemic gastroenteritis virus of humans-생물학)

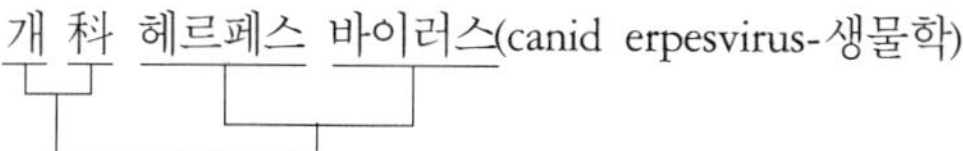

개 科 헤르페스 바이러스(canid erpesvirus-생물학)

⑧ 고유어+외래어+한자어(K+F+C) : 속림프管(ductus endolymphaticus-의학), 거짓멜라닌症(pseudomelanosis-의학)

누름 단추 다이얼 信號(push button dial signal-단말기기)

붉은 글로버 中毒(red clover poisoning-생물학)

⑨ 한자어+외래어+한자어(C+F+C) : 肝림프節(nodi lymphatici hepatici-의학), 能動 마이크로파 感知器(active microwave sensor-무선), 使用者 인터페이스 試驗(user interface test-컴퓨터), 私設 인터넷 프로토콜 住所 (private Internet protocol address-통신망)

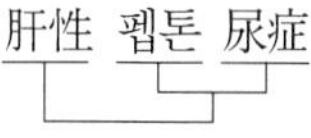

肝性 펩톤 尿症

溫感 低下性 過 나트륨 血(hypodipsic ypernatremia-의학)

使用者 인터페이스 生成 言語(User Interface Markup Language-컴퓨터)

⑩ 한자어+고유어+한자어(C+K+C) : 肝 돌 除去術(hepaticolithotomy-의학), 非對稱 뒤통수 結合雙胎兒(miodidymus-의학), 肩胛骨 어깨 突起 關節面(facies articularis acromii scapulae-의학), 肝 꼬리 突起(processus caudatus hepatic-의학)

肝탓구룻病(hepatic rickets-의학)

褐色둥근무늬病(brown round spot-생물학)

上腕骨三角筋거친面(tuberositas deltoidea humeri-의학)

⑪ 외래어＋한자어＋외래어(F+C+F) : 비즈니스 情報 웨어하우스(Business Information Warehouse-컴퓨터), 모바일 放送 서비스(Mobile Broadcasting Service-무선), 메시지 應用 프로그래밍 인터페이스(message application programming interface-컴퓨터)

밍크 腸炎 바이러스(mink enteritis virus-생물학)

바이트 順序 마크(Byer Order Mark-컴퓨터)

바이트 制御 프로토콜 메시지(BCP massage-데이터통신)

⑫ 고유어＋한자어＋외래어＋한자어(K+C+F+C)

가로 형 안테나 排列(broadside antenna array-무선)

⑬ 고유어＋한자어＋고유어＋한자어(K+C+K+C) : 물空氣배膜(hydropneumoperitoneum-의학), 거미膜밑空間(subarachnoid space-의학), 바깥肋骨사이筋(musculi intercostales externi-의학), 바깥肛門조임筋(musculi sphincter ani externus-의학), 바구미科의 昆蟲(snout beetle-생물학)

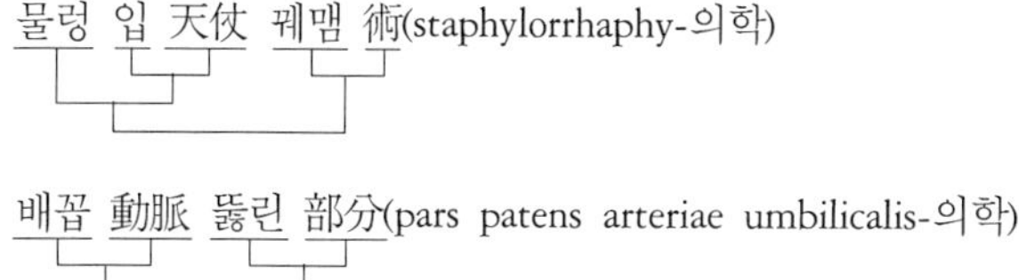

물렁 입 天� 꿰맴 術(staphylorrhaphy-의학)

배꼽 動脈 뚫린 部分(pars patens arteriae umbilicalis-의학)

⑭ 한자어＋고유어＋외래어＋한자어(C+K+F+C) : 高度의 데이터 通信 制御 節次(advanced data communications control procedures-통신망)

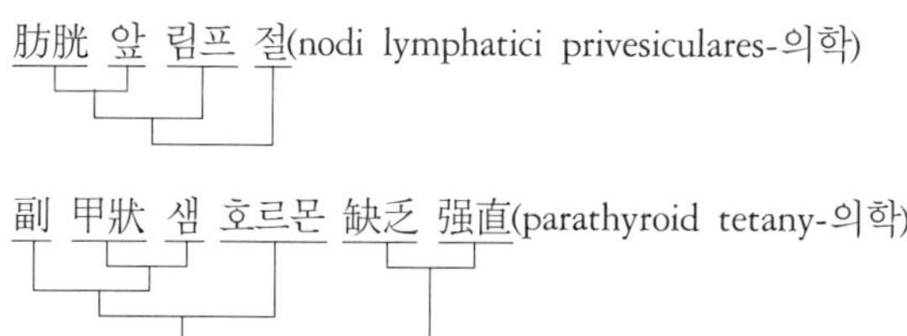

肪胱 앞 림프 절(nodi lymphatici privesiculares-의학)

副 甲狀 샘 호르몬 缺乏 强直(parathyroid tetany-의학)

⑮ 한자어＋외래어＋한자어＋외래어(C+F+C+F) : 萬國 復數 옥텟 符號 化 文字 세트(universal multipleoctet coded character set-컴퓨터), 多채널 多地點 分配 시스템(multi-channel multi-point distribution system-방송), 多 채널 影像 分配 시스템(multi-channel video distribution system-방송)

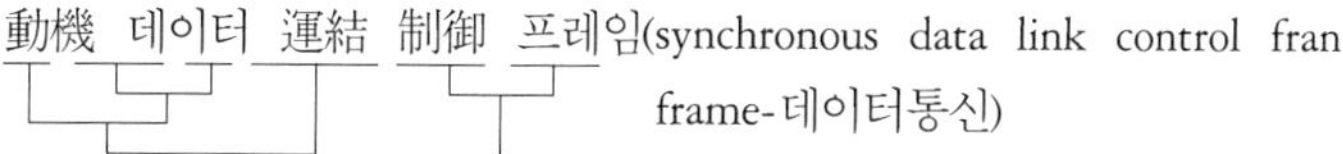

動機 데이터 運結 制御 프레임(synchronous data link control fran frame-데이터통신)

無線 데이터 通信 서비스(wireless data communication service, radio data communication service-무선)

⑯ 한자어＋고유어＋한자어＋외래어(C+K+C+F)

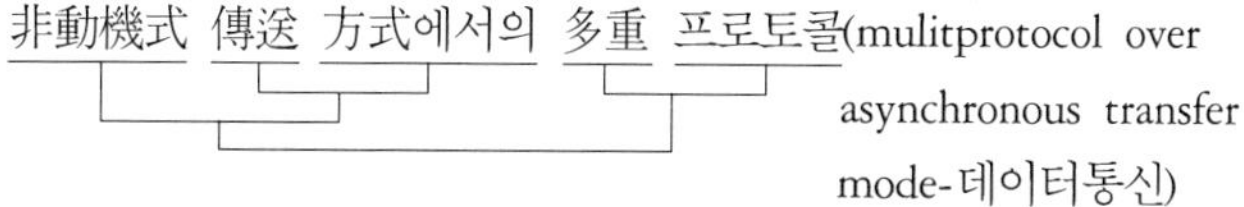

非動機式 傳送 方式에서의 多重 프로토콜(mulitprotocol over asynchronous transfer mode-데이터통신)

⑰ 한자어+외래어+고유어+한자어(C+F+K+C)

待機 패킷과 動機 交換(queude packet and synchronous switch-통신망)

⑱ 한자어+고유어+한자어+고유어(C+K+C+K) : 星狀의별模樣의(stelli form-생물학), 鎖骨밑動脈고랑(sulcus arteriae subclaviae-의학)

小腦 둥쪽 外側 틈새(fissura dorsolateralis cerebellis-의학)

伏在 神經 무릎 骨 아래가지(rami infrapatellaris nervi sapheni-의학)

⑲ 외래어+한자어+고유어+한자어(F+C+K+C)

바이러스 誘發 自家抗體의 生産(virus induced autoantibody production-생물)

⑳ 외래어+한자어+외래어+한자어(F+C+F+C) : 드롭 온 디맨드型 잉크 噴射 印刷器(drop-on-demand ink-jet printer-화상통신), 로드型 레이저 增幅器(rod type laser amplifier-광통신)

벌룬 式 탐폰 揷入法(balloon tamponade-의학)

㉑ 고유어+한자어+외래어+한자어+외래어(K+C+F+C+F)

번들 形 製品 데이터 管理 시스템(bundled PDM system-관리운용)

㉒ 고유어+한자어+고유어+한자어+고유어(K+C+K+C+K)

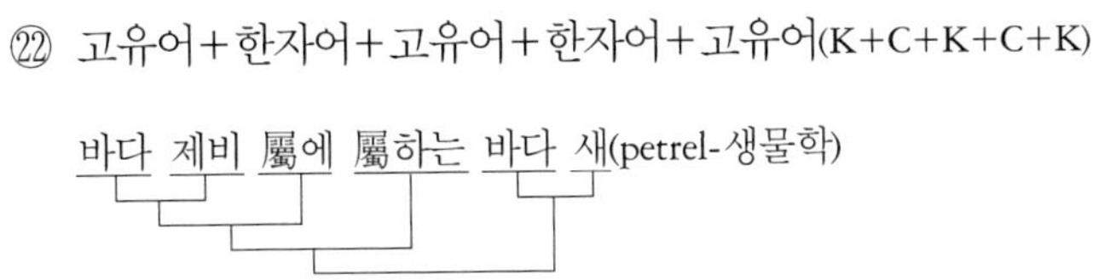

바다 제비 屬에 屬하는 바다 새(petrel-생물학)

㉓ 한자어+고유어+한자어+고유어+한자어(C+K+C+K+C)

허가를 요하지 않는 무선 설비(radio equipment for which the licence is not-컴퓨터/정보통신분야)

㉔ 외래어+한자어+외래어+한자어+외래어(F+C+F+C+F) : 메시지 通信 處理 시스템 機能 모델(message handling system functional model, MHS functional model-통신서비스)

밍크 細胞 포커스 形成 바이러스(mink cell focus-inducing virus-생물학)

㉕ 외래어+한자어+고유어+한자어+외래어(F+C+K+C+F)

데이터 檢證 및 認證 서버(Data Validation and Certification server-기초)

㉖ 고유어+한자어+고유어+한자어+고유어(K+C+K+C+K)

목 神經 고리 甲狀 舌骨筋 가지(rami thyrohyoideus ansae cervicalis-의학)

㉗ 한자어+고유어+한자어+외래어+한자어+외래어(C+K+C+F+C+F)

生殖 샘 刺戟 호르몬 分泌 호르몬(gonadotropin releasing hormone-의학)

㉘ 한자어＋외래어＋한자어＋고유어＋한자어＋외래어(C+F+C+K+C+F)

論理的 링크 制御 및 適應 프로토콜(Logical Link Control and
Adaption Protocol-무선

㉙ 한자어＋고유어＋한자어＋외래어＋한자어＋고유어＋한자어(C+K+C
+F+C+K+C)

生殖 샘 刺戟호르몬 過多고자 닮은 病(hypergonadotropic
eunuchoidism-의학

이상과 같이 전문용어의 혼종어는 여러 유형을 보이고 또 그 내부 형
태소 결합 방식의 다양함도 보인다.

2.2.3. 파생어

전문용어도 일반용어와 마찬가지로 접두사, 접미사 등에 의해 파생어
를 이루는데 파생어 역시 합성어와 함께 전문용어의 하나의 부류를 이
룬다. 여기에서는 파생법 중의 접두사법과 접미사법으로 이루어진 용어
를 예로 들면 아래와 같다.

어근에 파생접사가 붙어 파생어가 형성되는 방법은 크게 세 가지로
나뉘어진다. 첫째는 음소로 되는 경우인데 이방법은 다시 어근에 접두
사(prefix)가 붙어 이러어지는 접두 파생법과 어근에 접미사(suffix)가 붙어
일어지는 접미 파생법으로 구분되는 것이다.[20]

● 접두사 파생법
  • 반(半)－ : 반무도병(hemichorea-의학), 반무머리체(hemiacephalus-의
    학), 반무미각증(hemiageusia-의학), 반무심장체(hemiacardius-의학),

---

20) 박병채(1996), 『국어발달사』, 세영사, p.328.

　　반무정위운동(hemiathetosis-의학), 반문상모반(nervus spilus-의학)
- 초(超)- : 초코일(supercoi), 초원심분리기(ultracentrifuge), 초유동(superfluidity)
- 역(逆)- : 역반응(backward), 역분극(inverse polarization)
- 비(非)- : 비활성화(deactivation), 비결정성물질(noncrystalline substance), 비금속(nonmetal), 비등방성(anisotropy), 비선형분자(nonlinear molecule)
- 불(不)- : 불안정(unstable labile)
- 되- : 되먹임(feedback), 되먹임제어(feedback control), 되튐(recoi), 되튐에너지(recoil energy)

● 접미사 파생법
- -성(性) : 비압축성(incompressibility), 비등방성(anisotropy), 비조화성(anharmonicity), 비탄성(inelasticity), 유연성(pliability), 흡습성(hygroscopicity)
- -화(化) : 비활성화(deactivation), 광인산화(photosynthetic), 수지화(re- sinification), 아미노화(amination)
- -도(度) : 흡수도(absorbance), 투과도(transmittance)
- -기 : 어긋나기(dislocation)

2.2.4. 품사적 형태결합

　한국어 전문용어는 단어결합 및 접사의 결합 외에 문법적 형태와의 결합도 보이는데 대부분은 아래의 예와 같이 규정적 결합이 주를 이룬다고 말할 수 있다.

부가적인(additional-전산학)	무정형의(adelomorphous-의학)
선형의(adeniform-의학)	아데노이드의(adenoid-의학)
점착성의(adhesive-생물학)	관리의(administrative-전산학)
부속기의(adnexal-의학)	청년기의(dolescent-의학)
부신피질의(adrenocortical-의학)	외래의(adventitious-의학)
호기성의(aerophilic-의학)	구심성의(afferent-의학)

지원의(aided-전산학)   흰(albugineous-의학)
소뇌의(ala lobuli centralis cerebelli-의학)
연결하는(annectent-의학)

상술한 바와 같이 문법적 형태는 '의, ㄴ, 는' 등이 주로 나타나 관형어적 성격을 많이 가진다.

2.3. 품사적 분석

전문용어를 품사적으로 볼 때 대부분은 명사로 되어 있지만 우리말 전문용어는 일부 동사, 형용사도 보이고 있다. 예를 들면,

① 과포화시키다(supersaturate) : 영구적으로 용액 내에 보유될 수 있는 양 이상의 성분을 첨가한다라는 의미(『표준의학사전』).
② 개각에 덮이다(testate) : 겉껍데기를 가진, 겉껍데기 혹은 그와 유사한 구조로 덮인(『표준의학사전』).
③ 긴장시키다(tonicize) : 어떤 부분의 긴장을 개선하다(『표준의학사전』).
④ 관통시키다(transfix) : 예리한 기구로 관통 또는 천자하는 것(『표준의학사전』).
⑤ 거세하다(unsex) : 성선 또는 생식선을 제거하는 것(『표준의학사전』).
⑥ 백신을 접종하다(vaccinate) : 면역을 갖게 하기 위하여 백신을 주사하다(『표준의학사전』).
⑦ 복측으로 인도하다(ventriduct) : 복측으로 가져오다라는 의미(『표준의학사전』).
⑧ 가시화하다(visualize) : 완전히 보이도록 하는 것. [주] 보이게 되는 것(『표준의학사전』).

우리말 전문용어에 동사, 형용사도 나타나지만 명사와 비교하면 대조

도 안 될 정도인데 이러한 품사의 단일성은 일반 용어와 구별되는 전문
용어의 하나의 특성이라고 말 할 수 있다.

2.4. 의미적 분석

2.4.1. 분야 교체용어

과학기술은 여러 가지 과학분야로 나뉘는데 그 분야마다 자체의 용어
를 가지고 있으면서도 한 용어가 여러 분야에 교체되는 현상들도 적지
않게 나타나고 있다. 그런 용어를 일반언어학에서 말하는 다의어와 같
은 것이다.

이러한 용어를 예를 들면 아래와 같다.

- 적응(adaptation : 전기전자공학, 생물학)
- 어댑터(adapter : 전기전자공학, 전산학)
- 가수(addend : 전기전자공학, 전산학)
- 아데닌(adenine : 생물학, 의학)
- 아데노신(adenosine : 생물학, 의학)
- 입구(aditus : 생물학, 의학)
- 어드미턴스(admittance : 전기전자공학, 전산학)
- 부신피질호르몬(adrenocortical hormone : 생물학, 의학)
- 증폭(amplifi- cation : 생물학, 의학)
- 아날로그(analog : 전기전자공학, 전산학, 의학)
- 음이온(anion : 전기전자, 생물학, 의학)
- 양극(anode : 전기전자공학, 전산학, 생물학, 의학)
- 어셈블러(assembler : 전기전자공학, 전산학, 의학)
- 원자(atom : 전기전자공학, 전산학, 생물학, 의학)

전문용어의 제정원칙에 의하면 용어는 반드시 개념과 일 대 일의 대

응관계를 이루어야 한다. 하나의 전문용어는 하나의 개념을 나타내야 하고 하나의 개념은 오직 하나의 지칭만을 가져야 한다. 서로 관계되는 학과 혹은 하나의 전문영역에서 이러한 원칙을 꼭 실현해야 하는데 이렇지 않은 경우에는 다의어, 동음어 현상이 출현하게 된다. 때문에 이러한 용어는 서로 다른 영역에서 그 표현을 바꾸는 것이 좋다.

2.4.2. 동일한 기원의 용어

전문용어에서 뜻이 같은 용어들도 있는데 이런 용어들은 일반 용어에서 동의어라고 말하는 용어들이다. 이러한 용어들은 영어로 말하면 하나의 용어로 설명되지만 분야에 따라 우리말 전문용어에서는 서로 다른 용어들을 쓰고 있는 것이다.

- additive(첨가제-전기전자공학, 첨가물-의학)
- adhesion(점착-전기전자공학, 착생-생물학, 유착-의학)
- adhesive(접착제-전기전자공학, 점착성의-생물학)
- affinity(친화력-전기전자공학, 유연성-전산학, 친화성-생물학, 의학)
- agglutination(응집-생물학, 유착-의학)
- alcohol(에탄올-생물학, 알코올-의학)
- align(조정-전기전자공학, 정렬-전산학)
- alignment(얼라인먼트-전기전자공학, 정렬-전산학, 의학)
- alimentary(소화-생물학, 영양의-의학)
- anomaly(이상-생물학, 기형-의학)
- antenna(안테나-전기전자공학, 생물학, 촉각-의학)
- aspect(모양-생물학, 면-의학)
- association(연관-전산학, 군집-생물학, 관련-의학)
- attenuation(감쇠-전기전자공학, 의학, 감쇠량-전산학, 약화-생물학)
- battery(배터리-전기전자공학, 전산학, 계열-의학)
- capacitor(축전기-전산학, 커패시터-전기전자공학, 콘덴서-의학)
- carrier(캐리어-전산학, 전기전자공학, 보균자-생물학, 이형접합체-의학)

이러한 용어에는 한자어와 한자어, 음차어와 한자어가 대응되는 용어들이 많은데 그것은 전문용어를 외국에서 받아들일 때 그들을 받아들이는 경로와 방식이 다르기 때문이다.

2.4.3. 반의어 용어

반의어 혹은 반대말[21]은 어떤 낱말에 대하여 반대되는 뜻을 지닌 낱말을 가리키는데 일반용어에서 흔히 나타나는 어휘부류이다. 한국어 전문용어에도 마찬가지로 반의어라는 어휘부류들이 나타나고 있는데 그 예를 들면 아래와 같다.

1) 뚫림≠막힘

① 배꼽동맥뚫린부분(pars patens arteriae umbilicalis-의학) : 제대 근위측 부분. [주] 크기는 작지만 성인에게도 존재.

② 배꼽동맥막힌부분(pars occlusa arteriae umbilicalis-의학) : 출생시 태반순환이 중지되면 퇴화되어 내측제삭으로 되는 제대동맥 부분.

2) 이음≠자름

① 뼈이음술(osteosynthesis-의학) : 봉합, 환, 판 또는 다른 기계적 방법에 의한 골절단의 외과적 보강.

② 뼈자름술(osteotomy-의학) : 골의 외과적 절단.

3) 수신≠송신

① 수신가능(ready for receiving-컴퓨터/정보통신공학) : 데이터전송 단말장치

---

21) "뜻 반대말은 공간적으로나 시간적으로 양적으로 또는 질적으로 두 개 사물들 사이의 반대나 대립에 기초하여 이루어지는 단어들의 갈래다."(김일성종합대학 조선어학강좌, 『문화어어휘론』, 김일성종합대학 출판사, 1981년, p.34).

가 데이터를 확실하게 수신할 수 있는 것을 신호변환장치(일반적으로 MODEM)에 표시하는 제어신호 또는 그 상태(『21세기 컴퓨터용어사전』). 레디 포어 리시빙

② 송신가능(ready for sending-컴퓨터/정보통신공학) : 신호변환 장치가 송신 요구를 받고, 적절한 일정시간 후에 데이터전송 단말장치에 전송되는 신호변환장치의 준비완료를 표시하는 제어신호 또는 그 상태(『21세기 컴퓨터용어사전』). 레디 포어 센딩

4) 충전≠방전

① 정전류충전(constant-current charge-컴퓨터/정보통신공학) : 축전지의 충전 전류를 일정한 값으로 유지하고 충전하는 방법. [주] 보통은 8시간율 이하의 낮은 전류로 충전하지만 충전이 진행됨에 따라 전압이 상승하므로 그것에 따라 전원 전압도 높여 줄 필요가 있다(『TTA 정보통신용어사전』).

② 정전류방전(constant-current discharge-컴퓨터/정보통신공학) : 축전지를 방전할 때 전류를 일정하게 유지하고 방전하는 형식(『TTA 정보통신용어사전』).

5) 우간엽≠왼간엽

① 우간엽(lobus hepatis dexter) : 간장의 우엽, 간의 4엽중 최대의 엽. [주] 전방은 겸상간막에 의하여 좌엽과 구획되어 있고, 후하방은 하대정맥에 의하여 미상엽과, 담낭에 의하여 방형엽과 분리되어 있다(『표준의학사전』).

② 왼간엽(hepatis sinister) : 왼간엽 간장의 좌엽, 간의 주된 2엽 중에서 작은 엽(『표준의학사전』).

6) 아래 ≠ 위 ← 중간 → 앞 ≠ 뒤

① 아래종격(mediastinu inferius) : 종격동을 상부, 중부, 하부의 세 부분으로 구분할 때 제일 아랫부분(『표준의학사전』).

② 앞종격(mediastinum anterius) : 뒤는 심막, 앞은 흉골, 양측은 흉막에 의해서 경계된 종격의 부분(『표준의학사전』).

③ 중간종격(mediastinum medium) : 심막에 싸인 심장, 상행대동맥, 상대정맥, 기관지분기부, 폐동맥, 폐정맥, 횡격막신경, 폐문의 대부분, 기정맥을 함유한 종격의 부분(『표준의학사전』).

④ 뒤종격(mediastinum posterius) : 뒤는 척추, 앞은 심막, 양측은 흉막으로 경계된 종격의 부분(『표준의학사전』).

⑤ 위종격(mediastinum superius) : 심막에서 목의 기부에 이르는 종격의 부분(『표준의학사전』).

전문용어도 일반 용어와 마찬가지로 용어들의 반의어 관계를 이루고 있고 반의적 관계가 있으므로 하여 전문용어의 뜻이 더욱 명확하게 안겨 온다.

2.4.4. 약어인 전문용어

전문용어에는 약어가 있는데 한국어 전문용어 약어에는 직접 영어의 약어를 그대로 가져다 쓰는 경우가 가장 많다. 약어가 생기는 내적 원인으로는 본래의 전문용어의 음절수가 상당히 긴 원인에 있고 외적 원인은 인간의 언어 생활에서의 노력 경제 의식이 작용하고 있기 때문이다.

① APCN(Asia-Pacific Cable Network-컴퓨터/정보통신, 아시아퍼시픽 케이블 네트워크) : 한국 및 일본을 비롯한 동아시아 지역과 동남아시아 5개국을 연결하기 위한 해저 광케이블(『TTA 정보통신용어사전』).

② ATA(AT attachment-컴퓨터/정보통신, 에이티 어태취먼트) : PC/AT 호환기에 사용되고 있는 하드 디스크 인터페이스의 하나인 IDE(Integrated

Device Electronics)를 미국 표준 협회(ANSI)가 규격화한 것(『TTA 정보통신용어사전』).

③ APT(automatically programmed tools-컴퓨터/정보통신, 오토매티클리 프로그래메드툴즈) : 공작 기계의 수치 제어용 프로그래밍 언어. [주] 미국의 J.T. Persons가 1948년에 제안한 착상을 바탕으로 1956년에 MIT 공과 대학에서 개발하여 실용화되었다(『TTA 정보통신용어사전』).

④ ABCDEF(automation, biotechnology, computer & communication, DIY, energy, fine chemical-컴퓨터/정보통신, 오토매이션, 바이오테크널러지, 컴퓨터 & 커뮤니케이션, 디아이와이, 에너지, 파인 케미컬) : 오토메이션, 생명 공학, 데이터 통신, DIY(do it yourself), 에너지, 신 고분자 등 미래 산업을 대표하는 6개의 분야(『TTA 정보통신용어사전』).

⑤ BEST(Benefit, Exellence, Secret, Technique-컴퓨터/정보통신, 베니핏, 엑설런스, 시크릿, 테크닉) : 곧 효과가 얻어지는 내용, 우수한 품질, 완전한 기밀 유지, 고도의 기술과 노하우를 뜻하는 말(『TTA 정보통신용어사전』).

⑥ BGP-4(Border Gateway Protocol-version 4-컴퓨터/정보통신, 보더 게이트웨이 프로토콜-버전 4) : 제공자 간의 통신에 사용되고 있는 경로 지정 통신 규약. [주] 동적(動的)으로 경로를 결정할 때 라우터 간에 경로 정보를 주고받기 위해 사용(『TTA 정보통신용어사전』).

한국어 전문용어에는 한글로 직접 쓰는 약어도 나타나지만 그 양은 아주 적은 편이다.

• 이산고정＝이산화탄소고정(carbon dioxide assimilation-생물학, 炭酸同化)

• 이산고정＝이산화탄소고정(carbon dioxide fixation-의학, 炭酸固定)

• 일산중독＝일산화탄소중독(carbon monoxide poisoning-의학, 一酸化炭素中毒)

• 탄산탈＝탄산탈수효소(carbonic anhydrase-생물학, 炭酸脱水酵素)

• 일산헤모글로빈＝일산화탄소헤모글로빈(carboxyhemoglobin-의학, 一酸化炭素ヘモグロビン)

- 생검＝생체조직검사(iopsy-생물)

한국어 전문용어 약어에는 특색 있는 약어들도 나타난다.

- 위지액(What You See Is All You Get-컴퓨터/정보통신공학) : 보는 것밖에 얻는 것이 없다는 뜻을 가지고 있는데, 눈으로 아무리 볼 수 있어도 해킹하지 못하는 것을 지칭하는 용어. 최신인터넷용어사전 왓 유 시 이즈 에이엘엘 유 겟 ウィジウィグ 你所看到的你都能得到.
- 위지윅(What you see Is What You Get-컴퓨터/정보통신공학) : 화면 상에 표시된 이미지가 그대로 인쇄되는 것. 데이터베이스용어사전 WYSIWYG 왓 유 시 이즈 왓 유 겟 ウイズウイグ 看到什麼得到什麼.

약어의 존재는 우리가 사용하는 전문용어에서 막을 수 없는 현실이고 시간과 힘을 절약하기 위해 산생되지만 약어가 너무 많이 나타나면 동형약어가 증가하여 과학기술 교류와 우리들의 언어생활에서의 혼란을 조성하기에 규범화에서 중요한 문제로 나서고 있다.

2.5. 전문용어의 표준화

전문용어의 표준화와 규범화는 어느 언어도 마찬가지이고 세계 여러 나라 모두가 중시하고 있는 사업이다. 사용하는 용어의 의미가 서로 확실치 않거나 분명치 않을 경우 그 통신은 혼란과 오류를 범하게 되고 궁극적으로 언어교제에서 성공할 수 없을 것이라는 것은 쉽게 상상이 될 것이다. 이런 의미에서 우리가 관심을 갖게 되는 것은 일반적인 용어도 포함되지만 더욱 심각한 것은 전문적인 용어에 대한 정확한 의미를 공유하는 일이다.[22] 전문용어는 전문용어 생성과 선택의 원칙인 간결성,

명확성, 투명성, 자국어 원칙 등에 의해 규범화되어야 한다.

한국어 용어 중에는 이러한 요구에 부합되지 않는 용어들이 상당히 많은 형편이다. 우선 용어의 정의나 영어 용어와 연결을 시키지 않고서는 이해하기가 어려운 용어들이 상당히 많은 실정이다. 이런 용어들을 피도(age-생물학), 부속기(appendage-생물학, 의학), 수양액(aqueous humor-생물학), 방수(aqueous humor-의학), 결찰(banding-의학), 소우지(barbule-생물학), 수피(bark-생물학) 등인데 반드시 표준화의 대상으로 잡아야 한다.

한국어 전문용어는 음차표기에서도 하나의 용어를 서로 다르게 사용하는 용어들이 상당히 많다. 즉 같은 영어용어를 분야에 따라 서로 다른 음차표기를 쓰고 있다. 발음차용 외래어이 표기는 실생활과 학문활동을 포함한 모든 사회, 경제 활동에서 매우 중요한 역할을 담당한다. 먼저 외래어 표기의 오용과 남용으로 통일되지 않은 여러 가지 단어들이 난무하는 것은 일상생활에서 언중들이 원활한 언어생활에 혼란을 야기하게 된다.[23]

이러한 용어를 예를 들면

- 알코올(Alcohol-의학 アルコール), 알콜중독(alcohol addiction-의학 アルコール耽溺), 알코올발효(alcohol fermentation-생물학), 알코올기(alcohol group-의학), 알코올중독(lcoholism-의학), 알코올류(alcohols-생물학)
- 알데히두(aldehyde-생물학), 알데하이드(aldehyde-의학, アルデヒド)
- 알긴(algin-생물학), 알진(algin-의학), 알긴산(alginic acid-생물학), 알진산(alginic-의학)
- 알고리듬(algorithm-전기전자공학), 알고리즘(algorithm-전산학, 의학)
- 알미늄(aluminium-의학), 알루미늄(aluminium-전기전자공학, 의학)

---

22) 부경생(2000), 「남북한에서의 농업과학 전문용어 개발 현황」, 전문용어연구 1, 전문용어언어공학연구센터, p.61.
23) 시정곤(2000), 『전문용어와 외래어 표기법』, 전문용어연구 1, 전문용어언어공학연구센터, p.168.

- 아밀라아제(amylase-생물학), 아밀라제(amylase-의학)
- 카탈라아제(catalase-생물학), 카탈레이스(catalase-의학)
- 침판지(chimpanzee-생물학), 침팬지(chimpanzee-의학)

기원이 다른 용어를 하나로 쓰고 있는 현상도 나타난다. 아날로그 (analogue전기전자, Analog-to-Digital, Analog-to-Digital converter 전산학), 고정 (anchor, anchorage의학), 남성호르몬(androgen, androgenic hormones 의학), 조과기 (carpogone, carpogonium 생물학)

기원이 다른 용어를 하나로 쓰는 예를 구체적으로 설명하면 아래와 같다.

- **거세(去勢)하다**
  ① castrate(의학) : 생식선을 제거하여 그 개체의 생식능력을 없애다.
  ② unsex(의학) : 성선 또는 생식선을 제거하는 것.
  ③ desexualize(의학) : 성징을 빼앗는 것. 생식선을 제거하는 것.
  ④ caponize(의학) : 특히 수탉 혹은 가금을.

- **문(門)**
  ① phylum(생물학) : 하나나 그 이상의 강을 구성하는 동물이나 식물 계의 가장 큰 분류군.
  ② porta(의학) : 해부학상의 명명에 있어서 개구부.
  ③ hilus(의학) : 장기에 들어가는 혈관이나 신경이 모이는 소와 또는 함요부
  ④ obex(의학) : 제4뇌실 하각의 맥락끈의 상의층 결합부. 해부학용어
  ⑤ gate(생물학) : 어떤 생물현상이 환경주기 중의 특정한 좁은 시간 대에만 일어날 수 있을 때의 시간대
  ⑥ labrum(의학) : 입술, 가장자리, 변두리에 대한 일반적 표현.
  ⑦ hilum(의학) : 혈관과 신경이 들어오는 기관의 부분에 있는 움푹한 소와에 대한 일반용어.
  ⑧ division(생물학) : 생물분류의 린네식 계층분류체계에 있어서 계의 다음 위치에 오는 기본적 계급

한국어 전문용어에는 일반용어에서 나타나는 동음이의어 현상도 나타나고 있다. 일반적 언어환경에서는 쉽게 구별되지만 더욱이 전문용어를 한글로 표기하기에 음만 보고서는 뜻을 이해하기 어려운 경우가 많다. 언어생활에서 동음어(소리 같은 말)가 많이 생기면 그것은 부정적 현상으로 될 것이므로 오해를 줄 수 있는 소리 같은 말을 피하는 것이 좋다.[24] 사람들의 이런 용어들도 동음충돌을 일으키는데 이런 용어는 전문용어의 규범화하여야 한다.

- 각[kak]
  - 角 angle-의학 : 두 개의 교차하는 경계선 또는 표면 접합부의 영역 또는 점(『표준의학사전』).
  - 角 angulus-의학 : 신체의 삼각형 부분, 또는 특수한 구조와 부분의 각을 의미(『표준의학사전』).
  - 角 cornu-의학 : 각상의 신생물이나 돌출. [주] 특히 단면상의 모양이 각과 비슷한 구조를 지칭하는 데 사용되는 해부학상의 정의(『표준의학사전』).
  - 殼 husk-생물학 : 옥수수 이삭의 포영 처럼 곡물의 거친 외피(『유전학용어사전』).
  - 脚 pedunculus-의학 : 중추신경계내의 서로 다른 구역간을 주행하는 신경섬유의 집합체에 대한 일반용어(『표준의학사전』).

이러한 동음어는 그러한 단어 결합으로 이루어진 전문용어들에까지도 연쇄반응을 일으키게 된다.

- 각+간의(角間의interangular, 脚間의interpeduncular)
- 각+거리(角距離 angular distance-의학)
- 각+결막염(角結膜炎keratoconjunctivitis-생물학미생물학)
- 각+곡목의 바다에 서식하는 요각류(殼曲目의 바다에 棲息하는 凹角類 sea louse-생물학)

---

24) 김일성종합대학 조선어학강좌(1981), 『문화어어휘론』, 김일성종합대학출판사, p.38.

- 각+골(角骨 angular bone-생물학)
- 각+공막(角鞏膜 corneosclera-의학)
- 각+교련로(角交連路 cornucommissural tract-의학)
- 각+구(角球 os cornu-생물학)
- 각+기(脚基 sympodite-생물학)
- 각+내핵(殼內核 nucleus entopeduncularis-의학)

동일한 외국어 용어를 분야에 따라 음차표기로 혹은 고유어로 쓰는데 이런 용어는 이미 우리말로 굳어진 한자어나 고유어화 하는 것이 바람직하다.

cap(캡-전기전자공학, 덮개-의학), capacitance(커패시턴스-전기전자공학, 정전용량-전산학, 전기용량-의학), catalog(카탈로그-전기전자공학, 목록-전산학), category(카테고리-전기전자공학, 범주-전산학), aging(에이징-전기전자공학, 전산학, 노화-생물학, 의학), chain(체인-전산학, 전기전자공학, 사슬-의학) 등이 바로 그러한 용어들이다.

한국어 전문용어 Bone(骨, 뼈-생물학, 골-의학), bundle(束, 속-생물학, 다발-의학), dens(齒, 이빨-생물학, 치아-의학), ear(耳, 귀-생물학, 이-의학), earth(接地, 접지-전기전자공학, 전산학, 흙-의학) 등 용어는 고유어와 한자어의 대응이 존재하는데 이러한 용어 역시 알기 쉬운 우리말 용어로 정하는 것이 매우 바람직하다.

이외에도 전문가가 아니고서는 알아 볼 수가 없는 용어들도 적지 않다.

① 조상완(bird arm-의학) : 근육의 위축에 의하여 전완이 작아진 상태(『표준의학사전』).

② 함장뇌의(camphorated-의학) : 장뇌를 함유하는(『표준의학사전』).

③ 창연선(bismuth line-의학) : 창연중독의 경우에 치은연을 따라 나타나는 엷은 청흑색의 선(『표준의학사전』).

④ 대두(megaseme-의학) : 안와지수가 89 이상인 것(『표준의학사전』).

이러한 용어 역시 표준화의 대상을 잡아야 한다.

2.6. 맺는 말

이상과 같이 한국어 전문용어를 어휘적으로 고찰하고 아래와 같은 결론을 종합해 낼 수 있다.

첫째로, 한국어 전문용어는 이미 오랜 역사를 가지고 있으며 용어가 매우 풍부하고 다양하며 일반용어와 함께 체계를 갖추어 한국어 전반 어휘체계 속의 일부분으로 존재하고 있다.

둘째로, 한국의 전문분야는 일반용어와 다른 여러 가지 특성을 지니고 있다.

즉 한자어와 외래어가 과반수를 차지하고 고유어가 매우 적으며 4음절, 5음절을 초과하는 용어들이 상당히 많다. 한국어 전문용어에는 동의어, 반의어, 동음어도 존재하고 있다.

셋째로, 과학기술의 발전과 함께 한국어 전문용어는 많이 이루어지고 있는데 전문용어의 표준화는 시급히 해결해야 할 문제이다. 한국어 전문용어에는 서로 다른 분야에 교차적으로 쓰이는 다의어, 의미가 모호한 동음어, 음차표기문제, 읽고 이해하기 힘든 용어 등으로 여러 가지 문제점들이 존재하고 있는데 이러한 현상은 시급히 해결해야 할 문제이다.

오늘날 대부분의 전문영역의 지식, 정보, 기술이 외국에서 들어옴으로써 이를 통일된 용어와 체계로 번역하여 표준화시키는 문제는 심각히 제기된다. 특히 전문분야의 지식, 정보, 기술을 신속하게 획득, 전달, 가공, 축적, 처리하기 위해서는 기계화가 필수적이고, 기계화, 산업화의 선결조건으로 표준화가 되어야 한다.[25] 자국의 전문용어를 우선 규범화하여 잘 다듬어야만 이후 남북용어의 통일 문제 및 국제적 표준화의 밑거

---

25) 김현권(2001), 「전문용어의 언어학적 특성과 사전적 기술의 문제」, 전문용어연구 3, 전문용어언어공학연구센터 p.54.

름이 될 것이다.

넷째로, 전문용어의 자국어화의 움직임은 이미 선진국에서는 활발히 전개되어 온 것으로 모국어로 전문용어를 정확히 개념화하고 이를 사용하는 것이 정확한 정보 전달에 필수적인 요소이다.[26] 우리가 바른 우리말로 된 전문용어를 확립하여야만 국민에 대한 올바른 전문용어 교육을 진행하여 국민의 과학문화 소질을 하루속히 향상시킬 수 있다.

3. 한국어 전문용어의 유형분석[27]

우리가 말하는 사물의 유형이란 어떤 사물의 공통의 성질, 특징이 있는 것끼리 묶은 하나의 틀, 또는 그 틀에 속하는 것들이고, 이에 대한 분석이란 서로 얽혀 있는 것이나 복잡한 일을 여러 갈래로 풀어서 그 속의 개별적인 요소나 성질로 밝혀내는 것이다. 우리가 어떤 사물의 유형을 분석하는 목적은 사물 속에 얽혀 있는 복잡한 여러 갈래의 특성을 어떤 기준에 따라 하나하나 풀어내는 것이기에 사물의 유형에 대한 분류는 그에 대한 연구의 기초작업이자 나중에는 목적이기도 하다고 말할 수 있다.

일정한 분야에서 사용하는 우리말의 전문용어도 그 전문분야에 따라 사용되면서도 다른 여러 전문용어들과 복잡한 관계 속에 얽혀 있는 것이다. 우리는 이렇게 복잡하게 얽혀 있는 어휘를 어떤 기준에 따르면 그

---

26) 송영빈(2000), 「전문용어 제문제」, 전문용어연구 1, 전문용어언어공학연구센터, p.19.
27) 본 글은 김광수(2002) 「한국어 전문용어 유형분석」(전문용어연구 4, 전문용어언어공학연구센터)을 수정, 보강한 것이다.

것들끼리 하나의 틀로 묶을 수가 있는 데 이렇게 묶음으로 하여 그들의 성질이 더욱 명확히 나타낼 수 있다.

필자는 우리말 전문용어에 대한 인식을 명확히 하고 그 성질과 특성을 밝혀 보려는 목적에서 전문용어를 그들의 사용 분야, 의미, 단어의 형태, 그리고 어원과 조어방식 등 기준에 따라 유형을 분석하여 본다.

3.1. 과학 분야

우리가 전문적인 과학기술 분야라고 하면 자연과학분야와 사회과학분야 및 인문과학분야를 가리키는데 전문용어는 이러한 분야에 따라 서로 달리 쓰이는 것이며 현대사회에서 이들 각 분야는 모두 자신이 소유하고 있는 전문용어로 그 분야의 지식기반을 구축하고 있다.

자연과학분야는 지구과학, 건축공학, 물리학, 의학, 토목공학, 생물학, 전산학, 금속공학, 화학, 기계공학, 전기전자공학, 화학공학, 환경공학 등으로 나눌 수 있다. 이들 분야는 자기 그 분야에 특유한 전문용어들을 정비하고 있는데 분야 별로 한국어전문용어 그리고 그에 대응되는 영어용어 및 뜻풀이를 열거하면 아래와 같다.

분야	전문용어	영어	뜻 풀 이	출처
지구과학	에이스코프	A scop	레이더에서 탐지된 목표물체의 위치를 표시하기 위해 당초부터 사용되어 온 형식의 지시장치로서 이 뜻으로 A라고 하는 명칭이 붙여졌다. 브라운관 위에서 가로축에 레이더 설치점으로부터의 거리, 세로축에는 물체로부터의 반사전력(에코의 강도)을 취한 직교좌표형식으로 표시된다. 안테나의 방위를 목표로 하는 강수에 향하도록 하여 A스코프 위에서 강수에코의 강도를 정량적으로 측정할 수 있다.	기상학사전

건축공학	이상기상	abnor-mal weather	'대기오염'은 지구의 에너지밸런스에 영향을 미칠 가능성이 크고 또 인류는 난방, 교통, 발전 등 에너지를 방출하고 있다. 지구의 평균표면온도 (대기온도)는 일정하게 유지되고 있으나 대기의 에너지증가로 극의 빙하가 녹게 된다. 이로 인하여 기상의 형태가 변화하고 그 변화가 격화되어 우량, 태풍, 해일 등이 증가하고 반대로 대기의 에너지가 감소하면 기상의 변화가 적고 빙관은 커지며 빙하기로 이동하게 되는 것을 말함.	건설용어종합사전
물리학	빛의 벗어남	aberra-tion	렌즈의 빛의 벗어남	물리학용어집
의학	복대동맥	abdomi-nal aorta	흉대동맥에서 연속되는 것으로서 하횡격, 요, 정중천골, 장간막, 하장간막, 중부신, 신, 정소 및 난소동맥, 복강동맥으로 분지된다.	표준의학사전
토목공학	궤도	Trac	레일과 그 부속품, 침목 및 도상으로 구성되며 견고한 노반위에 도상을 일정한 두께로 포설하고 그 위에 침목을 일정 간격으로 부설하여 침목 위에 두 줄의 레일을 소정간격으로 평행하게 체결한 것으로 노반과 함께 열차하중을 직접 지지하는 역할을 함.	토목용어사전_대한토목학회
생물학	인수공통전염병	zoonosi	척추동물과 사람을 공통의 숙주로 하여 자연 전파하는 감염증이다. 원래는 동물의 감염증으로, 세균에 의한 탄저, 페스트, 살모넬라증, 야토병, 와일병 등, 리켓티아에 의한 옴벌레병, 클라미디아에 의한 앵무병, 부이러스에 의한 일본 뇌염, 황열, 뎅그열, 공수병, 신증후성출혈열 등일 포함된다. 사람에의 감염원이 되는 동물을 보유체(reservoir)라 부른다. 발병동물과의 접촉, 분변 등의 흡입, 섭취, 물림 등으로 감염하는 직접감염과 모기, 벼룩, 이, 진드기 등의 절족동물의 매개체(vector)에 의해 감염하는 절족동물매개감염(arthropd-borne infection)이 있다.	미생물학, 분자생물학사전
전산학	영점	Zero poing	항등적으로 0이 아닌 함수 $f(x)$가 있을 때 $f(x)=0$이 되는 점. x를 $f(x)$의 제로점이라고 한다. 따라서, 방정식을 푼다는 것은 곧 제로점을 구하는 것과 같다.	21세기컴퓨터용어사전

금속공학	지르콘	Zircon	지르코늄오르토규산염 ZrSiO의 산출은 오스트레일리아가 월등히 많으며 남아프리카, 미국, 말레이시아, 인도, 중국, 브라질 등에서도 산출된다. 1,540 이상에서 해리되기 시작해 1,900에서 거의 다 해리되지만 서냉에 의해 쉽게 재결합한다.	철강금속용어사전
화학	산화아연	Zine oxide	ZnO. 가열하면 엷은 노란색을 띠는 흰색 분말. 천연적으로 산출되기도 하며, 아연을 공기 중에서 산화시켜 만들기도 한다. 양쪽성 물질로서, 알칼리에 녹이면 아연산 이온 ZnO_2^{2-}로 된다. 흰색 안료로도 사용되며, 아연 연고와 방부제로도 사용된다.	영한한영화학사전
기계공학	영률	Young's modulus	탄성역 내에서 법선응력 sigma와 그방향의 변형률 varepsilon 사이의 비례상수로서 sigma=Ecdotvarepsilon가 되며 탄성계수라고 한다.	최신항공기술용어사전
전기전자공학	축거	Wheet base	차량의 차 축간 중심 거리.	전자전기용어사전
화학공학	가공경화	work-hardening	주로 가공에 의하여 재료가 큰 소성변형을 받으면 변형에 대한 저항이 커지고, 단단하여지는 현상이다. 이 때문에 여려지고 탄력성이 낮아진다. =변형경화	플라스틱용어사전
환경공학	폭기조	Aeration tank	활성오니법의 중심부를 이루는 것으로서, 폭기법에 의하여 하수 처리를 하는 탱크를 말하며, 기계 교반식 에어레이션 탱크, 산기식 에어레이션 탱크 및 양자 병용식의 3종이 있다.	환경과학공학용어대사전

사회 현상을 실증적 방법에 따라 분석하여 그 객관적 법칙을 명확히 하려는 학문의 총칭으로서의 사회과학은 그 연구 대상에 따라 정치학, 경제학, 경영학, 법학, 교육학, 통계학 등을 포함한다. 사회과학도 자체의 전문용어들을 정비하고 있는데 이러한 한국어전문용어들을 열거하면 아래와 같다.

분야	전문용어	영어	뜻 풀 이	출처
정치학	대통령	President	외국에 대하여 국가를 대표하는 국가의 원수. 행정부의 수반으로서의 지위를 가짐.	야후! 웹사전
경제학	마케팅	marketing	상황의 변화에 대응해 가면서, 소비자의 수요를 만족시키기 위하여 상품 또는 서비스를 효율적으로 소비자에게 제공하기 위한 활동.	야후! 웹사전
법학	교살	hanging	사형수의 목을 옭아매어 죽이는 것	야후! 웹사전
교육학	학제	aneducational system	학교 또는 교육에 관한 제도	야후! 웹사전
통계학	계통추출법	systematic sampling	가장 간편한 임의추출(任意抽出)의 방법이다. 조사 표본수가 많을 때는 난수표(亂數表)를 사용하는 일도 간단하지 않으므로 모집단(母集團)의 전요소(全要素)에 일련번호를 붙이고, 처음 하나의 표본을 임의추출한 방법	야후! 웹사전

인간의 역사와 문화에 관한 학문의 총칭으로서의 인문과학은 주로 어문학, 철학, 역사학, 종교학, 심리학, 문화, 인류학, 고고학 등 전문분야를 가지고 있다. 인문학분야도 자연과학, 사회과학과 마찬가지로 역시 자신의 전문용어를 가지고 있는 것이다.

분야	전문용어	영어	뜻 풀 이	출처
어문학	서사시(敍事詩)	An epic poem	시의 갈래의 하나. 역사적 사실·신화·전설이나 영웅의 사적 등을 장시(長詩)로 꾸며 읊은 시	야후! 웹사전
철학	交叉概念 (cross concept)	Cross concept	교호(交互)개념이라고도 한다. 이를테면 학자와 교육자는 서로가 이러한 관계에 있는 교차개념이라고 할 수 있다.	야후! 웹사전

역 사 학	비문학 (碑文學)	eligraphy	금석학(金石學)의 하나로서, 역사학의 중요한 보조학(補助學)이다. 이집트·메소포타미아의 로제타석(石)·베히스툰비문의 연구는, 이집트 문자와 설형문자(楔形文字)가 해독된 이래 많이 진전되었다.	야후! 웹사전
종 교 학	기능신 (機能神)	functional god	종교학에서 분류한 신(神) 또는 신성(神性)의 한 관념이다. 기능신은 미개사회에서는 발달하지 않았으나, 사회가 분화되고 문화 구조가 복잡해짐에 따라 신에 대한 관념도 새롭게 발달하였다.	야후! 웹사전
심 리 학	의식 (意識)	Consciousness	생각이 미치어 대상으로서 알거나 깨닫거나 느끼는 것	야후! 웹사전
문 화	문화인 (文化人)	A cultured man	문화적 교양이 있는 사람. 또는, 높은 수준의 문화생활을 누리고 있는 사람	야후! 웹사전
인 류 학	그리스인	Greeks	그리스인은 발칸반도 남단에 위치한 그리스와 사이프러스, 그리고 마케도니아 등에 거주한다. 이들은 그리스 국민 중 소수에 불과하지만, 사이프러스에서는 인구의 80%가 그리스인이다	야후! 웹사전
고 고 학	박물관학 (博物 館學)	museology	박물관 본래의 목적과 그 실현 방법에 관해서 과학적으로 연구하고, 박물관의 올바른 발전에 기여하는 학문이다. 18세기에 라틴어 뮤제오그래피아(museographia)라는 개념이 처음 생기면서 학문으로서 정착되었다	야후! 웹사전

3.2. 어음과 의미

전문용어는 여러 전문 과학 분야에 따라 달리 쓰이는 동시에 용어 자체의 특징들도 가지고 있는데 어음과 의미의 관계에 따라 여러 가지로 분류할 수 있다.

　우선 전문용어를 단의성 전문용어와 다의성 전문용어로 나눈다. 전문용어가 하나의 개념만 표시할 때 즉 하나의 어음형식에 하나의 개념이 내포되어 있을 때 전문용어를 단의성 전문용어(monosemous term)라고 하나의 어음형식에 여러 가지 개념이 내포되어 있을 때 전문용어를 다의성 전문용어(polysemous term)라 한다.

　예를 들면 정보기술용어에서 '여러 개의 개별적인 원천들로부터 오는 신호들을 하나의 전송통로로 전송하기 위하여 한 개 신호로 결합하는 처리방식'을 '다중화(multiplexing)', 의학용어에서 '사람의 피를 빨아 먹는 기생충으로, 발진티푸스, 잠호열 및 회기열 등의 주요 매개체이며, 특히 과민한 사람이 물리면 피부반응을 일으키며 Pediculus humanus capitis와 Pediculus humanus corporis의 2종을 포함하는 기생충'을 '사람이(pediculus humanus)', 기계공학에서 '물체에 의해서 음이 반사할 때 입사 에너지에서 반사에너지를 빼낸 것과 입사 에너지와의 비'를 '흡음율(acoustic absorp- tivity)', 건축공학에서 '콘크리트모르타르 · 석회반죽 · 역청질 재료 등과 같은 결합재에 혼합하면 한 덩어리로 뭉쳐 굳어지는 건설용 광물질 재료(모래, 자갈 등)'를 '골재(aggreagat)'라고 한다. 이러한 용어들은 모두 하나의 개념만 나타내는 단의성 전문용어들이다. 전문용어는 반드시 개념의 명확성을 기해야 하기에 될수록 전문적 개념을 나타내는 용어들은 중의성을 피하기 위해 단의성 전문용어를 요구한다.

　단의성 전문용어에는 특수한 절대적 단의성 전문용어가 있는데 그것은 오직 하나의 사물과 하나의 개념을 표시하는 용어만 대응되는 전문용어를 말한다. 천문학에서 '금성'은 한 개의 단의성 전문용어로서 오직 하늘에 있는 태양계의 두 번째 행성만 표시하지만 절대적 단의성 전문용어가 아니다. 그것은 저녁에 보이는 별은 '개밥바라기', '태백성' 등으로, 새벽에 보이는 별은 '샛별', '계명성' 등으로도 부르기 때문이다. 하나의 사물에 여러 개의 용어가 있기 때문이다.

천문학에서 '처서(處暑)'는 전문용어는 절대적 단의성 전문용어이다. 그것은 24절기에서의 매년 8월 23일 전후 태양이 황도 150도에 도달할 때의 특정한 절기로서 이 특정된 절기는 오직 '처서(處暑)'라는 전문용어로만 표시하고 다른 용어는 없기 때문이다.

우리말 전문용어에는 단의성 전문용어와는 반대로 다의성 전문용어(polysemous term)라고 있는데 하나의 전문용어가 두 개 혹은 두 개 이상의 개념을 표시하고 이들 개념 사이에는 어떤 의미상의 연계가 있을 때 이러한 전문용어를 다의성 전문용어라고 한다. 다의성 전문용어는 동일한 개념계통에 존재하거나 서로 다른 개념계통에 존재한다. 다의성 전문용어가 표시하는 개념 사이의 연계는 어떤 때는 어렵게 발견할 수 있어 세심한 관찰과 연구를 거쳐야 한다.

영어에서의 head는 동물의 '머리'와 '자루(도구의 일부분)'로 쓰이고 프랑스어의 tête는 동물의 몸체에서의 '머리'와 물체의 일부분 나사못이나 침대의 '머리'를 말한다. 한어에서 '운동(運動)'도 철학에서 물질의 존재형식이고 물리학에서 물체의 위치변화, 체육에서는 몸을 단련하는 활동을 말한다. 이 '운동(運動)'이라는 개념은 모두 서로 다른 개념을 지칭하지만 모두 비교와 의미를 은유하여 받아들여 다의성 전문용어로 되었다.

'증폭기'라는 전문용어는 전산학과 함께 화학에서도 사용되는데 전산학에서는 '통신기기 등에 사용되는 전기신호의 진폭을 증대시키는 장치. 주로 진공관이나 트랜지스터를 사용하여 전압, 전류, 전력을 증폭하는 계기(AMPlifie)', 화학에서는 '약한 전압, 전류, 전력 또는 공기압, 유압 등의 신호를 그에 비례하는 세기로 만드는 장치(Amplifie)'로 쓰이는 다의성 전문용이다.

'각속도'도 다의성 전문용어로서 금속공학과 화학에서 함께 비슷한 개념을 나타낸다. 금속공학에서는 '선상의 속도 선속도와는 달리 각 변위가 시간적으로 변화하는 비율(angluar velocit)'을 말한다면, 화학에서는 '질점 p가 원점 O 주위에서 등속도 원운동을 할 때, 시간 dt사이에 dθ

(라디안)만큼의 각의 변화가 있으면 dθ/dt(angluar velocit)'를 말한다. '적응'이라는 전문용어도 생물학과 생리학, 심리학에서 함께 쓰이는 용어이다. 생물학, 생리학에서는 '생물이 그 생활환경에서 생활하기 쉽게 형태적·생리학적으로 변화하여 가는 과정. 또는, 변화하는 일'을 뜻하고 심리학에서는 '생활이 환경의 요청에 응함과 동시에 저절로 여러 요구가 채워지고 조화를 이루는 상태'를 뜻한다. 이외에도 '비례'라는 전문용어는 수학과 미술, 공예에서도 쓰이고 '소거'는 수학, 컴퓨터, 심리학에서 쓰는 다의성 전문용어이다.

영어에서의 carrier(캐리어)는 기계, 생물, 전기, 물리, 화학 등에서 다의성 전문용어로 쓰인다.

서로 비슷한 개념을 나타내는 다의성 전문용어는 개념체계와 학과의 소속이 다름으로 하여 그들의 차이가 구분된다. 영어의 'bridge'는 건축학에서 '다리', 음악에서는 현악기의 '경과부', 치과학에서는 '치교(齒橋)', 화학에서는 '(분자)의 교상결합', 전기에서는 '전교, 교락' 등으로 쓰이므로 하여 전문용어의 의미적 충돌이 없이 그 용어의 차이가 구분된다.

전문분야의 각 개념체계가 다름으로 하여 다의성 전문용어의 함의는 서로 다른 학과에서 사용이 다르고 과학문화의 교류에 애로를 조성하지는 않는다. 그러나 같은 학과의 동일한 전문용어의 계통에서 다의성 술어가 존재한다면 이러한 현상은 과학기술의 교류의 어려움을 조성하기에 학술용어의 규범화에서 이러한 다의성 용어는 피하여야 한다.

다의성 전문용어가 표시하는 몇 개의 개념 사이에는 일정한 연관성이 있다. 만일 이러한 개념 사이에 연계가 없으면 다의성 전문용어가 아니고 몇 개의 다른 동음성 전문용어로 된다. 다의성 전문용어와 동음성 전문용어는 일부 경우에 구별하기가 매우 어렵다. 일반 사람이 볼 때는 연계가 되지 않은 개념과 같지만 어원학 연구 전문가가 볼 때에는 일정한 연계가 있을 수 있다. 그러나 전문용어의 사업에서 어원이나 어원학까지는 접하지는 않으나 전문용어의 사업에 참고를 지어준다.

서로 다른 두 언어에서 전문용어를 번역할 때 원어의 서로 다른 용어는 번역과정에서 동일한 형식의 용어로 번역될 수가 있다. 이렇게 하나의 용어가 역어과정에서 원어 중에 여러 개 용어와 관계되면서 많은 내원을 가질 때 이러한 전문용어를 다원성 전문용어(multiple-original term)라 한다. 영어를 중국어로 번역할 때 중국어에 다원성 전문용어가 산생되는데 ‘比例因子(비례인자)’는 scale factor, scaling factor를, ‘論理移位(논리추이)’는 logical shift, logic shift를 어원으로 한다. 중국어 의학용어에서 胃灼熱(위작열)은 heartburn, brash, 發作(발작)은 attack, episode, fit, 乳腺炎(유선염)은 mastadenitis, mastitis와 같은 뜻으로 쓰인다.

한국어 정보기술용어에서 해석프로그램은 interpreter, interpreter program, 화소(畵素)가 pixel, picture element, 기억기분할이 memory partitioning, storage partitioning로 대응되는 것도 모두 다원성 전문용어의 표현이다. 다원성 전문용어는 다의성 전문용어와 동음성 전문용어를 생성할 가능성이 아주 많다.

한 언어에서 두 개 혹은 그 이상의 전문용어가 동일한 개념을 표시할 때에는 이러한 용어를 동의성 전문용어(synonymous term)라 한다. 동의성 전문용어는 여러 가지 어음 형태가 하나의 개념을 표시할 때 생성되는 것이다.

‘식염’과 ‘염화나트륨’이라는 두 용어는 모두 염소원자와 나트륨 원자로 구성된 화합물을 말하는데 이러한 용어가 동의성 전문용어이다. 일정한 전문영역에서 동의성 전문용어는 아래 우 문장에서 가히 서로 교체할 수 있다. 정보기술용어의 자료통신에서의 ‘일감흐름(作業流) job stream’과 ‘입력흐름(輸入流) input stream’, ‘실행흐름(運行流) run stream’ 등 세 개의 전문용어는 모두 ‘한 개 운영체계의 관리에 맡겨져 수행되는 일감이나 일감의 일부를 표시하는 순차열’을 표시하며 그들은 자료처리를 나타내는 문장에서 가히 바꾸어 수가 있는 동의성 전문용어라고 볼 수 있다.

동의성 전문용어가 많이 범람하면 용어 사용의 혼란을 조성하기에 전문용어에 대한 사업에서 동의성 전문용어에 대한 규범화 사업을 진행하여야 한다. 동일한 개념에 대한 동의성 전문용어에 대한 비교를 진행하여 그 중에서도 가장 표준적인 용어를 선택하여 기타의 동의적 전문용어에 대한 사용하는 사람들의 태도를 분석하고 처리하여야 한다.

우리말 전문용어에는 또 등가성 전문용어(equivalent term)가 존재한다. 그것은 두개 혹은 두개 이상의 언어 사이에 존재하는 동일한 개념을 표시된 전문용어를 말한다. 등가성 전문용어는 서로 다른 언어에 존재하는데 등가성 전문용어는 그 개념이 나타내는 내포와 외연은 완전히 같기 때문이다. 동의성 전문용어는 하나의 언어 내에서 설명되는 전문용어라고 한다면 등가성 전문용어는 서로 다른 언어 간에 설명되는 전문용어이다.

정보기술용어 '자료구성'에서 '한 모임의 원소들을 다른 모임의 원소들로 넘기는 규칙들의 총체'를 한국어에서는 '부호', 영어에서 'code', 중국어에서 '代碼', 일본어에서 'ユ-ド-'라는 전문용어를 쓰고 있는데 이러한 용어들이 바로 등가적 전문용어이다. '처리장치'에서 '입력자료에 의하여 표현되는 수들 사이의 차를 출력자료로 제시하는 기능단위'를 한국어에서는 '감산기', 영어에서 'subtracter', 중국어에서 '減法器', 일본어에서 '減算器'라고 하는데 이들도 모두 등가적 전문용어들이다.

의학용어 '장뇌', 'camphor', '樟腦(しょうのう, 樟)'와 '맹장', 'cecum', '盲腸(もうちょう)', 생물학용어 '무두낭충', 'acephalocyst', '無頭シスト' 등도 한국어가 다른 언어 즉 영어, 일본어와 등가되는 등가적 전문용어이라고 말할 수 있다.

일상 언어에서 서로 다른 언어 사이에는 완전히 등가인 단어는 매우 적다. 그것은 언어계통내부의 각 언어성분 지간에 상호 제약하고 상호 영향을 주기에 언어성분 지간의 완전히 등가로 될 수 없다. 그러나 전문분야에 사용되는 이러한 전문용어에서 표준화 사업의 효과로 많은 양의 등가인 전문용어가 존재한다. 이러한 등가인 전문용어의 존재는 전문용어의 사회적 기능을 수행하는 중요한 보증이다. 때문에 여러 가지 방식으로 서로 다른 언어 지간의 동일한 개념을 표시하는 등가인 전문용어를 유지하며 역사적으로 전문용어의 표준화 추구의 목적의 하나이다. 서로 다른 언어 계통에서의 전문용어가 등가인가 아닌가는 그들이 각 언어 계통에서의 정의로 판단한다. 정의는 전문용어의 등가성을 판단하는 효과적인 수단이다.

하나의 전문용어가 두 개 혹은 두 개 이상의 개념을 표현하고 또 이들 개념 사이에 의미 상 그 어떤 연계도 없을 때 이러한 전문용어를 동음성 전문용어(homonymous term)라 한다. 사실 상에서 이것들은 단독인 전문용어가 아니라 두 개 혹은 두 개 이상의 전문용어라고 할 수 있고 단지 어음외각이 같아 보기에 하나의 전문용어로 보이는 것이다.

'침[tsim]'이라는 전문용어는 생물학, 생리학에서 '입 속의 침샘에서 분비되는, 무색의 끈기가 있는 소화액. 소화 효소인 프티알린을 함유하고 녹말을 엿당으로 분해하는 물질' 즉 침(spittle)을 나타내고, 한의학에서 '사람이나 마소 등의 혈(穴)을 찔러 병을 다스리는 데에 쓰는 바늘' 즉 침(prickle)을 뜻하기에 동음성 전문용어에 속하는 것이다. 그리고 '유치[iuts'i]'는 생물학에서 '출생 후 6개월에서부터 나기 시작하여 3세 전에 모두 갖추어지는, 유아기에 사용한 뒤 갈게 되어 있는 이. 일반적으로 20개인 젖니, 배냇니' 유치(乳齒)를 말하고, 법률 법학에서는 '사람이나 물건을 일정한 지배 하에 두는 것' 즉 유치(留置)를 말한다.

'호박[hobak]'은 식물학에서 '박과의 한해살이 덩굴 풀로서 여름에 종 모양의 노란 피고 크고 길둥근 담황색의 열매를 맺으며 열매·잎·순은 먹는 식물'을 가리키기도 하고, 광물학에서 '지질 시대의 나무의 진 따위가 땅 속에 묻혀 굳어진 광물. 누른빛으로 투명 또는 반투명하고 윤이 나고 질이 좋은 것은 장식용으로 쓰이는 물체'도 가리키는데 이것도 역시 동음성 전문용어에 속한다.

이 밖에도 화학, 의학에서 쓰는 전문용어 '유산[iusan]'은 '유산(乳酸), 유산(油酸), 유산(硫酸), 유산(流産)' 등을 나타낸다든가, 또는 광학, 식물학, 역사학에서 '구경[kukɣŋ]'은 각각 '렌즈, 거울의 유효 지름', '땅속줄기의 하나로서 주축(主軸)을 이루는 줄기의 밑부분이 녹말 등의 양분을 많이 저장하여 살이 쪄서 공 모양을 이룬 것', '조선 시대, 의정부의 좌우참찬(左右參贊)·육조 판서(六曹判書)·한성 판윤(漢城判尹)의 아홉 대신을 이르던 말' 등으로 나타내어 '유산', '구경' 등은 동음적 전문용어라고 말할 수 있다. 서로 다른 전문영역에서 동음성 전문용어는 교제에서 장애가 엄중하지 않으며 그들의 구체적 의미는 상하 문맥을 통하면 오해를 일으키지 않는다.

3.3. 어휘의 형태

우리가 사용하는 많은 전문용어는 그 용어가 형성된 후 오래 동안 그 형태의 변화가 없이 그대로 사용되는데 이러한 전문용어를 원 형태의 전문용어라 하며 이러한 전문용어는 생략된 전문용어에 대응하여 이르는 말이다.

금속공학에서 '생석회(calcium oxide)'라는 용어는 문장에서 '각 원소의 산화반응은 독립적으로 생각할 수 없고 서로 상관관계를 가지고 진행한다. 용선 중 C 보다 산소와의 친 화력이 큰 Si 는 취련초기 3 분 이내에 거의 전량 산화되며 생성된 SiO2 는 투입된 **생석회**를 재화시켜 슬래그를 형성한다.'와 같이 그 형태의 변화가 없이 그대로 사용된다.

생물학에서 '칼로오스(callose)'도 '세포질유동은 발생중인 어떤 체관요소에서 관찰되기도 하는데 체관요소가 성숙되면서 그 활성은 중지하게

된다. 이러한 일들이 일어나고 있는 동안 체판이 형성되고 **칼로오스**
(callose)라는 특별한 포도당의 다당체가 작은 침전으로 나타나며 이것은
보통 원형질 연락사로 둘러싸인다. 침전물은 구멍 형태의 크기로 여겨
질 때까지 크기가 증가한다.'에서처럼 그 형태의 변화가 없이 그대로 쓰
이고 있다.

이러한 용어들이 바로 원 형태의 전문용어라 한다. 한국어전문용어의
대부분은 원 형태의 전문용어라고 말할 수 있다.

사람들의 간단한 수단으로 복잡한 개념을 표현하려는 생각으로부터
이미 있는 전문용어를 단축하고 간소화하여 생략된 전문용어(abbreviated
term)를 만든다. 현재 생략된 전문용어는 많이 만들어지고 점점 널리 응
용되고 있는데 이것은 현대 전문용어 발전과정에 존재하는 보편적인 경
향이다.

생략된 전문용어의 제정원칙은 원 뜻을 표시하고 읽기 쉽고 기억하기
쉬우며 이미 있는 기타의 전문용어와의 형식이 같음을 피하는 것이다.
생략된 전문용어의 형성은 크게 세 가지로 나눌 수 있다.

● 첫째 : 첫 자모 축약법

자모문자로 이루어진 단어 결합 형 전문용어에서 각 단어의 앞 자모
만 따서 이루어진 전문용어를 말한다.

- laser(레이저) → light Amplification by Stimulated Emission of Radiation
- radar(레이더) → RAdio Detection And Ranging
- CPU(처리장치) → Central Processing Unit

이와 같이 전문용어는 용어의 앞 자모만 따서 이루어진 것이다.

전기부문의 'ABCC(자동 휘도 콘트라스트 조절) → Automatic Brightness
and Contrast Control, BTL(비티엘) → Balanced Transformer less, CCD(전하
결합 소자) → Charge Coupled Device', 해양부문의 'ENC(전자해도) → Elect-
ronic Navigation Chart, IALA(국제항로표지협회) → International Association

of Lighthouse Authorities, LNG(액화천연가스) → Liquified Natural Gas', 농업부문의 'NSP(국가종자정책) → National Seed Policy, NAFTA(북미 무역자유무역 협정) → North American Free Trade Agreement, NEMS(국가환경관리전략) → National Environmental Management Strategy', 원자력부문의 'ACRS(원자로안전자문위원회, 미국) → Advisory Committe on Reactor Safeguards, CP(건설 허가) → Construction Permit, EBR(실험증식로) → Experimental Breeder Reactor' 등은 모두 첫 자모 축약법에 의해 이루어진 생략된 전문용어들이다. 생략된 전문용어들에서 이러한 유형이 가장 다수를 차지한다.

● 둘째 : 앞 뒤 자모 감소법

한 용어의 한 음절 또는 몇 개 음절로 이루어진 전문용어를 말한다. 의학전문용어 'AE(흡입제) → Aerosol, PA(환부에 붙이는 제제) → Paste, RC (항문) → Rectal,'는 모두 앞 뒤 자모 감소법에 의해 이루어진 전문용어이다.

이 밖에도 자동차부속품 Accessory(액세서리)의 약어 'ACC', 그리고 야구경기에서 프로페셔널(professional)의 약어 프로 'PRO' 등도 이러한 방법에 의해 만들어 진 것인데 생략된 전문용어의 소수를 점한다.

● 셋째 : 혼합법

단어 결합형 전문용어에서 두 개 또는 그 이상의 일부 음절만 따서 이루어진 용어를 말한다. 이러한 용어를 예를 들면

- ADMD(행정관리영역) : administration management domain
- COMSEC(통신보안) : communications security
- Bit(비트) : Binary Digit

한국어 법률부문의 전문용어에 이러한 생략형 전문용어가 많이 나타나고 있다. 예를 들면 '고정칙 → 고용정책기본법시행규칙, 고정령 → 고용정책기본법시행령, 공직령 → 공무원직장협의회의설립·운영에 관한 법

률시행령, 교원법 → 교원의노동조합설립및운영등에관한법률, 교원칙 → 교원의노동조합설립및운영등에관한법률시행규칙, 국기법 → 국가기술자격법, 국기칙 → 국가기술자격법시행규칙, 선관위 → 선거관리위원회' 등이 이러한 방법에 의해 이루어진 전문용어들이다.

생략형 전문용어는 과학기술의 발전 과정에 과학문화교류에서 시간과 품을 줄이기 위해 자연적으로 만들어 진 것이나 갑작스러운 많은 양의 생략된 전문용어의 증가는 많은 수의 동형 축약전문용어가 출현하며 과학기술의 교류에 불편을 조성한다.

3.4. 어휘 원류

우리는 전문용어가 이루어진 원류에 따라 고유어, 한자어 및 차용된 전문용어로 나눈다. 고유어 전문용어란 그 용어가 고유어로 이루어진 전문용어를 말하는데 고유어로 이루어진 전문용어는 비록 그 용어가 지칭하는 것이 전문분야라고 하더라도 우리들에게는 아주 친근한 감을 준다.

예를 들면 기계공학에서 '프로펠러 날개의 가장 바깥의 최대반지름 부분'을 '날개끝(blade section)', 화학에서 '물질을 넣고 높은 온도로 가열하는 데 이용하는 용기'를 '도가니(crucible)', 정보기술용어에서 '이미 입력된 본문의 전체 혹은 일부를 사용자가 지워버릴 수 있는 기능 혹은 방식'을 '지우기(delete)', 기계공학에서 '무릎 모양으로 굽은 것'을 '무릎(knee)', 생물학에서 '송곳니의 후방에 있는 이빨. 기본적으로는 4개 있고 사람에서는 설측 및 협측에 한 개씩 교두를 가지므로 쌍두치라고도 하는 이'를 '앞어금니(dens praemolaris)' 등 용어는 모두 고유어 전문용어이다.

조선에서는 한자어나 외래어 학술용어들을 정리하여 본래말로 쓰도록 하면서 용어정리를 하였는데 '브레키페달(기계) → 제동디디게, 잔류구조(지질) → 남음구조, 생피(경공업) → 날가죽, 케스카바(기계) → 함덮개, 흉골각(의학) → 가슴뼈모' 등이 바로 그러한 예들이다.

현재 전문용어가 외국어에서 먼저 정립되는 실정에서 외국어에 대응되는 우리말 용어를 구축하는 것은 외래문화를 우리 문화화 하는데 아주 필요할 뿐 아니라 민족어에 대한 자부심과 민족의 자존심을 키우는데도 매우 의의가 있는 것이다.

우리말 전문용어를 보면 기원으로 볼 때 그 용어가 중국어, 혹은 일본에서 오고 그 음을 조선어한자음으로 읽는 전문용어가 있는데 이러한 전문용어를 한자어 전문용어라 한다. 한자어 전문용어는 한국어 전문용어에서 가장 많은 수를 차지하였다고 말할 수 있다. 정보기술용어에서 '처리과정 혹은 장치를 자동 조작으로 바꾸는 것 혹은 그의 결과'를 '자동화(自動化, automation)', 프로그램이 집행될 때에 '원천 프로그램의 명령문들의 기록(편)으로서의 매개 부분 프로그램이나 다른 모듈들과 주고받은 파라미터의 값들이 추가적으로 포함될 수 있는' 것을 '기호추적(記號追跡, symbolic trace)', 기계공학에서 '이륙후 최초순항고도에 도달하기 전까지 행하는 비행'을 '급상승(急上昇, Climb-out)', 금속공학에서 '굽힘시험에서 안쪽 반지름이 영으로 굽힘각도가 180℃로 된 상태'를 '밀착(密着, closely overlap)' 등이라고 하는 용어는 모두 한자어 전문용어다.

이외에도 한자어 전문용어는 쉽지 않게 찾아볼 수가 있는데 예를 들면 전산학에서 '주석(註釋, annotation)', 기계공학에서 '승인(承認, approved)', 의학에서 '체온계(體溫計, clinical thermometer)', 산업공학에서 '점토(粘土, clay)' 생물학에서 '방부제(防腐劑, antiseptic)' 등은 모두 한자어 전문용어들이다.

한자어 전문용어가 한국어 전문용어 중에서 가장 많은 수를 차지하는 것은 한국이 동아시아 유교문화권에 위치하여 있으면서 중국문화의 영향을 많이 받았고 또 한자가 그만큼 조어력이 풍부하기 때문이다. 또한 근대 서방문화가 일본을 통해 많이 들어오면서 대량의 일본어 한자어가

조선에 유입되었고 게다가 그 당시 의학, 생물, 기계 등 전문용어를 제
일 처음 접하는 사람들이 모두가 한자에 익숙한 지식인 계층의 사람들
이었기 때문이라고 말할 수 있다.

다른 언어에서 온 일부 개념을 표현하기 위하여 그 언어에서의 개념
및 상응한 개념을 나타낸 전문용어를 차용하는데 이러한 전문용어를 차
용에 의한 전문용어(loaned term)라 한다. 이러한 전문용어들은 많이는 음
차의 방법으로 이루어진다.

산업공학의 '청색을 띠는 백색 금속으로 화학기호가 Sb인 물질'을
'안티몬(Antimony)', 환경공학의 'α-아미노산의 하나이며 아스파라긴산의
β-모노아미드에 해당한 물질'을 '아스파라긴(asparagine)', 건축공학의 '설
계 L. 미스·반·데어 로에가 설계. 시카고의 일리노이 공과대학의 건
축·디자인 학부의 교사. 1939년 미스에 의해서 캠퍼스계획이 이루어지
고, 이에 따라서 착공된 몇 개의 건축 중 대표적인 것'을 '크라운 홀
(Crown Hall)', 생물학의 '악티노마이신 복합체의 항생물질'을 '닥티노마
이신(dactinomycin)', 산업공학에서 '컴퓨터 단말기 등을 접속시켜 데이터
를 송수신하는 것'을 '데이터 통신(data communication)'은 모두 외래어전문
용어이다.

이러한 전문용어들은 그 유형을 보면 다른 언어에서 온 전문용어를
하나도 변함없이 그대로 차용하는 것, 다른 언어의 전문용어에서 철자법
만 약간 변화시켜 오는 것, 혹은 다른 언어의 전문용어에서 철자법을 바
꾼 다음 거기에 우리말에서의 일부 단어를 첨가하는 것 등으로 나눈다.

음차에 의한 전문용어는 그 기준이 다름으로 하여 하나의 단어에 대
한 서로 다른 음차 단어가 있게 된다. 정보기술용어에서 한국과 조선에
서의 음차어가 다른 용어들이 나타나는데 '컴퓨터 ↔ 콤퓨터, 옥테트 ↔
옥텟, 프로그램 ↔ 프로그람, 소프트웨어 ↔ 쏘프트웨어 등이 바로 그러
한 예들이다.

음차에 의한 외래어 전문용어는 반드시 일정한 철자법의 기준에 의해

음차하여지 마음대로 음차한다면 전문용어의 혼란을 조성하게 되며 정보처리에서 시간적 낭비를 조성한다.

3.5. 조어 방식

우리말 전문용어는 또 용어들의 조어방식에 따라서도 분류할 수 있는데 하나의 용어로만 이루어진 것을 단일 용어라 하고 하나 이상의 어떤 유의미적 단위들로 이루어진 용어들을 복합용어라 한다.

복합용어는 '파생용어, 합성용어, 구 용어'로 나눌 수 있는데 여기에서는 합성용어만 유형을 분석한다. 이러한 분석은 한국어 전문용어의 형성원리를 설명하는데 아주 유조하다.

아래 이러한 전문용어들을 유형별로 열거하면 아래와 같다.

● 단일전문용어

쇠약(decline-생물학)	장식(decoration-건축공학)
앵글(angle-금속공학)	승인(approved-기계공학)
데시벨(decibel-환경공학)	복(labia-생물학)
케블라(kevlar-기계공학)	라멜라(lamella-화학공학)
라더(lidder-화학공학)	

● 합성전문용어

• 고유어 + 고유어 형

젖니(dens lacteali-생물학)

널말뚝(wooden sheet pile-건축공학)

참값(true value-건축공학)

사다리꼴(trapezoid-건축공학)

• 한자어＋한자어 형

선언문(declaration statement-전산학)

지식표현(knowledge representation-지식표현)

낙엽수림(deciduous forest-환경공학)
토양오염(land pollution-건축공학)
측면도(lateral view-금속공학)
진공열처리(vacuum heat treatment-금속공학)

- 한자어＋고유어 형
압축일(work of compression-기계공학)
진리값(truth value-전산학)

- 외래어＋외래어 형
데이터그램 서비스(datagram service-정보처리)
소프트웨어 패키지(software package-정보체계개발)
소보모터(servo-motor-기계공학)
오브라인(off-line-전기전자공학)

- 외래어＋한자어 형
데옥시리보핵산(deoxyribonucleic acid-의학)
데옥시콜산(deoxycholic acid-생물학)
스테인레스강(stainless steel-화학)
디절기관(Deisel engine-전기전자공학)
데이터주복(Data Replication-전산학)
모드해석(modal analysis)-기계공학

- 한자어＋외래어 형
관리시스템(managerial system-전산학)
결정트리(decision tree-전산학)
비편차화 에네지(Delocalization energy-화학)
용접비드(weld bead-기계공학)
염화비닐(vinyl chloride-건축공학)
아황산 가스(sulfur dioxide-건축공학)
변형에너지(strain energy)-건축공학

등으로 분류할 수 있다.

그리고 전문용어는 품사적으로 분류해 본다면 대부분 명사로 많이 되어 있고 극소수로는 동사나 형용사로 이루어졌다. 산업공학에서 '흡수장치(absorption apparatus), 생물학에서 '해파리류(Acalephae), 의학에서 '호산세포(acidophilism)'그리고 건축공학에서'예각(acute angle)', 화학에서 '첨가생성물(adduct)'은 모두 명사로 되었다. 그러나 명사로만 되어 있는 것이 아니라 건축학에서 '붕괴하다(fall down)', 정보기술용어에서 '(프로그램)을 돌리다(run)', '행을 맞추다(to justify(in text processing))', '밑줄을 긋다('to underline)'은 전문용어들은 동사로도 쓰인 예들이다.

3.6. 같은 분야

1) 인체 기반

전문용어는 같은 분과 내에서도 그 용어가 나타내는 의미내용에 따라 달리 분류할 수 있다. 의학용어들을 가장 간단히 인체기관, 인체기능, 병적현상, 치료방법, 치료계기 등 용어들로 구분할 수 있는 것이다.

① 복대동맥(abdominal aorta) : 흉대동맥에서 연속되는 것으로서 하횡격, 요, 정중천골, 장간막, 하장간막, 중부신, 신, 정소 및 난소동맥, 복강동맥으로 분지된다.

② 복강(abdominal cavity) : 횡경막과 골반 사이에 위치한 체강. 이 속에 모든 복부 기관이 들어 있다.

③ 모양소대(zonula ciliaris) : 모양체에서 수정체 적도부에 걸친 섬유구조로 수정체를 지지한다.

④ 복강신(abdominal kidney) : 제2요추 근처의 장골릉 위에 위치하는 이소성 신장이다.

⑤ 지대치(abutment tooth) : 건강한 치아의 전체 면에서 계속 가공 의치의 지지를 위해 선택된 치아

이러한 용어들은 모두 인체의 여러 기관을 나타내는 용어들이고 인체

의 여러 가지 기능을 나타내는 전문용어들을 보면 아래와 같다.

① 촉진반응(accelerated reaction) : 보통 때보다 단 시간 내에 일어나는 반응 또는 응답

② 흡수하다(absorb) : 받아들이다. 또는 동화하다. 예를 들어 피부, 장, 신장의 세뇨관 등의 조직 내로 또는 조직을 통해서 물질을 취득하는 것. 또는 방사에너지(방사energy)를 약하게 하기 위해서 방사에너지와 반응하는 것.

③ 순응(acclimation) : 새로운 환경에 익숙하여 가는 과정

의학 전문용어사전에서는 여러 병적현상 그리고 치료방법 및 치료 기기들에 대하여서도 정의를 내리는데 그 예를 들면 아래와 같다.

2) 병적현상

① 복부대동맥류(abdominal aneurysm) : 주로, 동맥경화 때문에 복부 대동맥벽이 취약화 되어 낭상으로 확장된 것, 복부의 박동성종양과 혈관잡음 등의 증상이 있으며, 파열은 치명적이 된다.

② 복부간질(abdominal epilepsy) : 발작성 복통으로서 뇌로부터의 비정상적 뉴론의 방전에 의하여 일어난다.

③ 외전신경마비(abducens paralysis) : 외전신경의 병변에 의한 눈의 외직근의 마비로서 내사시와 복시를 동반한다.

④ 이소성췌장(aberrant pancreas) : 췌장조직의 일부가 위, 십이지장, 공장 및 기타 부위에 이소적으로 존재하는 것을 말한다.

3) 치료방법

① 복강천자(abdominocentesis) : 복강의 외과적 천자(paracentesis)

② 보조적인(accessory) : 다른 한 개의 유사한, 일반적으로 더욱 중요한 것에 대해서 보충 또는 보조하는, 보충의(complementary), 부수의 (concomitant)

③ 방사선치료(actinotherapy) : 자외선 또는 광화학선을 사용한 질환치료법

④ 침술(acupuncture) : 침으로 특별한 말초신경을 찔러서 동통성 질환에 수반되는 불쾌감을 제어한다는 중국의 기술로서, 외과적 마취로서도 유효하고, 치료목적으로도 사용된다.

⑤ 중탄산소다(acetate bicarbonate urate) : 이뇨제

⑥ 진정제(abirritant) : 흥분을 경감시키는 약물

4) 치료기기

① 흡수계(absorptiometer) : 액체에 대한 기체의 용해도를 측정하는 기구. 두 장의 유리판 사이에 흡수된 액체층을 측정하는 장치로서 혈액분광계로 사용된다.

② 조절계(accommodometer) : 눈의 조절력을 측정하는 장치

③ 정밀도(accuracy) : 측정한 양의 정확한 치에 대한 기대치의 접근도·편차의 정도

④ 성능(ability) : 기기가 의도하는 기능을 다할 수 있는 정도, 또는 그 성질과 능력

우리는 상술한 의학부분의 전문용어를 통하여 인체에는 여러 가지 기관이 있으며 인간은 이러한 기관들의 여러 기능을 통하여 신진대사를 촉진하면서 자연을 개조하고 자연에 적응하면서 살아간다는 것을 알 수 있다. 그러면서도 살아가려면 인간은 늘 건강하여야 하며 건강하지 않을 때는 반드시 치료를 거쳐 신체의 여러 기능이 회복을 가져온다는 것도 설명해 준다.

우리가 병을 치료하는 방법은 약물치료와 전기치료, 침구치료 등이 있는 것이다. 그런데 이러한 치료방법은 사람에 따라 병에 따라서 그 사용하는 의료기기의 성능에 따라서 치료효과가 서로 다르다는 것도 나타난다.

우리가 생산활동이나 과학실험 또는 일상생활에서 길이, 무게, 부피

등을 재는 단위를 도량형이라고 하는데 길이의 단위 '미터', 무게의 단위 '파운드', 부피의 단위 '입방 미터', 넓이의 단위 '평방 자' 등과 같은 것들도 전문용어이다. 이러한 과학단위는 일종 특수한 전문용어로서 이들에 대한 표준화와 규범화는 과학기술의 발전에 중요한 작용을 한다.

한국어의 이러한 전문용어들로는 상술한 도량형 단위 밖에도 정보기술용어만 보아도 용량의 단위로 '비트(bit), 바이트(Byte), 키로 바이트(Kilo Byte), 메가 바이트(Mega Byte), 테라바이트(terabyte)가 있고 접근시간의 단위는 마이크로 초, 나노 초, 피코 초 등으로 표시한다.

3.7. 맺는 말

결론적으로 말하면 우리말 전문용어는 오랫동안 사용하는 과정에서 일정한 기준에 따라 용어들 간의 하나의 체계를 이루고 있는 것이다. 즉 학술분야에 따라, 용어의 어음형식과 의미내용의 관계에 따라, 그리고 전문용어의 기원에 따라, 전문용어의 구성방식에 따라 하나 하나의 틀로 묶을 수 있다.

다음으로 우리말 전문용어는 다른 나라의 전문용어의 틀을 모두 갖추고 있다는데 이는 한국이 여러 가지 전문분야를 아주 잘 갖추고 있다는 것을 설명해 준다. 다시 말하여 전문용어는 일정한 부분에서 쓰이는 용어로서 용어가 결핍하다는 것은 이러한 분야가 잘 갖추어 지지 않았음을 말하고 잘 갖추어 있다는 것은 전문분야가 발전하였다는 것을 말해 준다.

우리말 전문용어가 잘 갖추어져 있다고 하지만 아직 한국 내에서나 더욱 남북한이 통일을 이루지 못했다. 남북통일을 대비하여 전문용어의 빠른 시일 내의 표준화와 통일을 기해야 한다. 이것은 외래 과학기술의 이전이나 외래의 과학기술을 자국화 하는데 매우 필요한 것이다.

4. 전문용어의 표준화

18세기 지식의 확장과 과학기술 및 통신수단의 성장이 동시에 일어나면서 이러한 복잡적 발전과 결부된 문제들 중 일부를 극복하는데 필요한 도구가 바로 전문용어라고 인식하게 되었고 20세기에 들어서서 비로소 전문용어는 사회적으로 중요한 활동으로 인정받음과 동시에 그 과학적 특성을 인정받게 되었다.[28]

20세기 초 과학기술의 신속한 발전과 함께 국제적인 과학기술 교류가 활발히 진행되면서 전문용어에 대한 표준화와 규범화가 아주 중요한 위치에 있게 되었다. 초기 표준화는 제품의 표준화 즉 철도의 궤도, 제품의 치수 등에 제한되었으나 이후에는 표준화의 대상이 근근히 제품에만 포함되는 것이 아니라 이 제품의 언어적 표현형식인 전문용어를 포함시켜야 한다는 것을 인식하였다.

표준화의 분류는 표준화 참여 범위에 따른 분류, 표준화 주체에 따른 분류, 표준의 구현정도에 따른 분류 등으로 나누어 볼 수 있을 것이다. 표준화의 범위에 따라 국제표준, 지역표준, 국가표준, 단체표준, 그리고 사내표준으로 나누고 표준화를 추진하는 주체의 성격에 따라 공식표준, 사실표준, 그리고 포럼표준으로 나누며 표준의 구현정도 즉 표준이 어떻게 이루어졌으며 무엇에 사용되는가에 따라 기본표준, 기능표준, 이용자표준 그리고 시험표준 등으로 나뉜다.[29]

오늘날 대부분의 전문영역의 지식, 정보, 기술이 외국에서 들어옴으로

---

28) 알렝레이, 『전문용어학』, 최석두·박우석·암지순·송영빈 번역, 한국문화사, 2003년, p.51.
29) 문상규(2001), 「정보통신 분야 표준화교류 및 협력방안」, Korean 정보처리국제학술회의 논문집, p.215.

써 이를 통일된 용어와 체계로 번역하여 표준화시키는 문제가 심각히 제기된다. 특히 전문 분야의 지식, 정보, 기술을 신속하게 획득, 전달, 가공, 축적, 처리하기 위해서는 기계화가 필수적이고, 기계화, 산업화의 선결조건으로 표준화가 되어야 한다.[30) 이러한 상황에서 국제성적인 조직이 출현하여 전문용어의 사업을 협조하게 되었다.

4.1. 전문용어의 국제적 표준화

1926년 국제표준화협회가 설립되었으나 제2차 세계대전으로 1942년 활동을 정지하였다. 제2차 세계대전 이후 1946년 영국런던의 국제표준화조직(International Standardization Organization, 약칭 ISO)이 국제표준화협회를 대체하였다.

1936년 국제표준화협회 제37기술위원회가 성립되어 1936년~1939년 사이 푸타베슈트, 파리, 베를린, 헬싱키에서 회의를 열고 활동을 벌리다가 제2차 세계대전 기간에 역시 위원회의 활동이 정지되었다.

1951년 화란의 표준화협회와 오지리 표준화협회가 국제표준화조직(ISO) 각 성원국의 동의를 얻은 후 다시 제37위원회를 설립할 건의를 제출하여 국제표준화조직 이사회에서 1952년 2월 이 건의를 채납하였다. 그 해 10월 코펜하겐에서 제1차 회의를 열고 위원회의 목적, 임무, 사업계획, 기구설치 문제 등을 집중적으로 토론하고 활동을 벌려왔다.

TC37위원회는 선후하여 1954년 비엔나에서, 1958년 브뤼셀에서, 1960년 베를린에서, 1974년 비엔나에서 각각 2차, 3차, 4차, 5차 회의를 열고 전문용어의 특성과 정의원칙, 다국어 어휘의 격식과 언어기호문제,

---

30) 김현권(2000), 「전문용어의 언어학적 특성과 사전적 기술의 문제」, 전문용어연구 1, 전문용어언어공학연구센터, p.54.

전문용어추천표준 등을 토론하고 통과시켰다.

1984년 10월 런던에서 국제표준화조직 제37기술위원회의 전체회의를 열고 전문용어학 기본이론, 개념 및 그 분류, 개념의 특징과 사물의 속성관계 등 문제를 토의하였으며 발달국가의 전문용어학연구의 성과를 총화하였다. 국제표준화조직 제37위원회를 TC37이라 약칭하고 비서처를 오지리에 두고 2002년 4월까지 139개 회원기관으로 구성된 전세계 국가표준화기관들의 연합으로서 국제적 범위에서 표준화의 협조와 조직을 진행하였다.

현재 TC37은 네 개의 분과위원회로 구성되어 있으며 제1비서국은 러시아의 모스크바, 제2비서국은 캐나다의 코펜하겐 프랑스어 관리국, 제3비서국은 베를린의 독일표준화위원회의, 제4비서국은 한국에 두어 관리하게 한다.

전문용어학원리를 맡고 있는 제 SC1과, 어휘의 구조와 체계를 및 용어집의 설계를 맡고 있는 SC2분과, 그리고 전문용어학에서의 전산지원을 맡고 있는 제SC3분과, 언어자원관리를 맡고 있는 SC4가 바로 그것이다.

이들의 주요활동범위는 전문용어 원칙 및 방법을 설정, 전문용어 표준화 준비 및 구성 작업, 전문용어어휘작업, 전문용어기록작업, 컴퓨터 보조 전문용어학, 전문용어 코드 작성 등이다. 지금까지 국제표준화 조직에서 이미 반포한 국제 전문용어의 표준은 450여 개가 되며 지금 제정하고 있는 국제 전문용어표준초안과 국제전문용어건의초안은 450여 개에 달한다.[31]

최근에도 TC37은 세계적인 활동을 활발히 진행하고 있는데 2003년도 연례총회가 2003년 8월 25일부터 29일까지 5일동안 노르웨이 오슬로에서 개최되어 언어자원 관련 국제규격의 제정 및 향후 작업에 관한

---

31) 馮志偉(1997), 『現代術語學引論(An Introduction to Modern Terminology)』, 語文出版社, p.56.

토론이 활발히 이루어졌고, ISO/TC 37/SC4(국제표준화기구 전문용어/언어자원 기술위원회 언어자원 관리 소위원회)의 2003년 총회 및 WG1회의가 2003년 7월 7일 일본 삿보로에서 개최되어 언어자원관리의 국제표준 제정에 큰 관심을 모았다.

2004년 2월 4일부터 6일까지는 한국과 세계 여러나라 언어자원 관리 소위원회 전문가들이 참여하는 언어자원관리 소위원회의가 제주도 스위트호텔에서 개최되어 언어학적 주석화 틀, 형태통사 주석화 틀, 언어자원관리의 전문용어, 자질구조(Feature Structures) 등 그룹토의가 이루어져 각국 전문용어에 대한 표준화 작업에 진력하려는 결의를 이루었다.[32]

ISO/TC37은 오늘날 세계적으로 전문용어 연구가 활발히 이루어지고 있고 많은 관련 기관들이 있으나 전문용어의 선도적 역할을 하고 있는 조직이라면 ISO/TC37, Infoterm, TermNet, GTW, IITF 등 5개 조직이 전문용어 연구를 이끌어 가는 '글로벌 그룹'이고 이러한 글로벌 그룹은 Nordterm(북유럽 국가의 전문용어 네트웨크), RaDT, 독일어 전문용어 협의회, Rint, 국제신조어 및 전문용어 네트웨크, RITerm, the Ibero- american Terminology Network, EAFTerm(동아시아 전문용어 포럼) 등 수많은 지역적 조직의 틀과 긴밀한 협조체제를 유지하고 있다. 1998년 후반기에 대규모 유럽 프로젝트로서 '유럽전문용어 정보 및 다큐멘터이션 센터'가 탄생하였고 2000년 말에 유럽전문용어센터가 탄생하였다.[33]

이와 같이 전문용어에 대한 관심과 연구는 20세기 초부터 시작되어 현재 세계 50개의 전문용어센터가 존재하고 있으며 각 지역의 연구기구들이 서로 국제적 연계를 맺고 전문용어의 표준화 사업을 진행하고 있는 것이다.

---

32) 코텀 전문용어소식 2003년 통권.
33) 최기선(2000), 「전문용어와 센터의 역할」, 전문용어연구 1, 전문용어언어공학연구센터, p.5.

4.2. 전문용어와 남북한 표준화

남북한 전문용어에 대한 연구 및 표준화 사업은 학자들에 의해 연구가 진행되어 왔으나 그 시간은 그렇게 길지 않고 선행 연구의 대부분은 단지 분야에 따른 전문용어 목록을 작성 및 전문용어 사전편찬이라고 할 수 있고 학문적으로도 방금 체계화되어 가고 있는 실정이다.

남북통일을 지향하는 지금의 시점이 우리 민족에 있어 그 어느 때보다도 남북한 상호간에 우호협력의 기능성이 고조되는 때이므로 각 분야에서 분단의 이질감을 해소하려고 노력하고 산업의 동질성을 확보한다는 측면에서 산업전반의 표준화에 서로의 노력이 절실하며 특히 남북한 간의 정보통신분야에 대한 표준화 교류 및 협력의 필요성도 강조되는 것이다.[34]

한국과 조선은 오랫동안 분단되어 온 과정에 경제의 발전과 더불어 경제분야의 전문용어들이 많이 만들어졌으며 용어에서의 다른 점을 적지 않게 가지고 있다.

산업용어[35]을 비교하여 보면 아래와 같다.

영어용어	북한용어	남한용어
Smapling	시험감따기	시료채취
Balance	천평	천칭
Rdeucing weight	무게줄임	감량
Cleavage	터짐	균열
Repeatation test	되풀이시험	반복시험
Tube type screw	관나사	관형나사
Cylinder	시린다	실린더
Error angle	어김감도	오차각

---

34) 문상규(2001), 「정보통신 분야 표준화교류 및 협력방안」, Korean 정보처리국제학술회의 논문집, p.220.
35) 『남북과학기술용어 비교 조사연구』, 기술표준원, 2002년.

남북의학용어[36]를 비교하여 보아도 그 차이점을 적지 않게 보아낼 수 있다.

영어용어	남한용어	북한용어
Paraplegia	대마비, 양측(하지)마비	쌍마비, 하반신마비
parapaxia	착행증	동작착오증
Paraprotein	파라프로테인	파라프로테인
Paraproteinemia	파라프로테인형증	파라프로테인혈증
Parapsoriasis	유건선	류건성
Parareflexia	이상반사	반사이상
Pararthria	구음불능증	구음장애, 발음장애
Parasite	기생충	기생충, 기생체
Parasitic disease	기생충병	기생충증
Parasiticide	구충제	기생충구제약
Parasitism	기생, 기생생활	붙어살이, 기생
Parasitology	기생충학	기생충학
Paraspadia	요도측렬	뇨도음격측렬

이와 같이 한국과 조선의 '산업 분야의 용어', '의학분야의 용어', '생물학분야'와 같이 전문용어가 통일되어 있지 않은 탓에 용어개념의 혼란이 있을 수 있으며 외국어와 대역에 있어서도 여러 가지 많은 문제점들을 드러내고 있다.

한국과 조선은 지금까지 여러 분야의 전문용어가 구체적으로 언제부터 어떤 원인으로 다르게 되었으며 또 어떤 방향으로 용어를 통일하여야 하겠는가에 대한 연구가 깊이 있게 진행되지 못했다.

21세기 국어의 정보화와 국제화, 통일을 기하고 있는 이때 남북의 경제 및 기타분야의 전문용어의 통일을 이룩하지 못한다면 의사소통의 혼

---

36) 『남북한 의학용어집』, 대한의학협회, 1996년.

란과 경제, 무역 내왕에서의 많은 오해를 가져오며 국가적인 인력, 자원의 많은 낭비를 초래하게 된다.

사용하는 용어의 의미가 서로 확실치 않거나 분명치 않을 경우 그 통신은 혼란과 오류를 범하게 되고 궁극적으로 성공할 수 없을 것이라는 것은 쉽게 상상이 될 것이다. 이런 의미에서 우리가 관심을 갖게 되는 것은 일반적인 용어도 포함되지만 더욱 심각한 것은 전문적인 용어에 대한 정확한 의미를 공유하는 일이다.[37]

우리들의 올바른 언어 생활을 유도하고 한글의 우수성을 더욱 널리 펼치기 위하여, 한국어의 정보화 처리기술을 더욱 발전시키려면 우선 먼저 한국과 조선의 전문용어 정비를 위한 용례를 수집하고, 수집된 전문용어의 국어학적 검증을 거친 표준화 목록을 작성하고, 정확히 사용하여 전문용어의 통일을 이루어야 한다.

근본적으로 남북한은 각각 1963년 6월 ISO에 가입함에 따라 ISO규격을 채택하고 있어서 일치되는 점도 있다. 그러나 모태가 되는 표준이 한국은 서방 국가 그것도 미국과 일본 규격인 반면, 조선의 표준은 구소련 규격을 모태로 중국규격을 혼합한 형태로서 남북한 표준 사이에 근본적인 구조가 다르기 때문에 상당한 부분 차이를 보이고 있는 것이다.

한국 [KS]규격이 업종별 및 분야 별로 2단계 분류를 하고 있는 것에 반해서 조선의 국가 규격은 용도 및 제품 위주로 3단계의 분류법을 따르고 있는 것이 특징이다. 조선의 국가 규격은 현재 약 13.000여종으로 구소련의 국가 규격을 모태로 하여 작성하고 있으며 볼트, 너트 등 국제적으로 표준 규격화된 제품들을 국제 규격대로 생산한다.

남북의 전문용어의 표준화 사업은 지금 진행 가운데 있다고 볼 수 있다. 우선 국제표준화기구에서 85년 11월 ISO TC46/SC2/WC4 기계화를 위한 한글의 로마자 표기법 국제규격 제정에 관한 규격 초안을 제출하

---

37) 부경생(2001), 「남북한에서의 농업과학 전문용어 개발 현황」, 전문용어연구 1, 전문용어언어공학연구센터, p.61.

도록 한국 공업 진흥청에 요청하였다. 남북한은 한글 로마자표기법 통일을 위하여 1차로 87년 5월 20일 모스코바에서 국제규격 초안 작성을 위한 회의를 개최하여 한국, 조선, 프랑스, 구소련, 중국 등 15개국에서 45명이 참가하였다. 그후 여러 차례 2차는 88년 3월 파리, 3차 90년 5월 파리, 4차 91년 5월 코펜하겐, 5차인 1992년6월15일 프랑스 파리에서 개최하여 극적인 합의를 도출하였다.

최근에 남북한 간에 성립된 산업 표준 회담의 성공사례 2건인데 그 첫째는 우에서 언급한 정부간 베이스에서 성공한 한글 로마자 표기통일안 도출 사례이며 둘째는 민간 베이스 성공 사례로 꼽히는 컴퓨터 한글 자판 배열의 통일안 도출 사례이다.

민족 앞에 무거운 책임을 지고 있는 북과 남의 학자들이 진지한 협의와 탐구를 하여 훌륭한 공동합의안을 만들어 냄으로써 민족성원 모두의 기대에 어긋나지 않게 하여야 할 것이라고 본다. 공동협의안의 만들어지면 앞으로 나라가 통일되어 우리 세대뿐 아니라 후대들도 대를 이어 계속 써야 할 것인만큼 서로 허심탐회한 의견을 내놓고 진지하게 토의한다면 좋은 안이 산생되리라고 생각하는데[38] 대해 필자도 동감이다.

남북한의 전문용어에 대한 표준화와 통일은 시간이 많이 들고 과학적으로 해결해야 할 문제들이 적지 않게 존재하고 있고 비용도 많이들 일이지만 전문용어를 정확한 우리말로 만들어 표준화하는 일은 우리말의 순결성을 고수하며 남북 통일 후 과학기술을 발전시키기 위해서는 반드시 진행여야 할 일들이다.

전문용어의 표준화는 현재 국제적으로 뿐만 아니라 통일을 이루어야 할 남북한에 있어서도 우선 되는 과제로 남아 있는 것이다.

---

38) 김성근(2001), 「조선글자의 로마자 표기 국제표준화와 관련하여 제기되는 문제」, Korean 정보처리국제학술회의, p.16.

2 남북한 및 동아시아 전문용어

1. 남북한 전문용어 사용과 연구[1]

전문용어는 일정한 전문분야에서 특수하게 사용되는 어휘부류이다. 현재 남북한에서의 전문용어에 대한 연구는 여전히 하나의 완전한 독립적인 학문으로서 정착되지 못하고, 다만 어휘론의 일부분으로 언급하거나 또는 단순히 사전 구성에서 전문용어학 표현의 구분 및 해당 학회 또는 협회의 필요에 따라 자기 분야의 용어집을 편찬하는 수준에 머물고 있는 실정이다.

남북한 전문용어는 그 사용과 연구의 역사가 그렇게 길지는 않지만, 최근 전문용어에 대한 국제적인 관심이 늘어감에 따라 하나의 학문으로 정착되어야 할 필요성이 거론되고 있다.

전문용어(학술용어)에는 자연과 사회를 개조하기 위한 인간의 과학적 인식활동과정에 이루어지는 가치 있는 결과들과 일반화된 과학개념들이

---

[1] 이 글은 김광수, 황은하(2004) 「남북한 전문용어 사용과 연구」(북한과학기술연구 2집, 한국과학기술정보연구원)을 수정, 보강한 것이다.

담겨있다. 따라서 전문용어(학술용어)는 과학과 문화를 연구하고 보급하는 언어적인 수단으로 자리매김하고 있다.[2]

여기에서는 한국어 전문용어의 연구상황을 파악하고, 남북한 전문용어의 통일과 전문용어의 장차 비전을 제시하는 기반이 될 것이라는 기대와 함께, 남북한에서의 전문용어의 사용과 연구를 간단히 정리해 본다.

1.1. 남북한의 전문용어 사용

전문용어는 일정한 특수 분야, 즉 한 언어 또는 여러 언어의 전문분야에서 사용되는 어휘부류다.

1.1.1. 고대의 전문용어 사용

고대 한국어 문헌에서 전문용어라는 명칭은 따로 달지는 않았으나 우리말문자가 없는 당시에 한자로서 우리말을 표기한 명사들이 나타나는데 여기에 관직이름, 약초이름 등과 같은 어휘들은 일정하게 전문분야에 쓰인 어휘부류이니만큼 지금 우리가 말하는 전문용어의 개념과 큰 차이가 없다고 볼 수 있다. 그 일례로『삼국사기(三國史記)』(권1)의 일부를 보기로 보여준다.

始祖姓朴氏，　　赫居世……號居四干……居四干辰言王(或云呼貴人之稱)(『삼국사기』卷1 新羅本紀 제1)
南海次次雄(次次雄或云慈充, 金大問云方言謂巫也. 世人以巫事鬼神尙祭祀,放畏敬之, 遂稱尊長者爲慈充)(『삼국사기』卷1 南解次次雄)

---

2) 박상훈・리근영・고신숙(1986), 『우리나라에서의 어휘정리』, 사회과학출판사, p.160.

위에서 '居四干, 次次雄, 慈充' 등은 전문적으로 일정한 직위에 있는 사람들에 대해 부르던 고대의 직함이고 모두 고유어로 되어 있다.

이조에 와서 중국문화의 영향으로 한자어 전문용어가 조선에 많이 들어와 쓰였다. 이조 초기의 법률문서 『대명률직해(大明律直解)』를 보아도 상당한 부분의 법률 용어들이 나타나는데 전 시기와는 달리 모두가 한자어로 되어 있다.

○ 凡奴婢毆家長者皆斬, 殺者皆陵遲處斬, 過失殺者絞.
○ 凡奴婢亦家長乙 <u>把他</u>爲在乙良幷只斬齊致殺爲在乙良幷只<u>車裂處</u><u>殺齊</u><u>失錯</u>殺爲在乙良絞殺齊.(『대명률직해』刑律 奴婢毆家長)
凡奴婢이 家長을 把他견을랑 다모기 斬제. 致殺견을랑 다모기 車裂處殺하제. 失錯殺견을랑 絞殺하제.

여기서 '把他, 致殺, 車裂處殺, 失錯殺, 絞殺' 등 법률 용어들은 모두 한자어로 되어 있는 전문용어이다.

1.1.2. 근대의 전문용어 사용

근대과학이 한국(조선)에 소개되기 시작하면서 일본의 전문용어가 자연스럽게 유입되었고 광복과 더불어 일본어 전문용어는 한자 문화권이라는 이유로 그대로 우리말 전문용어로 둔갑하였다. 이러한 혼란이 채 수습되기도 전에 6·25 사변이 일어났고 전문용어의 정리는 뒷전으로 밀리고 한국(조선)은 필요에 의하여 일본식 한자어가 아니면 밀어닥친 유럽과 미국의 용어들을 그대로 음차하여 사용해왔다.

제중원의학교의 김필순(1909)이 번역한 첫 해부학교재만 봐도, 일본 해부학 도서를 참고하여 번역되었기에, 간혹 '백혈'(숫구멍) 등과 같이 한의학의 용어도 사용되었지만, 전문용어 대부분은 당시 일본 해부학용어와 다른 바 없었다. 이는 해외 문화와 접촉하는 과정에 새로운 문물이나 개넘이 유입될 당시의 지식계급은 거의 다 한자에 대한 소양이 풍부했었고, 이들에 의해 한자 용어가 활발히 만들어지게 됨으로써 결국은 한국어 기본어휘와 유리된 한자어 전문용어가 만들어지게 된 것이다.

조선 학자들의 견해를 따른다면 '지난날 조선은 과학기술면에서 뒤떨어져 있었기에 많은 학술용어들은 외국에서 도입하여 사용하게 되었다. 특히 이조봉건통치배들의 사대주의와 일제침략자들의 민족어말살정책으로 말미암아 어렵고 까다로운 한자말과 외래어로 된 학술용어들이 그대로 우리말에 들어왔으며 일부는 한자말로 번역되어 쓰이게 되었다. 그리고 학술용어를 많이 다루고 이용하는 지식층 가운데 지난날 한자말이나 외래어로 된 용어만이 학술용어답다고 생각하는 낡은 관점이 지배적이었기 때문이라고[3] 한다.

이와 같이 현대문명의 유입과 함께 1) 일본어 한자어 2) 영어에서 직접 전해진 전문용어가 널리 사용되었는바 아래와 같은 화학 전문용어의 예를 들 수 있다.

- 절대온도 ← 絕對溫度(일본어) ← absolutetemperature(영어)
- 안트라센 ← ァトラセン(일본어) ← anthracene(영어)
- 아밀로펙틴 ← amylopectin(영어)
- 엔트로피 ← enthalpy(영어)

1.1.3. 현대의 전문용어 사용

현재 한국어에서 낱말 '전문용어'는 학술용어로서의 용어와 함께 생활 속에 깊이 침투되어 있는 어휘로 자리매김하였고, 유형별로 보면 다음과 같이 쓰이고 있다.

---

3) 박상훈·리근영·고신숙(1986), 『우리나라에서의 어휘정리』, 사회과학출판사, p.160.

1) 웹사이트에서의 전문용어의 사용

대표적인 검색 사이트인 구글(http://www.google.co.kr)에서 2003년 9월 26일 검색어 '전문용어'로 검색한 결과 모두 12,400항이 검색되었는데, 그 중 33 페이지의 일부를 보이면 아래와 같다.

> • (주)에이시스번역-유용한 사이트-번역관련
> …사전의 모든 것. http://sun.interpia98.net/~ausflug/dic.html. Your Dictionary.com 거의 모든 언어별 및 분야별 사전을 제공하고 있습니다. Terminology Collection. 언어별 분야별 전문용어 사이트로 안내합니다.…
> • http://www.translation.co.kr/Korean/link02.html-40k-저장된 페이지-비슷한 페이지
> 테마광장-기본코스
> …따라서 세법 및 회계분야의 전문용어를 쉽게 찾아보고 난해성을 최대한으로 해소하여 세법을 처음 대하는 사람들이 자신감을 가질 수 있는 길잡이가 되도록 하기 위하여 기존 세무회계 용어사전의 내용을 대폭적으로…

2) 언론매체에서의 전문용어의 사용

현재 한국은 신문(newspaper)에서도 전문용어들이 많이 쓰이고 있으며 전문용어가 일상생활에서 소홀히 할 수 없는 하나의 부분으로 되었다. 『전자신문』 2002년 9월 28일 제1면에 "최첨단 'e카' 개발 열풍"이라 제목으로 '…대우차는 내년 적용을 목표로 전방충돌경보 및 회피시스템, 사각지대장애물 경보시스템 등 안전시스템을 개발했으며 자율주행차량 개발을 위한 각종 선행연구도 진행 중이다. 특히 이 회사는 GM의 선진 기술을 접목시켜 최고의 가치를 지닌 e카를 오는 2005년 출시한다.

3) 전문분야에서의 전문용어의 사용

남북한의 전문분야의 저서에는 더 말할 나위도 없이 전문용어가 특히

많이 쓰인다. 조선의 생물학 저서의 일부를 예로 살펴보면 다음과 같다.

> 빛의 파장에 의하여서도 빛합성산물이 달라지는데 많은 경우에 붉은 빛은 마감산물이 당함량을 높이는데 푸른빛은 싱아초산, 사과산, 아스파라긴산과 같은 유리산들의 비중을 높인다. 이것은 푸른빛이 PEP-카르복실라제의 활성을 높여 싱아초산이 많이 생기게 하며…[4]

결과적으로 남북한의 전문용어 사용을 통시적으로 고찰하여 보면 고대로부터 현대로 발전해 오면서 전문용어의 양이 많이 늘어남과 동시에 고유어를 사용하던 데로부터 점차적으로 한자어를 사용하고 자본주의 근대문명과 일본의 식민지 정책으로 말미암아 고유어보다 외래어, 한자어를 더욱 많이 사용하는 방향에로 발전하는 과정이었다고 짚어볼 수 있다.

현재 남북한의 전문용어는 고유어로 된 것이 적고 외래어와 한자어가 많으며 전문용어가 한국 내에서, 또 남북간에 통일되지 않고 규범화되지 않은 실정이다. 통일의 시대에 대비하여 우리는 남북한 언어의 이질성을 극복하는 하나의 통합된 언어체계를 마련해야 한다는 당면의 과제를 안게 된다.[5]

1.2. 한국어 전문용어 관심과 정리

전문용어에 대해 오래 전부터 많은 나라들에서 관심을 가지고 연구를 진행해 왔다. 일본의 전문용어 집성은 이미 100여 년의 역사를 가지고 있고 불어권에서는 새로 만들어진 전문용어를 표준화하려는 노력이

---

4) 『빛생물학』, 김일성종합대학출판사 생물학과용, p.67.
5) 오길록・최기선・박세영(1994), 『한글공학』, 대영사, p.45.

1970년대 초부터 시작되었으며 중국은 1985년부터 전문용어 사업을 국책 사업으로 추진하였다. 이에 비해 한국에서의 전문용어의 중요성에 대한 인식은 뒤늦게 90년대에 시작되었다.

과학기술의 세계적인 교류와 함께 1990년대에 들어서면서 전문용어가 한국에 밀물처럼 흘러 들어왔다. 학자들이 저마다 혹은 영어 용어, 혹은 한글 용어를 사용하였기에 각 학문분야 간, 심지어 대학교, 연구소 등 연구기관 별로 용어를 달리 사용하는 양상이 나타났고 기초과학과 초, 중, 고등학교 간의 의사소통은 물론 동일한 학문영역 내에서도 대화가 어렵게 되었다.

지난 몇 년간 한국은 전문용어 코퍼스 및 데이터베이스 구축, 전자사전, 인터넷 정보검색, 국어정보화, 자연언어처리 등에 대한 활발한 연구와 더불어 전문용어에 대한 수집과 표준화가 이루어져야 한다는 필요성을 인식한 것은 불과 얼마 전의 일이다.

현대의 전문용어의 특성에 대한 본격적으로 연구를 시작한 것은 20세기 90년대 후반기부터이지만, 그 전부터 수십 년간의 끊임없는 작은 노력들과 갈라놓을 수 없다. 전문용어는 주로 전문분야별 학회에서 토론되었고, 전문분야별 『전문용어집』의 편찬으로 연구가 이어졌으며, 오늘에 와서는 전문용어연구기관을 설치하고 전문용어의 표준화와 통일방안에 관심이 모아지게 되었다. 주요한 연구 활동들을 살펴보면 다음과 같다.

[학회 연구 활동]

학회 명칭	시간	성 과	설 명
안과 학회	1949.7	• 처음으로 의학분야의 용어에 대해 다룸 • 일본식 전문용어의 한글화 전환을 지향	미모 → 눈썹 안구 → 눈알

대한 의학 협회	1976.7	의학용어제정심의위원회 설립	
	1977.11	첫 『의학용어집』 출간	각 학회에서 수집된 용어 약 3만 5천 개 중 논란이 되지 않을 것을 택하여 약 2만개를 수록
대한 해부 학회	1975 초	Nomina Anatomica(1955)에 근거한 해부학용어 시안 작성	
	1975.7	문교부 요청1980년 8월에 조직학 태생학용어 첫째 판 출판	
	1978.5	첫 해부학용어집을 발간	
	1981	일본식 용어들을 우리말다운 용어로 다듬기로 결정	
	1990.4	해부학, 조직학, 발생학 용어를 통합한 셋째 판을 출판	
	1996.1	『해부학용어』 넷째 판을 출판	
한국 물리 학회	1977	• 상설위원회를 설립 • 물리학 용어의 한글화 작업 시작	
	1981. 4	「물리학용어집」 출판	이는 『과학기술용어집(제1집)』(한국과학기술단체총연합회, 1977.8)과 함께 문교부가 1987년 11월 펴낸 과학 용어통일을 위한 학교용 편수자료 Ⅲ의 기반이 되어줌.
	1995	「물리학용어집」 수정판 출간	옛 용어 8,000개에 새 용어 4,500개를 더해 모두 12,500개의 용어 수록
대한 금속 학회	1984	금속용어제정위원회를 구성	
	1987.10	『금속용어집』 출판	우리말 전문용어로 구성된 올림말 5,741개 단어의 국내 최초의 재료 관련용어집
	1999. 6	제2차 용어제정위원회를 설립	
한국 과학 기술 한림 원	1995. 6	• 과학기술용어 통일위원회 구성 • 전문분야 위원을 위촉, 용어 사업 시작	

한국과학기술한림원	1995. 6	• 과학기술용어 통일위원회 구성 • 전문분야 위원을 위촉, 용어 사업 시작	
	~1998.3	• 25회의 과학기술용어 통일위원회를 개최 • 전문학회 별로 발간된 용어집의 용어를 모두 입력, 교정, 검토 및 해당분야 학회에 심의 요청 • 심의 완료된 용어를 다시 수집하여 검토한 후 2회의 워크숍과 60여 학회 용어위원들이 참석하여 1회의 공청회 겸 설명회를 가짐.	• 용어의 범위를 좁게 시작하여 넓혀나가는 방안 • 초등학교 용어부터 통일하는 방안 • 기초용어는 어느 정도 통일되어 있으니 전문용어의 통일을 우선적으로 하는 방안 • 앞으로 사용할 세대를 중심으로 하되 장기사업으로 세계화 • 북한과의 차이는 시간을 두고 연구하여야겠다는 데 의견을 모음.
대한화학회 (1946 창립)	1962.10	술어제정위원회 발족	
	1964	세부분과별로 책임자를 선정하여 제2차 술어제정사업을 추진	
	1965	'화학과공업의 진보'(제5권 1호)에 5000 여개의 우리말 화학술어를 제정	
	1965 말	• 임시기구를 상설위원회로 정착 • 외국인 이름의 우리말 표기법을 결정 • 유기화합물 명명법과 무기화합물 명명법을 부분적으로 수정, 보완	화학술어제정심의회 화학술어제정위원회
	1974	『화학술어집(초판)』 발행	
	1978	『화학술어집(재판)』 발행	약 2,000여 개의 술어를 수정, 보완
	1986	『화학술어집(제3판)』 발행	
	1993	『화학술어집(제4판)』 발행	
	1996	『화학술어집(제5판)』의 발간을 위한 개정 작업에 착수	술어의 선정을 마친 상태지만 발간이 늦춰지고 있음

대한화학회 (1946 창립)	1998.7	• 새로운 '명명법원칙'을 제정 • '무기화학의 명명법'(개정판) 발행	
	1999~현재	• 대한화학회의 홈페이지를 통하여 온라인 검색 제공 • '유기화합물 명명법'(개정판) 발행 예정	

1.2.1. 전문용어집의 편찬

한국에서의 전문용어 연구는 위에 열거한 학회 중심의 활동과 더불어 전문용어사전 편찬도 하나의 큰 사업으로 추진되었다.

1960년에 들어서 학생교육을 위한 우리말 교과서 편찬, 논문작성 등을 위하여 각 학회마다 고유의 우리말 학술용어를 만들고 다듬기 시작하였다. 교육부(당시 문교부)에서도 초, 중, 고등학교 용 교과서 편수지침과 외래어표기 용례집을 펴냈으며 학회마다 자기의 학회에 필요한 전문용어사전을 만들었는데 영어식 발음이나 일본식 용어를 그대로 채택하였다.

1970년대에 우리말 학술논문 교과서 등을 위한 용어의 표준화가 시작되었고, 과학기술총연합체에서 「과학기술용어집(제1집)」(1976), 「과학기술용어집(제2집)」(1978)이 출간되고 최근에 와서 한글로 된 과학용어의 필요성이 점차 인정되면서 1980년대부터 이공계, 금속학, 기계공학, 경제계 그리고 농학부문, 의학계, 해양부문, 그리고 정보통신부문 등 여러 부문에서 앞다투어 자기 분야별 용어집, 용어 사전들이 발간되었고 오늘에 이르러서 많은 성과를 거두게 되었다. 분야별로 살펴보면 다음과 같다.

1) 자연과학, 공학분야

1980 『비철금속용어사전』, 한국철강신문
1981 『물리학용어집』, 한국물리학회
1983 『주물용어사전』, 대한주조공학회
1985 『영한, 한영 최신화학용어사전』, 리우영
1987 『금속용어집』, 대한금속학회
1989 『섬유사전』, 한국섬유공학회
1990 『JIS 공업용어대사전』, 기계용어사전편집위원회
1991 『섬유사전』, 한국섬유산업연합회
1991 『환경공학용어사전』, 환경공학연구회
1993 『화학술어집』, 대한화학회
1994 『건설용어종합대사전』, 건설부
1994 『최신편자동차용어사전』, 동차용어사전편집부
1994 『화학술어집』, 대한화학회
1994 『환경과학공학용어대사전』, 동화기술
1995 『건축공학대사전』, 건축공학대사전편집위원회
1995 『건축설비공사용어사전』, 세화
1995 『고분자용어집』, 한국고분자학회
1995 『기계공학대사전』, 집문사
1995 『기계용어집』, 대한기계학회
1995 『물리학용어집』, 한국물리학회편
1996 『금속용어사전』, 금속용어사전편집위원회
1996 『금형용어사전』, 김세환
1996 『금형용어사전』, 대광서림
1996 『수학용어집』, 대한수학회
1996 『최신화학용어사전』, 탐구당
1997 『교량용어사전』, 로민래 외
1997 『금속용어사전』, 금속용어사전편집위원회
1997 『물리용어사전』, 김영호 외
1997 『산업공학용어집』, 대한산업공학회
1997 『용접학사전』, 대한용접학회
1997 『화학용어사전』, 전파과학사
1998 『물리학용어집』, 한국물리학회편

1998 『비철금속용어사전』, 한국철강신문
1998 『자동차용어사전』, 골든벨
2000 『영한, 한영 기계용어사전』, 성인당
2000 『현대과학기술약어사전』, 김상진
2000 『JIS 공업용어대사전』, 기계용어사전 편집위원회

2) 경제학부문

1992 『경영학대사전』, 한국도서출판중앙회
1993 『경제영어소사전』, 박영사
1996 『영어경제용어사전』, 신원문화사
1997 『신경제용어사전』, 더난출판사
1997 『경제신어사전』, 매일경제신문사
1997 『최근금융증권용어사전』, 동원경제연구소
1998 『영한한영회계사전』, 한국법률협회

3) 의학부문

1990 『의학대사전』, 이우주
1992 『의학용어집3권』, 대한의학협회
1993 『표준의학사전』, 아카데미서적
1996 『남북한의학용어』, 대한의사협회
1996 『치의학용어집』, 한치과의사협회
1999 『해부학』, 대한해부학회
1999 『치의학용어사전』, 기창덕, 지제근
2001 『의학용어집4권』, 대한의학협회
2001 『영한·한영 의학용어집』, 대한의사협회보건복지부

4) 농업부문

1992 『농업기계 학술용어집』, 한국농업기계학회
1992 『잠상견학술용어사전』, 한국잠사학회
1993 『가축해부학용어』, 한국가축해부학회
1993 『원예학용어집』, 한국원예학회
1993 『유전육정학사전』, 조장환 외

1994   『식품과학용어집』, 한국식품과학회
1994   『유기공기술용어집』, 유기공기술학회
1995   『영양사료용어』, 한국영양사료학회
1995   『작물학용어집』, 한국작물학회
1996   『번식학사전』, 이규승 외
1998   『곤충용어집』, 한국응용곤충학회
1998   『생물학사전』, 아카데미서적(한국생물과학협회)

5) 해양부문

1991   『한영일 수산동식물용어사전』, 해양현대해양출판국
1997   『해양용어사전』, 조창선
1997   『조선용어사전』, 대한조선학회

6) 전기전자부문

1981   『전기용어집』, 대한전기학회
1993 · 1994 · 1996
       『영한, 일한 컴퓨터용어큰사전』, 정보과학용어사전편찬위원회
1994   『컴퓨터용어사전』, 전산관련용어편찬위원회
1997   『표준전자공학용어사전』, 대한전자공학회
1997   『컴퓨터 정보 용어 대사전』, 컴퓨터정보과학용어연구회
1997   『전자통신용어해설집』, 한국전자진흥협회
1993 · 2001 『정보통신용어사전』, 한국정보통신기술협회
2001   『최신판 IT 용어사전』, aiwa Soken
2002   『한영조일정보기술표준용어사전』, 한국어정보학회&중국조선
       어신식학회&조선교육성프로그람교육센타

이처럼 각 분야마다 자기 분야의 용어집을 출간함과 아울러 1990년
대에 와서는 각 분야별로 사용하는 용어가 일치하지 않는 점이 점차 심
각한 문제로 대두되었고, 이를 해결하기 위해 한국과학기술한림원에서
는 통일과학기술용어위원회를 구성하고 현재 과학기술분야에서 사용되
고 있는 용어를 분야별로 총망라하여 1998년에 『영한, 한영 과학기술용

어집』을 발간하였다.

현재 한국 내에서는 전문용어사전 편찬을 위한 코퍼스 작업들도 많이 진행되고 있는데, 일부를 표로 정리하면 다음과 같다.

프로젝트	연구기관	설 명
21세기 세종 계획 전문용 어정비 사업	전문용어언어 공학연구센터	• 생물 전공 서적 및 학술지 100만 어절 • 화학, 용어 한, 영, 일 3개국 대응 목록 10,000건(누적, 15,000건) • 생물 용어 한, 영, 일 3개국 대응목록 10,000건 구축
	kist의 사업연구 과제(한국생물과 학협회 심의)	• 경제학, 물리, 화학, 생물, 의학, 전기전자, 정보통신 방면의 영·한·일·중 4개국 전문용어 대역코퍼스
	연세대학교 언어정보개발원	• 물리학용어의 토착화와 보급을 위한 '물리학용어전자사전' 편찬을 위한 경제용어 코퍼스

한국에서의 전문용어사전의 편찬 과정의 한 특징으로 짚고 넘어가야 할 것은, 재래의 영어나 일본어식 한자어를 직접 올림말에 수록하던 데로부터 점차적으로 용어의 우리말 화에 대해 많은 관심을 가지고 정리하는 과정에서 고유어화하는 경향을 띠고 있다는 것이다.

1.2.2. 전문 연구 기관

한국 내 전문용어 연구를 진행하는 주요 연구기구로는 유네스코의 지원을 받아 전문용어연구를 담당하는 국제기구 Infoterm의 한국 대표 연구 기관인 'KORTERM(전문용어언어공학연구센터)'이 있다. 1998년 문화관광부의 지원을 받아 설립된 본 센터는 한국 내 전문용어연구의 중심으로서 전문용어의 정보검색, 기계번역, 문헌분류 연구 및 전문용어정보집성, 표준화를 위한 노력과 국제교류의 활성화를 통한 국가 경쟁력 강화에 그 역할을 다하고 있다.

이 기관에서는 또 전문용어의 표준화, 정보화, 국제화를 목표로 빈번히 바뀌는 과학기술분야에서 새로운 개념이 생겨나면 그 개념을 적절히 표현할 수 있는 명칭을 만들고 각 학술 단체들 간의 전문용어가 정확하게 사용되고 있는지, 하나의 어휘를 서로 겹쳐 쓰고 있지는 않는지, 개념과 어휘가 정확한지를 조사하고 연구하고 있다.

시 간	학술회의	주 제	비 고
1998.12.12	제1회 전문용어언어공학 심포지엄	한국에서의 전문용어 연구와 방향	
1999	제2회 전문용어언어공학 심포지엄	정보지식사회와 전문용어	국제적인 전문가회의 학문적으로 한국에서의 전문용어 연구의 방향이 어떠해야 하는지를 세계 전분용어의 연구라는 측면에서 조망
2000.4.1 2000.5.20	우리말 표준화를 위한 워크샵	전문용어의 우리말 표준화	
2000.9.22		대용량 음성(음향)/언어/영상DB구축 및 표준화 사업발표회	
2000.12.9	제3회 전문용어언어공학 심포지엄	21세기 디지털 시대의 전문용어 연구의 현황과 과제	국내 전문용어보급과 활성화, 단계별 운영계획을 작성

본 센터에서는 국제학술회의 개최 또는 참여 등 학술활동을 통해 전문용어연구와 정비를 위한 국내, 국제적 유대를 강화하고 있다. 이외에도 **KORTERM**은 전문용어학 시리즈 간행물, 전문용어연구 논문집(1~4집)을 출판하였으며, 영문 뉴스레터 발간을 통해서도 세계 각국의 국제

전문용어 관련 연구기관 및 단체와의 협력체결과 상호 정보 및 자료 교환은 물론 공동연구 체제를 형성하는데 기여하고 있다. 전문용어언어공학연구센터에서는 국내전문용어의 중심지이고 국제적 전문용어 연구 파트너로서의 역할을 수행하려고 열심히 일하고 있다.

한국은 전문용어의 국제적 표준화사업에도 전력을 다하고 있다. 오늘날 세계적으로 전문용어 연구가 활발히 이루어지고 있고 많은 관련 기관들이 있지만 전문용어의 선도적 역할을 하고 있는 조직으로는 ISO/TC37, infoterm, TermNet, GTW, LLTF 등 5개의 전문용어 연구를 이끌어 가는 '글로벌 그룹'이 있다.6) 한국은 동아시아 전문용어포럼(EAFTerm)에 참가하여 infoterm의 지부로 활동하고 있고 최근에 전문용어별로 해당 전문용어에 대한 개념정립, 표준화, 용어집 편집 등과 같은 구체적인 작업들이 실천적으로 행해지고 있다. 2002년 8월 중국 북경에서 열린 정보화시대에 따르는 민족어의 통일적 발전과 언어정보산업표준화에 관한 학술모임도 바로 이러한 목적에서 남북학자 그리고 중국조선족 학자들이 함께 모인 것이라고 볼 수 있다.

ISO/TC 37(국제표준화기구 전문용어 및 기타 언어자원 기술위원회)에 대응하여 한국 ISO/TC 37 전문위원회가 2002년 4월에 구성되고 그 동안의 준비과정을 거쳐 2003년 5월 25일 한국과학기술학원 KORTERM에서 제1차 한국 ISO/TC 37 전문위원회 회의를 개최하였다. 이 회의에서 ISO/TC 37/SC 4(언어자원관리 소위원회)는 한국이 국제간사기관으로 지정되었음을 발표하였다.

한국 내 전문용어 관련 학회 활동, 전문 용어사전 편찬, 그리고 용어의 표준화와 통일사업, 전문용어의 국제적인 교류 활동은 점차 보다 많은 사업들을 진행하고 있고 시간은 길지 않지만 적지 않은 성과를 거두었다고 볼 수 있다.

---

6) 최기선(2000), 「전문용어와 센터의 역할」, 전문용어연구 1, 전문용어언어공학연구센터. p.5.

1.3. 조선의 전문용어 관심과 정리

조선에서는 전문용어를 일명 학술용어라고도 부르며 학술용어는 과학기술분야에서 정밀하게 규정된 과학적인 개념과 학술적인 내용을 담고있는 어휘부류라고 정의한다. 또 학술용어는 과학적인 개념과 학술적인 내용을 담고 있기 때문에 과학기술부분이나 문학예술부문 같은 데서 많이 쓴다[7]고 하였다. 즉 사회정치, 과학기술, 문학예술, 군사 등의 일정한 분야에서 엄밀히 규정된 개념을 나타내는 단어라는 뜻이다.[8] 조선에서의 전문용어의 연구는 일찍 광복 이후부터 진행되었으며 주로 어휘정리 사업의 일환으로 함께 진행되었다.

어휘정리사업은 조선어를 발전시키는 기본문제로서 지난날 조선어가 걸어온 역사적 특수성으로 하여 우리말 어휘구성이 정상적으로 발전하지 못하고 낡은 사회의 유물을 많이 가지고 있는 것과 연관되어 있으며 따라서 어휘정리를 앞세워야 언어구성의 다른 요소들인 어음, 어휘, 문법, 문체 등 다른 부분들도 발전시킬 수 있기 때문이라[9]고 여겼다.

조선에서의 어휘 정리사업은 지난날 봉건시기에 조선 말에서 생겨난 힘든 한자말과 일제시기에 조선말에 끼여든 일본식 한자말과 일본말찌꺼기, 외래어를 고유한 조선 말로 다듬는 것이었다. 어휘정리사업에서 우선 나서는 중요한 문제가 학술용어를 잘 다듬는 것이라고 인정하였다.

학술용어를 인민대중이 알기 쉽게 잘 다듬는 것은 어휘정리사업에서 매우 중요한 의의를 가진다고 하면서 학술용어를 잘 다듬어야 근로자들

---

7) 최완호·문영호(1980), 『조선어어휘론연구』, 과학백과사전출판사, p.148.
8) 『조영사전』(외국문도서출판사, 조선 평양, 1984년)의 일러두기에서는 '전문용어'라 하고 건축, 경기, 경제, 고고, 고생물, 곤충, 공학, 교통 등 103개 부분으로 나누었다.
9) 김길성(1996), 「어휘정리연구사」, 주체의 조선어연구 50년사, 김일성종합대학 조선어문학부, p.126.

과 청소년 학생들의 과학기술지식과 문화수준을 빨리 높일 수 있으며 일반용어를 비롯하여 다른 분야의 어휘들도 쉽게 다듬고 어휘구성 전반에서 민족적 특성을 옳게 살려나갈 수 있다고 했다.

1.3.1. 조선의 전문용어 연구

조선에서는 1949년 2월에 '학술용어사정위원회'가 조직되어 학술용어들을 사정하는 사업이 계획적으로 통일적으로 진행하게 되었다. 해방직후부터 당과 수령의 영도 하에 모든 한자말과 외래어를 쉬운 고유어로 다듬고 일본말 찌꺼기를 없애며 인민들의 언어생활을 바로 잡기 위한 투쟁이 힘있게 벌어졌으며 이에 대한 연구 논문들을 살펴보면 아래와 같다.

시간	성 과	주 장	보 기
1949	리익환 「의학용어제정에 관하여」(『조선어연구』1-3)	• 학술용어정리에서 지켜야 할 세 가지 기본원칙을 밝히고 그 구체적인 방도를 제시 • 학술용어에는 대중적인 쉬운 말, 내용에 충실한 말과 조선글자로 표기할 수 있는 말로 제정하여야 함	(수정 전 → 수정 후) 서류 → 감자 소맥 → 밀 잠란 → 누에알 돈사 → 돼지우리 가용물 → 용해성물질 → 녹는 물질
1958	학술용어사정위원회를 재조직		김일성의 지시
1961.11.25		"학술용어사정위원회"에 관한 규정	김일성은 이 위원회의 사업에 각별한 관심을 돌렸으며 이 규정이 일상용어정리뿐 아니라 학술용어의 정리에도 동일하게 작용한다고 지시

1956	최현 「조선어의 정화문제와 한문자」(『조선어문』)	정리해야 할 한자어대안을 제시	상전→뽕밭/잠사→누에고치실 금망→쇠그물/어로→고기잡이 오물 → 쓰레기/사옥 → 우리
1960	류렬 「학술용어의 사정에서 제기되는 몇 가지 문제」(『조선어문』, 1960.3)	학술용어의 정리 토대를 제시	
	• 조선어문 편집부의 『언어정화실』 • 말과 글 편집부의 『지상토론실』	• '이렇게 고치면 어떻습니까?'라는 고정표제로 지상토론 벌임 • 전문분야별 용어의 정리 대안 제시	1호 약학부분용어 2호 잠학부분용어 3호 기계부분용어 7호 림업부분용어 8호 화학부분용어 9호 광산부분의 용어 10호 건설부문용어
1964	「학술용어에 대한 몇 가지 생각」(김남수, 『조선어학』 1964년 1호)	원칙1 : 이미 깊이 뿌리를 박아서 친숙하고 알기 쉬운 것은 한자 말대로 살려 쓴다.	전기, 동물, 식물
		원칙2 : 일반인이 알 수는 있으나 공연히 말을 딱딱하게 하는 한자말은 되도록 우리말로 바꿔 써야 한다.	등, 시비, 병렬, 접속, 퇴적
		원칙3 : 한문글자를 모른다는 전제를 놓고 알아듣기 어려운 것들은 할 수 있는 것이면 조건을 붙이지 말고 모조리 다 우리말로 바꿔야 한다.	
		원칙4 : 역사적인 어려운 용어들을 정리, "어쩐지 격이 떨어지는 것 같다"고 하면서 '바위'라고 하면 돌 같고 '암석'이라고 해야 지질학의 대상 같다는 관점도 없애야 한다.	조선화를 그리는 법의 이름들 '선, 염, 철'이나 탑의 각 부분을 이루는 '옥개' 등도 '듣고도 모를 소리'이므로 정리

1964	리만규 「농업 용어는 어떻게 바로 잡겠는가」(『조선어학』 1964년 5호)	인민의 말로 엮어진 한자말은 그대로 쓰는 것을 원칙으로 함	온상, 세균, 번식, 농장, 생물
		전문 일군들과 해당 과학자, 기술자들에게는 쉽지만 인민대중이 알아듣기 어려운 말은 쉬운 말로 고침.	결주보식 빈포심기 과경 과실꼭지
		• 동일한 의미의 용어가 고유어와 한자어가 병존할 때, 고유어를 씀 • 한자말, 고유조선말 또는 외국말과 섞어 쓰는 용어도 찬성	건초 → 마른풀 경사 → 비탈 가스조절여닫기 마른과일
1967	김수경 「우리말 학술 용어를 주체적으로 다듬기 위한 몇 가지 문제」 (『어문연구』 1967.1)	• 개념적측면 : 용어의 정확성, 체계성, 단의성, 간결성의 원칙이 요구됨 • 언어적측면 : 주체성을 갖추는 것이 기본이라고 함 • 단계적방법 : 고유어로의 변환이 쉬우며, 대중이 곧 받아들일 수 있는 것은 즉시 사용하기 시작. 나머지 용어로부터 몇 개 단계로 나누어 년차별로 쓰도록 하는 것 • 군중적방법 : 처음으로 쓰도록 하는 용어들은 대중의 토의를 거쳐 그 초안이 좋은가 더 쉬운 안은 없는가 하는 측면에서 검토를 받고 대중의 지혜를 발동시키는 것.	• 주체성 : 학술용어가 우리 나라 혁명 수행에 가장 잘 복무할 수 있도록 되어야 하며 우리말 발전의 주체적 방향과 일치하여야 하며 조선에서의 학술용어 이론의 건설에 이바지할 수 있도록 체계화되어야 한다는 것. • 학술용어의 정리 작업이 우선 우리말 단어체계를 고유어를 기본으로 한 단일한 체계로 만든다는 것을 의미 • 우리말 어휘구성가운데 있는 일반용어휘, 학술용어, 고유명사의 부류들을 단일한 체계로 만든다는 것을 의미.
1984	리근영 「어휘정리에서 이룩된 빛나는 성과」(『문화어학습』 1984년 1호)	김일성의 1964년 1월3일 교시가 있은 때로부터 20년간 학술용어를 비롯한 어휘정리사업에서 이룩한 성과들을 개괄	지난 20년간 어휘정리사업에서 이룩한 가장 빛나는 성과 : 우리말의 부족점을 없애고 우리말 단어체계를 고유어 하나의 체계로 발전시키는 것.

조선에서 진행된 언어정화사업에서 특히 중요한 것은 학술용어에 대한 사정사업이었는데 이 사업에서 주된 관심은 광범한 인민대중이 알기 쉬운 말로 학술용어들을 고치는데 돌려졌다. 따라서 학술용어사정사업을 통하여 많은 학술전문용어나 기술용어가 정화되었다.

강연사 → 된빔실	란형 → 닭알형
마침 → 바늘갈기	침간 → 바늘대
비면 → 솜먼지	방염 → 색막이
방풍장 → 바람바자	두부 → 머리
화실 → 불간	가등 → 가로등

조선은 1963년 6월 21일 ISO에 한국과 함께 가입하여 과학기술에 대한 국제 협력을 촉진하고 공산품에 대한 국제 규격화를 추진함으로써 무역증대를 도모하려 하였다. 국가표준화를 총괄하는 부서로는 국가과학 기술위원회 산하 국가 규격위원회(CSK)가 있다. 국가 규격의 분류에 광업, 유용광물, 원유제품, 금속 및 금속제품, 운수 수단 및 용기 등 17개 부문이 있는데 그 중 과학 기술용어, 기호 및 수치도 포함되어 있다. 조선의 국가규격은 국가적 강제규격의 성격을 띠기 때문에 표준화가 잘 이루어진다.

1964년에는 또 비상설적인 기관으로서 조선민주주의인민공화국 내각 직속으로 국어사정위원회가 나오게 되었는바, 위원장과 부위원장 산하에 5~7명으로 구성된 분과위원회를 설립하였다. 분과위원회는 다시 23개의 전문분야별 소분과로 나뉘어서 연구를 진행하였다.

건설건재용어분과위원회	금속용어분과위원회
기계용어분과위원회	광업용어분과위원회
농학용어분과위원회	경공업용어분과위원회
림학용어분과위원회	문학예술용어분과위원회

사회과학용어분과위원회　　　　상품용어분과위원회
선박용어분과위원회　　　　　　수리용어분과위원회
수산/해양용어분과위원회　　　　생물용어분과위원회
자연과학용어분과위원회　　　　전기/체신용어분과위원회
지질/지리용어분과위원회　　　　축산/가금용어분과위원회
체육용어분과위원회　　　　　　화학용어분과위원회
운수용어분과위원회　　　　　　의학/약학용어분과위원회
일반용어분과위원회

위원회에서는 늘 쓰는 말부터 정리하며 5,000~6,000개의 단어를 먼저 정리하여 보급하고 그 다음에 다듬은 것은 먼저 것이 보급된 다음에 보급하도록 하여야 한다고 하면서 군사용어는 지금 당장 고치는 것은 아니라 앞으로의 형편을 고려하여 고치도록 한다고 하였다.

학술용어는 첫 단계에서 고유어, 한자어, 외래어의 분포상태를 정확히 알기 위한 조선어 어휘상태를 파악해야 하며 둘째 단계에서는 한, 두 분과의 어휘(예 : 농업분과, 일반용어분과)를 집중적으로 사정하며 이를 학계에서 토의하고 다음에 전군중적인 토의에 붙이며 거기에서 의견을 종합하여 최종적으로 수정보충하고 그것을 국어사정위원회에 제출하여 비준받아야 한다는데 대하여 강조하였다. 또한 어휘정리에서 과학성과 군중노선을 관철하는 문제가 매우 중요하다고 하였다.

80년대에 와서 『조선어어휘론연구』(최완호 · 문영호, 과학, 백과사전출판사, 1980년)는 학술용어는 과학기술분야에서 정밀하게 규정된 과학적인 개념과 학술적인 내용을 담고있는 어휘부류이며 용어의 부류에 따라 자연과학용어, 기술과학용어, 사회정치용어, 사회과학용어, 문학예술용어, 전문용어로 나누고 용어의 유형에 따라 일반적어휘로 된 용어, 고유명사로 된 용어, 부호로 된 용어로 나눌 수 있는데 이는 간결성, 풍부성, 다양성의 어휘론적 특성, 한가지 뜻과 대상 논리적인 뜻을 가지는 의미론적 특성, 단어조성특성과 체계성을 가지고 있다고 하였다.

학술용어는 주체적인 과학문화건설에서 자주적, 창조적인 능력을 키워나갈 수 있고 사대주의와 교조주의의 부작용을 가시게 하며 통속적이며 대중적인 과학기술 도서와 문학예술작품을 창작하여 대중 속에 널리 보급하는 데 큰 역할을 한다고 하면서 학술용어를 우리말로 고치고 사회적으로 용어를 통일하여 과학과 기술이 발전하는데 맞게 새 어휘를 늘여나가도록 하여야 한다고 하였다.

특히 강조할 것은 수십만에 이르는 학술 용어에서 일어난 역사적인 변화인데 『다듬은 말(재검토한 용어)』(1982년 판)에 의하면 각 분과에 걸친 약 4만개의 한자말과 외래어 용어들이 정리되고 그를 대신하여 수많은 고유어가 새로 만들어져서 조선에서 일상적으로 쓰이고 있다. 또한 4만개의 어휘들이 정리됨으로써 다른 수많은 용어도 잘 다듬어질 수 있는 기초가 마련되고 우리 민족어가 더욱 주체성 있게 발전해나갈 수 있는 튼튼한 주추돌이 다져졌다.

『우리 나라에서의 어휘정리』(박상훈·리근영·고신숙, 사회과학원출판사, 1986년) 제3편 제1장에서는 학술용어정리의 제반 실천적인 문제들을 구체적으로 밝혔다. 우선 학술용어정리가 어휘정리사업에서 가장 중요한 자리를 차지하는 이유를 밝히고 학술용어정리에서 용어의 정확성, 명확성, 체계성, 간결성 보장에서 나서는 문제들을 밝혔다.

우선 학술용어정리에서 용어의 정확성을 보장하는 문제에는 용어의 정확성 보장에서 나서는 기본문제, 학술용어의 실머리가 갖추어야 할 기본표식, 정확한 실머리를 잡기 위한 수법 등의 내용이 포함되어 있고 용어의 명확성을 보장하는 문제에는 알맞은 단어 만들기 감의 선택, 용어를 이루는 형태부들 사이의 관계, 규정성을 보장하는 문제에는 이름 짓는 실머리 체계성 보장, 언어적 표현형식에서의 체계성 보장 등의 내용이 포함되어 있고 용어의 간결성을 보장하는 문제에서 형태부 생략법, 단어조성 수단과 수법의 적중한 리용, 말소리줄기에 의한 준말의 조성 등의 내용이 포함되어 있다.

외래어 학술용어에 대하여 세계 공통적인 어휘는 정리대상으로 되지 않는다고 하면서 예컨대 '포르트, 필름, 텔레비죤, 아그레망, 프로톤, 로케트, 프로그람' 등과 음악용어 '피아니씨모, 알레그로, 알레그레트, 메조포르테, 메조피아노' 등으로 눌러두고 그대로 써야 한다고 하였다. 그 이유라면 우선 그것이 언어에서 민족적인 것과 세계적인 것의 호상관계의 합법칙성에 맞게 언어를 발전시켜나가는 과정으로 된다는데 있으며 또한 나라들 사이의 접촉과 교류가 그 어느 때보다도 강화되는 오늘의 현실에 전적으로 부합되는 것이기 때문에 또한 그것이 사람들의 민족의식발전에 아무런 부정적 영향도 주지 않는다는 사정과 관련된다고 하였다.

조선에서 전문용어 연구는 그들의 사회주의 체제 특성 상 모두가 수령과 국가 주도로 진행되고 그사이 분야별로 『다듬은 말 묶음』(과학, 백과사전출판사 1978년), 『다듬은 말』(고등교육도서출판사 1982년), 『일조과학기술용어사전』(외문도서출판사 1980년), 『언어학소사전』(교육도서출판사 1971년), 『어휘교육사전』(1-3권)(교육과학연구원 1979년), 4개국 『생물학용어사전』(과학기술출판사 1994년) 등과 같은 전문용어사전들도 많이 출판하였고 특히 남한에 비하여 한글(조선글)로 된 용어들을 비교적 잘 개발한 점들이 특징적이다.

1.4. 조선과 한국의 전문용어 특징 비교

조선이 사용하는 전문용어의 특징들을 한국과 비교하여 보면 다음과 같다.

① 우선, 조선은 전문용어를 제정함에 있어서 우리말 전용으로 하는 것을 원칙으로 하며, 한자어로 된 용어도 병행하여 사용한다.

- **한글 전용**
  - 가격막(생물) → 가짜사이막
  - 내열성남새(농학) → 더위견딜남새
  - 단지신근(의학) → 짧은발가락펴기살
  - 마분(축산) → 말똥
  - 포사기(림학) → 모래뿌리기

- **한자어 사용**
  - 감광(성)(sensitivity to light)
  - 감속(speed reduction ; retardation)
  - 공간격자(space lattice)
  - 구면파(pherical wave)
  - 구조식(a structural formula)

② 다음으로 맞춤법이 한국과 다르다. 조선은 두음법칙을 무시하고 한국과 외국어 표기법에서의 차이가 있으며 복모음의 경우 제한된 범위에서만 인정하고 있다. 때문에 한국의 전문용어와 다른 특징이 나타난다.

쏘프트웨어/소프트웨어	콤퓨터/컴퓨터
호상/상호	리산/이산
옥테트/옥텟	수자/숫자
프로그람/프로그램	말단/단말
알고리듬/알고리즘	코피/카피
로보트/로봇 등	

조선에서는 모국어의 전문용어가 발전하지 않으면 전문분야의 의견 교환에서 그 적응성을 상실하게 되어 불리한 입장에 처하게 되므로 작은 언어 공동체들이 불리한 상황에 빠지는 것을 막기 위해서는 언어공

동체 수준의 방책 마련이 필요함이 강조하고 있다. 그리고 전문용어는 일반인들에게도 알기 쉬운 말이어야 하며 가능하면 그 나라에서 일반적으로 쓰이는 단어를 기반으로 만드는 것이 바람직하다고 인정하고 있다.

③ 조선에서는 언어순화운동을 전개하면서 순수고유어로 된 전문용어들을 새롭게 창조하였는바 그 예들은 다음과 같다.

이주생물(생물) → 옮겨살이생물　　꼴킥(체육) → 문지기
싸운드필림(문예) → 소리필림　　해조류(생물) → 바다마름류
해독(의학) → 독풀이　　　　　　측두골(의학) → 옆머리뼈
점화(금속) → 불달기

1.5. 맺는 말

우선 남북한에서의 전문용어의 사용과 연구는 그 역사를 갖고있으나 유럽이나 더 가까이 일본, 중국보다는 시간적으로나 양적으로 뒤진 형편이고 기초가 상당히 박약하기에 시급히 전문용어에 대한 표준화 사업들을 적극적으로 진행하여야 한다고 본다. 더욱이 남북한은 각각의 규범에 따라 전문용어를 정리하고 구축하여 통일이 되지 않은 상황이기에, 통일을 대비하여 전문용어의 정비와 표준화를 위한 사업 및 컴퓨터를 이용한 전문용어의 자동추출 및 자원관리 등과 같은 많은 분야에서 서로 협력할 일들이 아직 너무도 많다는 것을 인식하여야 한다.

지금의 시점이 그 어느 때보다도 남북한 상호간에 우호협력의 기능성이 고조되는 때이므로 각 분야에서 분단의 이질감 해소를 위한 노력과, 산업의 동질성을 확보한다는 측면에서 산업전반의 표준화에 서로의 노력이 절실하며 특히 남북간의 정보통신분야에 대한 표준화 교류 및 협

력의 필요성도 강조되는 것이다.[10]

이미 1994년, 1995년, 1996년, 2001년 4회에 걸쳐 국어정보처리를 위한 남북 간 학술대회가 개최된바 있으며, 남북 간 언어정보표준화에 대한 문제가 학술대회차원에서 ICCKL 이라는 이름 하에 이루어졌는데 여기서는 한글자모순, 크드, 자판과 함께 정보기술전문용어를 주요 논의대상으로 하였다. 특히 한국어정보학회, 북한 조선과학기술총동맹 중앙위원회, 중국조선어정보학회가 참여한 '2001년 Korean 정보처리 국제학술대회'(2002년 2월 21일~24일 중국 연길시 개최) 정보기술용어분과에서는 남북의 통일을 위해 제1단계 사업으로 전문용어표준화의 대상을 ISO에서 규정한 ISO2382 와 기타 정보기술 관련분과의 용어로 하는 것과 같은 여러 가지 문제에 대해 합의했었고 그 결과물로 2002년 6월 『(ISO2382 기준 한, 영, 조, 중, 일) 정보기술표준용어사전』이 빛을 보게 되었다.

다음으로 한국에서의 전문용어는 일부학회나 전문용어 연구부문에서 많은 중시를 돌리고 연구를 진행하고 있었다면 조선은 전반적 수령과 당의 지도하에 국가적인 통일적인 지시에 따라 전문용어에 대한 관심을 가지고 연구를 진행했다고 보아진다. 그리고 전문용어가 외국어에서 먼저 정립되는 실정에서 외국어에 대응되는 우리말 용어를 구축하는 것은 외래문화를 우리 문화화 하는데 아주 필요하며 우리말에 대한 자부심과 민족의 자존심을 키우는 데도 매우 의의가 있는 것이다.

전문용어에 대한 전반적인 대중들의 인식이 아직 부족한 실정이다. 현재 점차 국민들의 교육수준이 높아지고 각 분야에서 쓰이는 전문용어들이 언론이나 대중매체를 통하여 많이 보급되면서 점차 국어사전에서 전문용어가 차지하는 비중이 높아지고 있는 실정이다.[11] 전문분야에서

---

10) 문상규(2001), 「정보통신 분야 표준화 교류 및 협력방안」, Korean 정보처리 국제 학술회의 논문집, p.220.

11) 김미령·시정곤(2001), 「국어사전에서의 전문용어 분류에 대한 연구」, 전문용어 연구 3, 전문용어언어공학연구센터, p.28.

쓰이는 전문용어를 일반 시민이 얼마나 많이 인식하고 정확히 사용하고 있는가 하는 것은 과학지식이 얼마나 대중들 속에 깊이 침투되었는가를 시사해 준다. 때문에 대중들로 하여금 자각적으로 전문용어를 인식하게 하고 바른 전문용어를 이용하게끔 잘 인도하는 것은 모든 국민의 문화 소양을 높이는데 상당히 필요하다. 전문용어는 일상생활과의 관련이 없는 것이 아니고 개념화된 전문용어의 적극적인 보급이 일상생활의 질을 향상시킬 수 있다고 할 수 있다.[12]

그 다음으로 전문용어에 대한 시민들의 인식도 중요하고 필요하지만 정부로부터 그 중요성을 인식하고 정부적 차원의 전문용어 사업에 대한 지지와 성원이 상당히 필요하다. 한국에서 전문용어 전반에 대한 국가적 차원의 전문용어 사업은 지금까지 크게 수행된 바는 없는 것으로 알고 있다. 가까이 중국과 같은 나라에서는 나라가 건립된 시기부터 정부에서 법을 세우고 법적으로 사업을 추진하여 표준화 사업을 실속 있게 진행하여 괄목할 만한 성과를 거둔 것이 사실이다. 전문용어의 인프라 구조의 운영을 설립하고 지원하기 위하여 반드시 정부의 수준에서 전문용어 정책 및 계획을 수립하여야 한다. 이것은 한국이 조선의 경험을 학습할 필요가 있다.

향후 남북한에서의 전문용어 연구는 갈 길이 멀고, 넘어야 할 산도 많다. 세계화시대, 정보화시대에 남북한은 한겨레 발전의 각도에서 남북한이 학자들뿐 아니라 전 사회가 함께 전문용어에 대해 관심을 가지고 연구에 정진하여야 한다.

---

12) 송영빈(2000), 「전문용어학의 제문제」, 전문용어연구 1, 전문용어언어공학연구센터, p.120.

2. 남북한 정보기술 용어의 사용과 통일[13]

우리는 정보의 관리, 전송, 처리, 축적, 형태 등에 관한 이론이나 기술을 연구하는 분야를 정보과학이라고 하는데 이런 과학 분야는 일반적으로 학문적으로나 기술적으로 구미선진국에서 주도하고 있기 때문에, 관련 용어들의 대부분은 외국에서 먼저 정립되어 오는 실정이다.

남북한은 각각 정보기술에 관련되는 외국어용어에 대응하여 여러 면으로 우리말 용어 형성 방식을 취하고 있으나, 각기 자신의 기준에 의해 용어들을 생성하기에, 그 용어에 있어서 많은 문제점들이 존재하고 있으며 또한 남북이 아직까지 통일이 되지 않는 실정이다. 이는 확대되어 가는 남북정보교류와 경제발전 더 나가서는 남북통일을 준비하여 가는 데 적지 않은 걸림돌로 되고 있다.

학술용어(전문용어)에는 자연과 사회를 개조하기 위한 인간의 과학적 인식 활동과정에 이루어지는 기치 있는 결과들이 일반화된 과학개념들이 담겨진다. 그러므로 학술용어는 과학과 문화를 연구하고 보급하는 언어적인 수단으로 되게 된다.[14] 앞으로 남북한의 경제협력 및 교류가 한층 더 고조가 될 것으로 판단됨에 따라 상호간의 정보통신 분야에 대한 교류도 활발할 것으로 보여 이에 필요한 상호접촉 및 운용성 확보를 위한 표준의 중요성도 더하게 될 것이다. 이에 따라 남북한은 향후 정보통신에서의 상호협력을 조성하여 나아가기 위하여, 또한 세계적인 기술 발전추세에 맞추어 기존시설에 새로운 기술이 적용되는 장비와 망을 접

---

13) 본 글은 김광수(2003), 「남북한 정보기술 용어의 차이와 통일의 방안」(제15회 한글 및 한국어 정보처리 학술대회)을 수정, 보완한 것이다.

14) 박상훈·리근영·고신숙(1896) 『우리나라에서의 어휘정리』, 사회과학출판사, p.160.

속시켜 나가기 위해서는 필요한 것들을 함께 공동표준화하고 적용하여 상호 접속성과 상호 운용성을 확보하는 것이 필요 불가결하다.[15)

필자는 이를 감안하고서 한국어정보학회와 조선교육성프로그람교육센타, 중국조선족 신식학회 등 한국, 조선, 중국 소속 3개국 학자들이 지난 94년부터의 노력을 기울여 2002년 6월 15일에 출판한『정보기술표준용어 사전』을 만들기 위한 자료에서의 조선용어와 KS(한국기술표준원)용어, 그리고 TTA용어(한국정보통신기술협협) 자료를 비교하고 용어의 차이점과 그것이 형성되는 원인을 밝혀보고 용어 형성원칙을 만들고 그 원칙에 따라 정보기술용어의 통일의 방도까지 생각해 보려 한다.

2.1. 남북한 정보기술용어의 차이

1945년 해방 이후 한국과 조선은 서로 다른 정치사회와 언어환경에서 생활하였다. 따라서 서로 다른 언어규범이 만들어졌고, 서로 다른 언어규범 속에서 언어생활을 하고 있는 것이다. 그러므로 한국과 조선의 언어가 어느 정도 이질화되었을 것으로 보는데, 남북한 언어의 동질성으로 회복하고 통일하는 것이 남북한의 당면의 과제이다.[16)

우선 정보기술기본용어에서 「기본용어」의 일부분을 ISO2382기준번호에 맞추어 영어, 조선어, KS용어, TTA용어 순으로 비교하여 본다.[17)

---

15) 문상규(2001), 「정보기술 분야 표준화교류 및 협력방안」, Korean 정보처리 국제학술회의논문집, p.217.
16) 최기호(2001), 「남북한의 로마자 표기법 통일과 ISO계류안 문제」, Korean 정보처리 국제학술회의 논문집, p.97.
17) 도표에서 =는 같은 점, ≠는 다른 점을 표시한다.

ISO 번호	영어	조선어	KS용어	TTA 용어	같은 점 다른 점
01.01.01	information (in information processing)	정보 (정보처리에서)	정보	정보	=한자어
01.01.02	Data	자료	데이터	데이터	한자어≒외래어
01.01.03	Text	본문		본문	=한자어
01.01.04	to access	접근하다 | 찾아가다		접근 방법	동사≒명사
01.01.05	information processing	정보처리	정보처리	정보 처리	=한자어
01.01.06	Data Process : DP	자료처리	DP	정보 처리 시스템	한자어≒ 한자어+외래어
01.01.06	Automatic data processing	자동자료처리		자동 데이터 처리	한자어≒외래어
01.01.06	Automatic data processing : AD	자동자료처리		자동 데이터 처리	한자어≒외래어
01.01.07	Hardware	하드웨어	하드웨어	하드웨어	=외래어
01.01.08	Software	쏘프트웨어	소프트웨어	소프트웨어	≒음차
01.01.09	Firmware	펌웨어	펌웨어	펌웨어	=외래어
01.01.26	comfiguration	구성	구성	구성	=한자어
01.01.27	block diagram	구성도 | 블로크도	블록도	계통도	≒한자어, 외래어(음차)
01.01.28	synchronous	동기식	동기(식)		=한자어
01.01.29	asynchronous	비동기식		비동기	=한자어
01.01.30	input(data)	입력(자료)		입력 자료	=한자어
01.01.31	inpue(process)	입력(처리)		입력 처리	=한자어
01.01.32	input(adjective)	입력(형용사)		입력	=한자어
01.01.33	output(data)	출력(자료)		출력	한자어≒고유어
01.01.34	output(process)	출력(처리)		출력 처리	=한자어
01.01.35	output(adjective)	출력(형용사)		출력	=한자어
01.01.36	To download	내리싣다		내려받기하다	≒고유어
01.01.37	To upload	올리싣다		올려주기	≒고유어

01.01.38	Interface	대면(부)	인터페이스	인터페이스	한자어≠외래어
01.01.39	data communication	자료통신	데이터 통신	데이터 통신	한자어≠외래어
01.01.40	Functional unit	기능단위	기능 단위	기능 단위	=한자어
01.01.41	online(adjective)	직결(형용사)		온라인	한자어≠외래어
01.01.41	on-line(adjective)	직결(형용사)		온라인	한자어≠외래어
01.01.42	offline(adjective)	비직결(형용사)		오프라인	한자어≠외래어
01.01.42	off-line(adjective)	비직결(형용사)		오프라인	한자어≠외래어
01.01.43	time sharing	사분할			
01.01.43	time slicing (deprecated in this sence)	시간세분 (이 뜻으로는 쓰지 않는 것이 좋다)	타임 슬라이싱, 시분할		한자어≠외래어, 한자어
01.01.44	Network	망	컴퓨터 네트워크	네트워크	한자어≠외래어
01.01.45	computer network	콤퓨터망	컴퓨터망	컴퓨터망	≠외래어(음차)
01.01.46	local area netwror : LAN	국부망		국내 정보 통신망	단어≠단어 결합
01.01.47	interoperability	호상조작성	상호 운용성	상호 운용성	한자어≠한자어
01.01.48	turnkey system	완성인계체계		완성 인도 방식	한자어≠한자어
01.01.49	Virtual	가상(적)	가상	가상	=한자어
01.01.50	virtual machine : VM	가상기계		가상 컴퓨터	한자어-외래어
01.01.51	data medium	자료매체	데이터 매체	데이터 매체	한자어-외래어
01.01.52	Disk	디스크 | 원판	디스크	디스크	=외래어
01.01.53	To log in	(등록)가입하다 | 로그인		접속 개시하다	≠한자어
01.01.53	To log on	(등록)가입하다 | 로그온		접속 개시하다	≠한자어 ≠외래어
01.01.54	To log off	(등록)탈퇴하다 | 로그오프		접속 종료하다	≠한자어 ≠외래어

이와 같이 남북한이 사용하는 정보기술용어의 『기본용어』의 일부분에서 정보기술용어의 사용을 보면 같은 점과 다른 점이 적지 않게 있음을 쉽게 보아낼 수 있다.

그 점을 간단히 개괄하면 아래와 같다.

우선 같게 사용된 용어는 한자어 : 한자어(접근방법, 전자우편, 전자출판, 이식성, 직접회로) 등, 외래어 : 외래어(해커, 비트, 펌웨어, 하드웨어) 등이다. 다음 서로 다르게 사용된 용어가 한자어 : 외래어(자료관리↔데이터처리, 컴퓨터도형학↔컴퓨터그래픽스, 차림↔표메뉴, 쏘프트웨어묶음↔소프트웨어패키지) 등, 철자가 다른 것(콤퓨터↔컴퓨터, 리산적↔이신적, 2진수↔2진숫자, 옥테트↔옥텟, 프로그램↔프로그람) 등, 한자어 : 한자어가 다른 것(호상↔상호, 말단↔단말)은 등이고 그 외 극소수로 시상차이, 고유어와 고유어, 단어결합차이 등으로 다른 용어들이 보인다.

상기한 내용에서 우리는 남북한 정보기술용어의 사용에서의 특징을 알아볼 수 있는데 우선 남북한이 함께 사용하는 정보기술용어에는 한자어가 적지 않은 양을 차지하고 다음으로 한국보다 조선이 일반적으로 우리말 고유표현을 더 많이 사용한다면 한국은 조선에 비해 외국어를 차용하는 경향이 상당히 높은 편이다. 마지막으로 음운 상에서 차이가 있는데 한국 용어에는 두음법칙이 적용되지만 조선 용어에서는 적용되지 않는 것이고 외국어 차용에 있어서 조선과 한국은 외국어 용어에 대한 음차 표기의 차이로 인하여 용어가 서로 달라지는 경우가 상당히 많은 것이다.

조선의 전자계산기 프로그램 용어사전을 분석해 본 결과 한국과 조선의 정보기술용어는 37% 정도가 일치하고 나머지 63%는 서로 다른 것으로 드러났다. 한편 ICCKI을 통해 최종 합의에 이르기 전 양측이 제시한 용어를 분석한 결과에 따르면 ISO2382의 용어 1.852개 중 같은 것은 11.94개(64.5%), 다른 것은 658개(35.5%)로 나타나서 몇 차례의 교류과정을 통해서도 여전히 용어 상의 차아기 엄연함을 알 수 있다[18]고 하였다.

조선의 정보기술용어 중에서도 지금까지 쓰고 있는 정보기술용어가 가지고 있는 가장 큰 부족점은 외래어와 어려운 한자말들이 차지하는 비중이 지나치게 많은 것이다[19]라고 지적하기도 한다.

이런 차이가 생기는 원인은 한국은 주로 영어에서 수입한 용어를 번역하거나 외래어로 사용하는데 비해 조선은 초기에는 주로 러시아의 기술을 받아들였기 때문에 그 영향을 많이 받았으며 근대에는 일본에서 수입된 용어들도 사용되기도 했다고 보아진다. 역시 남북한이 각각 제정한 철자법의 차이도 무시할 수 없는 원인으로 되고 있다.

2.2. 남북한 정보기술용어의 제정원칙

현시대에 정보기술용어의 사용과 연구는 매우 중요한바 현재 어느 과학분야의 용어에 비해서도 우선적으로 시급히 표준화하고 통일하여야 한다.

남북한 정보기술용어의 통일을 이루려면 정보기술용어의 제정원칙을 명확히 하여야 할 것이다.

우선 전문용어는 개념에 담아야 할 과학적 내용을 정확하고 적절하게 반영하여야 한다. 모호성을 가지거나 여러 가지로 선택의 여지를 가진 용어는 허용하여서는 절대 안 된다. 예를 들면 컴퓨터 처리과정 혹은 장치를 자동 조작으로 바꾸는 것 혹은 그의 결과를 자동화(automatic),[20] 인적 자원, 기술적 자원, 재정적 자원과 같은 조직적인 자원들과의 협력

---

18) 김병국(2001), 「서로 다른 정보기술용어의 동질성 회복」, 국어생활, 2001년 봄.

19) 이수락(2001), 「정보기술용어의 우리말 다듬기와 표준화에 관한 연구」, Korean 정보처리 국제학술회의 논문집, p.48.

20) 용어해석은 『ISO2382기준(한영조일)정보기술표준용어 사전』(한국어정보학회, 중국조선어신식학회, 조선교육성프로그람교육센터 공저, 2002년)의 해석을 따랐다.

하에 정보를 제공하고 배포하는 정보처리체계를 정보체계(information system), 얻은 지식의 정당성이 외부지식 원천으로부터의 반 결합을 통하여 시험되는 학습전략을 감독학습(supervised learning), 한 개 이상의 처리기와 그들의 내부 기억 장치들로 이루어진 기능 단위를 처리장치(processing unit)이라고 하였다. 이와 같은 용어들은 정보기술처리 과정의 본질적인 특성을 아주 적절하게 반영하였는데 정보기술용어 정의에서 모든 용어는 반드시 이러한 정확성의 원칙을 지켜야 한다.

단어 안에 들어 있는 문자의 일부 혹은 전체를 지정된 단어 끝 방향으로 동일한 문자 자리 수만큼 옮기는 것을 "자리밀기, 자리이송, 자리이동, 시프트(shift)" 등 여러 용어들을 쓸 수 있는데 여기에서 가장 적절한 '자리밀기'를 쓰는 것이 용어의 정확성 원칙에 부합되는 것이다. 하나의 외국어 용어에 우리말 용어가 여러 개로 대응되는 예들이 있는데 advice taking에 "조언받기↔충고", flowchart에 "흐름도↔순서도", emulation에 "모방↔에뮬리에션", image processing에 "화상처리↔영상처리" 등이다. 이 때에는 정보기술 용어의 적절성 원칙에 따라 정보기술 개념을 잘 만족시킬 수 있는 조언받기, 흐름도, 모방, 영상처리 등 용어를 선택하여야 한다.

하나의 과학 영역에서 하나의 용어는 하나의 개념만이 표시하여야 한다. 즉 개념을 하나의 용어로만 표현하여야 전문용어의 중의성을 피할 수 있다. 전문용어의 사업에서 될 수 있는 한 뜻이 같은 용어, 소리가 같은 용어, 뜻이 여러 개인 용어가 생성되어 단의성(單意性) 원칙을 위반하면 용어 사용에서의 엄중한 오해를 가져온다. 때문에 새 전문용어를 만들거나 현유의 전문용어를 계통화 할 때 우선 반드시 하나의 개념에 새로운 술어를 달아주기 전 이 개념을 표시하는 다른 용어가 있는가를 먼저 찾아 보아야 한다.

file에 서류, 파일 두 용어가 선택될 가능성이 있을 때 서류는 "서류(西流), 서류(書類), 서류(庶流), 서류(庶類)" 등 여러 가지의 한자어가 대응되고 있는데 우리가 제일 먼저 떠오르는 것은 글자로 기록한 문서를 통틀어 이르는 말로서 기밀 서류/서류를 정리하다/서류를 작성하다/서류를 꾸미다 등이다. 하기에 이럴 때는 의미의 단의성 원칙에 의해 외래어지만 파일을 쓰는 것이 더욱 적당하다. integer는 옹근수-정수 두 용어 대응될 수가 있는데 정수(井宿)-천문, 정수(正手)-운동, 오락, 정수(正水)-한의학, 정수(正數)-수학, 정수(定手)-불교, 정수(定數)-물리, 정수(精水)-의학 등 7개의 전문분야와 23개의 의미로 쓰인다. 이때는 반드시 용어의 모호성을 피하기 위해 옹근수를 선택하여야 한다. 이것이 바로 전문용어의 생성에 있어서 단의성 원칙에 부합되어야 한다는 것이다.

일정한 특정 영역에서의 전문용어는 반드시 명확한 층차 구조 가운데 있어 공동으로 하나의 계통을 구성하여야 한다. 전문용어의 명명에서 될수록 계통성을 가져야 한다. 학술적 내용의 체계성을 표현하려면 이처럼 몇 개의 말마디단위를 중심으로 용어부류를 묶는 것이 필요하다.

> 나무(tree) : [정보기술용어]
> 나무 : 부분나무 → 순서나무 → 2진나무 → 균형나무 → 높이균형나무

전문용어의 체계성은 또한 용어가 평면적으로만 연관되어 있지 않고 입체적인 체계를 이루고 있는데도 나타난다.

현실세계의 연관자체가 복잡한 입체적인 체계 속에 존재하는 만큼 그의 학술적인 내용을 나타내는 전문용어의 체계성이 입체성을 띠는 것은 당연한 것이다.

> 표식 : [정보기술용어]
> 표식 ➡ 내부표식
>   ⬇
>   ➡ 기록권표식 → 기록권시작표식 → 기록권끝표식
>   ⬇
>   ➡ 머리부표식 → 꼬리표식
>   ⬇
>   ➡ 파일시작표식 → 파일끝표식

리수락(2001)에서도 picture- graph image video, sound voice speech와 같은 용어들도 뜻이 뚜렷이 갈라지지 않게 그저 화상, 음성이라고만 쓰고 있는 경우가 많은데 이 개념들 사이의 계층구조를 정확히 반영시키려면 이 용어들에 그림 > 도형 > 화상 > 영상, 소리 > 목소리 > 말소리와 같이 계층구조를 이루는 말들을 대응시켜야 할 것이다라고 하였다.

여러 갈래로 연관된 학술적 내용을 말마디의 연관으로 나타내는 이러한 특성은 전문용어의 고유한 특성으로 되며 따라서 이것은 용어의 높은 기능을 담보하는 우수성으로 된다.

우리말 정보기술용어도 한국어의 형태론적, 통사론적, 음운론적 법칙을 준수하여야 한다. 하나의 예로 형태론적 측면의 단어만들기 수법을 살펴보면 우리말 어휘를 만드는데 어근끼리 합치거나 뒤붙이, 앞붙이를 덧붙여 만드는 수법이 가장 생산적인 수법이다. 전문용어도 마찬가지로 이러한 수법이 가장 생산적인 수법인데 이런 수법을 잘 살리고 지키면서 정보기술용어도 만들어 써야 한다는 것이다. 예를 들면

- **접두사법**
  - 불- : 불일치연산(non-identity operation)
  - 맨- : 맨윗자리수자(MSD)
  - 역- : 역다중화(demultiplexing), 역방향찾기(reverse sear- ch)
  - 비- : 비등가연산(non-equivalence operation)
  - 실- : 실주소(real address), 실기억기(real storage)
  - 되- : 되감다(to rewind).

- **합성법**
  - 논리＋함수
  - 논리＋연산
  - 등가＋연산
  - 절대＋오차
  - 파일＋갱신
  - 금지＋신호
  - 생성＋함수
  - 일치＋연산
  - 상대＋오차
  - 평형＋오차
  - 허가＋신호

- 접미사법
  - －기 : 논리곱하기, 산수자리밀기, 논리자리밀기, 자료넣기, 자리기
  - －화 : 토막화, 국부화, 암호화, 초기화
  - －법 : 자리식표기법, 하쉬법
  - －점 : 출구점, 검사점
  - －식 : 자리식표기법
  - －ㅁ : 순차뭉침, 반올림, 반복걸음

- 접두사, 접미사법
  - 덧－＋(대－)＋－기 : 덧대기
  - 비－＋( )－식 : 비동기식전송

전문용어는 간단하고 명료하여 읽고 기억하기 편리하여야 한다. 영어에서 quartzmineral(석영광물)이라는 전문용어는 quartz(석영)이 곧 mineral(광물)이므로 전문용어의 간단하고 명확해야 한다는 원칙에 부합되지 않기에 사람들로 하여금 번잡한 감을 준다.21) 전문용어는 너무 길어서는 안 되며 긴 용어는 보편적으로 보급이 잘 안 된다. 여기에서 간명성은 늘 정확성과 모순을 가져오게 되는데 용어가 반영하는 특성이 많으면 많을수록 개념에 대한 표현이 더 완미하여 개념은 명확하나, 용어가 길어지고 사용의 불편을 가져온다. 때문에 전문용어의 사업에서 간명성과 준확성과의 관계를 잘 처리하여야 한다.

파일의 끝을 가리키면서 피일 제어에 쓰이는 자료를 포함할 수 있는 내부 표식(trailer label)을 파일끝 표식, 꼬리표식, 뒷머리라벨 등으로 쓸 수 있으나 간명성과 준확성을 지키려면 반드시 꼬리표식이 가장 적절할 것이다. 그밖에도 이러한 원리에 의해 궤적현시장치↔캘리그래픽현시장치(calligraphic display devic), 도형입력판↔그래픽스 태블(graphics table), 윈도 표시역 변↔창문/보임구역변(windowviewport transformatio), 적재프로그램↔적재(loade) 등 용어에서도 간단하고 알기 쉬운 궤적현시장치, 도형

---

21) 馮志偉(1997)『現代術語學引論』, 語文出版社, p.2.

입력판, 창문구역변, 적재 등을 선택하여야 할 것이다.

전문용어의 학술 함의는 전문용어의 구조가 표현하는 근거를 위반해서는 절대 안 된다. 될 수 있도록 글을 보면 뜻이 생각나도록 하는 것이 좋은데 이것이 이른바 전문용어의 근거성(理据性)이다. 정보기술용어에서 주소공간(address space)이라면 주소들의 모임(어떤 프로그램이나 기능단위가 이용할 수 있는)이 떠오르고, 건너뛰기(skip, in text processing)이라면 뛰어 넘을 수 있는 기능(사용자가 페이지나 단락과 같은 단위로 본문을)이 생각되며, 응용프로그램생성기(application generator) 일정한 응용분야에 속한 한 개 이상의 문제를 해결하는 프로그램을 만들어 내는 원천 코드 생성프로그램이라는 것이 인식된다. 이와 같이 용어는 사전적 정의를 보지 않더라도 그것이 나타내는 개념이(적어도 부분적으로) 유추가 될 수 있는 투명성이 높은 용어를 만들어 내야 한다.

전문용어는 용어로 된 후에는 아주 특수한 정황을 제외하고는 쉽게 변하는 것이 아니다. 영어의 atom(원자)라는 용어는 원래의 의미로서 물질을 조성하는 가장 작고 분리할 수 없는 단원을 말하는데 후에 물리학에서 '원자'는 가히 분리할 수 있다는 것이 증명되었다. 그러나 사람들은 그것을 쉽게 개변하지 않았는데 이것이 바로 전문용어의 온정성이다. 정보기술용어도 반드시 온정성을 지켜야 한다. 이와 함께 다른 언어로부터 도입된 차용어가 용어 형성의 한 방법이기는 하지만 토착표현이 직접적인 외국어 차용어보다 우선적으로 선택되도록 하여야 한다.

전문용어는 본 민족어의 말로 만들 때 모호한 의미가 적어지는데 이때 감정색채가 들어가지 말아야 한다. 정보기술용어에서 한 영어용어에 대응되는 여러 용어가 있을 수 있는데 이때에는 우리말 용어를 우선으로 하여야 한다.

자기식 자료매체 위에서 자료의 지우기만을 할 수 있는 자두(erase head)를 소거헤드 혹은 지우기머리라고도 할 수 있는데 이때에는 우리말 용어 지우개머리를 우선적으로 선택되어야 한다. 이밖에도 preambl(프리

앰블-머리동기열), beginning-of-tape marke(테이프시작표시-띠시작표시), hard sectorin(하드섹터링-물리적분구화), feed trac(피드트랙-공급구멍자리길), computer graphic(콤퓨터그래팩스-콤퓨터도형화), texture mappin(텍스트매칭-겉문양넘기기)에서 머리동기열, 띠시작표시, 물리적분구화, 공급구멍자리길, 컴퓨터도형화, 겉문양넘기기 등 용어를 선택하는 근거는 바로 될수록이면 우리말 용어로 정립하자는 것이다.

전문용어가 외국어에서 먼저 정립되는 실정에서 외국어에 대응되는 우리말 용어를 구축하는 것 즉 모국어에 대한 선호도(preference for native language)원칙을 지키는 것은 외래문화를 우리 문화로 이전하는데 아주 필요하며 민족의 자존심을 키우는데도 매우 의의가 있는 사업이다.

2.3. 새로운 정보기술 표준용어의 확립

용어생성의 합리적인 원칙을 마련하여 남북한이 새로이 생성되고 있는 용어에 계속적으로 적용해간다면 용어에 있어서 남북한의 이질화는 현격히 줄어들 것이다.

용어 생성의 합리적인 원칙을 마련한다는 점에서 국제표준화조직 ISO/TC37의 ISO 704 전문용어 작업의 원리 및 방법(Terminology work-Principles and methods)과 위에서 제기한 남북한 용어 제정원칙을 참고할 필요가 있다. 이 용어규격에서는 용어의 개념의 관계, 개념들간의 관계(위계적, 연상적 관계), 개념의 정의 방법, 용어의 형성방식을 규정하고 있다.

이와 같은 원칙과 방법에 의해 남북한 정보기술 표준용어는 아래와 같이 구체적인 통일 방법을 모색하는 것이 바람직하다고 본다.

첫째로, 정보기술용어가 남북이 모두 같게 쓰는 것은 그대로 통일하여 쓴다.

둘째로, 국제적으로 인정하고 쓰는 컴퓨터 용어는 그대로 쓴다.

둘째로, 남북에서 쓰는 외래어나 한자어는 될수록이면 고유어로 바꾸어 쓴다.

셋째로, 알기 쉽고 기억하기 쉬우며 단어를 읽으면 그 뜻을 이해할 수 있는 단어를 선택하여 쓴다.

넷째로, 쏘프트웨어/소프트웨어, 컴퓨터/컴퓨터, 호상/상호, 리산/이산, 옥테트/옥텟, 수자/숫자, 프로그람/ 프로그램, 말단/단말, 알고리듬/ 알고리즘, 코피/카피, 포보트/로봇 등과 같이 철자법으로 인하여 달라지는 용어는 잠시 두 가지 용어를 모두 허용하는 원칙을 세우고 철자법의 통일을 기대한다.

이러한 원칙과 함께 과학기술용어의 통일 방법에는 자연적인 것과 임의적인 것이 있을 수 있다. 이중 자연적 통일이 더 바람직하지만 이미 선진국에서 보는 바와 같이 상당히 긴 세월이 흘러야 한다. 이에 대하여 임의 통일은 그 통일 속도가 신속하고 효과가 탁월한 장점이 있는 대신에 이미 사용하고 있던 말을 바꾸어야 하기 때문에 피해자가 생길 수 있다. 그뿐 아니라 용어의 적합성과 타당성을 검증할 충분한 시간이 없기 때문에 이상하고 불합리한 용어가 채택될 위험성도 있다.

우리는 임의 통일방법을 채택하되 통일과정에서 자연적 통일과정을 밟아가야 할 것이다. 즉 처음부터 한 가지만 채택하는 것이 아니라 필요하다면 현재 쓰고 있는 몇 개를 한시적으로 같이 쓰되 시간이 가면서 사용자들이 선호하는 용어로서 서서히 통일하여 나가야 할 것이다.

이러한 원칙에 의해 정보기술용어 남북통일용어 몇 개만 잠시 들어보면 아래와 같다.

ISO 번호	영어	조선어	SK용어	TTA용어	같고 다른점	통일어기대
01.05.05	algorithm	산법 | 알고리듬	산법, 알고리즘	알고리즘	=한자어, 외래어	풀이법
01.05.06	flow diagram	흐름선도	흐름도	흐름도	=고유어	흐름선도
01.05.06	flowchart	흐름도	흐름도	순서도	=고유어	흐름도
01.05.07	todebug	오유 수정하다		결합 수정하다	한자어- 한자어	수정하다
01.05.08	natural language	자연언어	자연 언어	자연 언어	=띄어쓰기	자연언어
01.05.09	artifical language	인공언어	인공 언어	인공 언어	=띄어쓰기	인공언어
01.05.10	programming language	프로그램 (작성)언어	프로그래밍 언어	프로그래밍 언어	한자어- 외래어	프로그램 언어
01.06.01	aimulation	모의	시뮬레이션, 모의(실험)	시뮬레이션	고유어- 외래어	모의실험
01.06.02	emulation	모방	에뮬레이션	모방	=한자어	모방
01.06.03	information retrieval : IR	정보검색	정보검색	정보 검색	=한자어	정보검색
01.06.04	Hard copy	하드코피 | 경복사	하드카피, 인쇄출력	하드 카피	외래어 (모음)	하드카피
01.06.05	Soft copy	쏘프트코피 | 연복사	소프트 카피	소프트 카피	외래어 (자음, 모음)	소프트카피

아래 『ISO2382기준(한영조일)정보기술표준용어 사전』(한국어정보학회, 중국조선어신식학회, 조선교육성프로그람교육센터 공저 2002년)에서의 사무자동화

부분의 일부용어에 대한 통일어를 제시해 본다.

ISO번호	영 어	조선어	KS용어	TTA용어	통일어(의견)
27.01.01	Office automation : OA	사무자동화	사무 자동화, OA	사무 자동화	사무 자동화
27.01.02	Office automation system	사무자동화 체계	사무 자동화시스템		사무 자동화 시스템(체계)
27.01.03	subscriber	가입자	가입자	가입자	가입자
27.01.04	Text transmission	본문전송	글월 [음성, 영상, 화상] 전송		자료전송
27.01.05	electronic archive	전자식 보존문서	전자 보관		전자보관
27.01.06	Filing	서류화 | 파일화	파일링		파일화
27.01.07	document delivery	문서배포	문서 송달		문서 배달
27.01.08	distribution list	배포목록	분산 목록	배포목록	배포 목록
27.01.09	originator	발신자	발신자		발신자
27.01.10	Recipient	수신자	수신자	수신자	수신자
27.01.11	Envelope	봉투	엔벌로프	봉투	봉투
27.01.12	document interchange format	문서교환서식	문서 교환 형식		문서교환 형식
27.01.13	message(in electronic messaging)	통보(문)(전자 식통보에서)	메시지	메시지	메시지(통보)
27.01.14	Voice mail	음성우편	전자 사서함	음성우편	음성우편
27.01.15	Blind-copy recipient	비공개사본수 신자	비밀 복사 수신자		비밀복사 수신자
27.01.16	Copy recipient	사본수신자	복사수신자		복사 수신자

27.01.16	secondary recipient	2차수신자	2차적인 수신자		2차 수신자
27.01.17	Desk application	탁상응용 프로그람	탁상 응용		탁상응용
27.01.18	integrated software	통합 쏘프트웨어	통합소프트웨	통합소프 트웨어어	통합소프트 웨어
27.02.01	E-mail	E메일 | 전자우편	전자우편		전자우편 (메일
27.02.02	electronic messaging	전자식통보	전자 메시징		전자 메시지 (전자 통보)
27.02.03	electronic mailbox	전자우편함	전자 우편함	전자우편 사서함	전자 우편함
27.02.03	Mailbox	우편함	우편함	편지함	우편함
27.02.04	Directory (inelectronin mail)	등록부 (전자우편에서)	디렉토리	디렉터리	등록목록
27.02.05	In-basket	수신함	수신함		수신함
27.02.05	Inbox	수신함	수신함		수신함
27.02.06	out-basket	송신함	송신함		송신함
27.02.07	broadcast mail	동시배포우편	방송 전자우편	동시전자 우편	배포우편
27.02.08	Message retrieval	통보검색	메시지 검색		통보검색 (메시지 검색)
27.02.09	Folder	서류철	폴더	폴더	폴더(서류철)
27.03.01	Telex	텔렉스	텔렉스	텔렉스	텔렉스
27.03.02	Teletex	텔레텍스	텔레텍스	텔레텍스	텔레텍스
27.03.03	broadcast videography	방송록화물			방송녹화물
27.03.03	Teletext	원격본문	텔레텍스		텔렉텍스

27.03.04	interactive videography	대화형비데오 그라프	대화식 영상화법		대화식 영상화법
27.03.04	Videotex	비데오텍스	비디오텍스	비디오텍스	비디오텍스
27.03.04	Viewdata	비데오자료			비데오자료
27.03.05	computer conferencing	콤퓨터회의	컴퓨터 회의		컴퓨터회의
27.03.06	moderated conference	사회자 있는 회의	중재된 회의		중개형 회의
27.03.07	Teleconferencign	원격회의	전자 회의, 원격 전자 회의		원격회의
27.03.08	Video conferencing	텔레비죤회의	영상 회의		텔레비전 회의
27.03.09	conference call	전화회의	회의 통화	회의 통화	전화회의
27.03.10	Facsimile	팍스밀 | 모사	팩스	팩스	팩스
27.03.10	Fax	팍스 | 모사	팩스		팩스
27.03.10	Telefax	팍스 | 모사	팩스	텔레팩스	텔레팩스
27.03.11	To fax	팍스를 보내다 | 모사전송하다	팩스보내다		팩스보냄
27.03.12	Fax	팍스 | 모사전송	팩스		팩스
27.03.12	Telecopy	원격복사	원격복사		원격복사
27.03.13	Facsimile machine	모사전송기 | 팍스기계	팩스머신		팩스기계
27.03.13	fax machine	팍스기계	팩스머신		팩스기계
27.03.14	fax board	팍스기 판	팩스 보드		팩스보드
27.03.15	fax modem	팍스모뎀	팩스 모뎀		팩스모뎀

2.4. 맺는 말

이상과 같이 필자는 남북한 정보기술용어의 사용과 통일의 방도를 생각해 보면서 아래와 같이 종합해 본다.

우선 남북한은 오랫동안 교류가 단절되어 있었고 서로 다른 정보기술용어의 형성방식을 취하고 있었기에 정보기술용어가 통일이 되지 않은 실정이다. 이것은 남북의 정보교류 및 남북한이 함께 국력을 높여가는데 그리고 통일을 이루어 가는데 장애를 조성하고 있다.

다음으로 남북한 정보기술 용어는 서로 다르게 사용되는 경우가 있지만 너무도 이질화 된 것은 아니다. 용어 형성의 과학적인 원칙을 세우고 국가적인 차원에서 서로 자기만 고집하지 않고 통일에 대한 깊은 사명감을 가지고 통일을 이루어 간다면 얼마든지 통일을 이룰 가능성을 가지고 있으며 여러 면에서의 불필요한 낭비를 줄일 수 있다. 국가기반의 기반으로 개념을 대표하는 용어의 정리는 장기적인 자연언어처리 기술 발전은 물론 국민의 전문의식수준의 향상, 국가관리의 효율화와 더불어 자생적 학문의 발전과 잉태를 가져올 것이다.[22]

그 다음으로 남북한 용어의 통일 범위는 정보기술 용어뿐 아니라 여러 기타 영역에도 미치는데 이것은 남북한 통일을 대비해 학자들만의 임무가 아니라 남북한 그리고 해외에 사는 모든 겨레의 일이라고 생각한다.

---

22) 최기선(2000) 「전문용어와 센터의 역할」, 전문용어연구 1, 홍릉과학출판사, p.2.

3. 동아시아 3개국 컴퓨터 용어 분석

전문용어는 전문분야에서 사용되는 특수한 어휘부류들로서 표준화된 용어의 구축과 사용은 자국의 과학기술 발전은 물론 국제 간 교류와 협력에 필요한 조건이다. 21세기의 과학기술은 국경을 초월하여 서로 간의 교류와 협력을 통하여 이루어지는 것으로서 과학기술 용어 특히 현대과학의 선두에서 발전하는 정보기술용어는 국제간의 교류와 공동연구가 이루어져야 한다.

국가간 정보교류, 문서교환, 지식정보처리 및 검색, 자동번역 등 지식정보화 사회로의 발전에 따라 국제적으로 용어의 규격화 및 교류, 보급이 시급히 요청된다.[23]

지역적으로 동아시아 세 나라 한국, 중국, 일본은 모두 유교문화권에 속하는 나라들로서 모두 한자를 서사수단으로 사용하고 먼 옛적부터 문화교류가 빈번히 이루어졌으며 과학기술이 급속도로 발전하는 지금에 와서 그 필요성을 더욱 인식하고 있다.

현재 이러한 시점에서 정보통신 분야의 서로 간의 교류와 협력이 이루어지려면 먼저 개념을 나타내는 표준화된 전문용어가 정비되어야 하는데 우선 세 나라의 컴퓨터용어의 사용을 고찰하는 것도 자못 그 의의가 큰 것이다.

필자는 한국과학기술원 전문용어언어공학에서 구축한 자료에서 동아시아의 한국·중국·일본 세 나라의 컴퓨터 용어 200개를 수의적으로 추출하여 세 나라의 용어의 특점을 각각 분석하고 아울러 그들 세 나라 용어의 상호관계를 고찰하여 컴퓨터용어에 대한 3개국의 앞으로의 방향

---

23) 신효식(2003), 「동북아표준화 전문용어협력」, 제2회 동북아시아 표준합작 연구토론회 논문집, p.70, 베이징.

을 조금이 나마 제시하려고 한다. 이로부터 새로운 21세기 세계화 과정에 동아시아 여러 나라의 경쟁과 협력 그리고 공동의 비전제시를 위한 과학기술용어의 표준화를 제시하고자 한다.

3.1. 한국·중국·일본의 컴퓨터 용어 분석

한국을 비롯한 동아시아 여러 나라는 과학기술 발전이 미국이나 기타 유럽의 선진국과 비교해 볼 때 상대적으로 뒤진 편이다. 하여 대부분의 과학기술용어는 우선 미국이나 유럽 등 선진들에서 먼저 정립되는 실정이다. 한국, 중국, 일본 등 나라들에서는 과학기술의 발전과 함께 이러한 과학기술 용어들을 많이 유입하여 쓴다. 그 과정에서 일부는 음차표기로 받아들이고 일부는 자국어로, 혹은 한자어로 만들어 사용한다. 이런 상황에서 정보기술 용어는 그 생성과 사용에서 나라마다 일련의 특점들을 가지고 있는 것이다.

우선 한국어 컴퓨터 용어의 사용을 분석해 본다.

한국어 컴퓨터 용어를 보면 고유어가 아주 드문 편이다. 자료에 의하면 오직 '천공카드, 종이테이프에서 구멍이 천공될 영역을 뜻'하는 구멍자리(hole site)만 고유어로 되어 있고 그밖에 단어합성에 의해 이루어진 혼종어에 고유어 요소가 얼마간 있을 뿐이다. 예를 들면 '음차어와 결합에서 사용자가 컴퓨터에서 열쇠를 잠가 놓은 경우, 열쇠가 풀리지 않으면 키보드에서는 더 이상, 사용자로부터 정보를 입력 받지 않고 먹통인 상태로 남아 있게 되는데, 이러한 키보드의 상태'를 잠긴 키보드(locked keyboard)라 하는 용어가 나타나고 있다.

이 밖에 한자어와의 결합된 혼종어들에서도 얼마간 보이는데 예를 들면 흐름 추적법(flow tracing), 가벼운 결손(minor defect), 확장 자리(expansion bay), 자동 줄맞춤(auto-align), 쓰기 주기(write cycle), 이진 나눗셈(binary division), 가상글쇠판(virtual keyboard) 등이다.

컴퓨터 용어에서 가장 많은 수를 차지하는 것은 한자어와 외래어(음차어)이다. 컴퓨터 용어가 한자어로 많이 된 것은 우선 한자어의 언어적 특성 즉 단어 생성적 특성으로 인하여서이고 다음으로는 용어를 처음 받아 들일 때 한자에 익숙한 전문가들이 일본어 한자어 용어를 많이 받아들였으며 처음 용어를 사용한 사람들도 대부분 장기간 유교문화의 영향을 받아온 사람들이기 때문이라고 말할 수 있다.

이러한 용어는 번지배열(address array), 영수자 정렬(alphanumeric sort), 모호성 오류(ambiguity error), 균형 정렬법(balanced sorting), 현장 기술자(Field Engineer), 기능 단어(function word), 입력 편집(input editing), 행단위 인쇄(line printing), 연결 협상(link negotiation), 지역기억장치(local storage), 표시 감지기(mark sensor), 복수 주소(multiaddress) 등이다.

외래어(음차어)도 적지 않은 수를 차지하는데 카드게이지(card gauge), 제어볼(control ball), 에코프렉스(echoplex), 헤드 스택(head stack), 헬프키(help key), 키 섹터(key sector), 리스트 파일(list file), 엘엘파싱(LL parsing) 용어들이다.

현대 과학기술은 미국과 유럽을 비롯한 선진국에서 먼저 발전하는 상황에서 대부분 용어들은 그 쪽에서 먼저 만들어진다고 말한 바 있다. 이러한 상황에서 컴퓨터용어를 받아들일 때 가장 좋기는 인츰 우리말로 만드는 것이 아주 바람직하지만 하나는 아무런 고려도 없이 무턱대고 그대로 받아들이는 사정과도 관련되고 다른 하나는 받아들이는 즉시로 우리말로 만들 사이가 없이 그대로 굳어져 버리는 형편이다.24)

조선학자들은 지난날 우리 나라는 과학기술적으로 뒤떨어져 있었으므로 많은 학술용어들이 다른 나라에서 만들어져 들어오게 되었다고 말한다. 특히 리조봉건통치배들의 사대주의와 일제침략자들의 민족어말살 정책으로 말미암아 어렵고 까다로운 한자말과 외래어로 된 학술용어들

---

24) 박상훈·리근영·고신국 『우리나라에서의 어휘정리』, 사회과학출판사, 1986년 p.160.

이 그대로 우리말에 들어왔으며 일부는 한자말로 번역되어 쓰이게 되었고 학술용어를 많이 다루고 리용하는 지식층 속에서 지난날 한자말이나 외래어로 된 용어라면 학술용어답다고 생각하는 낡은 관점이 지배하였다고 한다.

이와 같이 한국어 컴퓨터 용어에는 고유어가 아주 적고 한자어나 외래어가 많은 사정이다. 그리하여 단어결합에도 외래어와 한자어가 결합된 단어의 수도 적지 않게 차지한다.

단어결합의 유형을 보면 외래어+한자어, 외래어+한자어+외래어, 한자어+외래어로 된 단어의 유형들도 나타나고 있다.

<table>
<tr><td>디형 모스(depletion MOS)</td><td>그룹화 볼륨(grouped volume)</td></tr>
<tr><td>엑스 계열(X series)</td><td>비트 비교(bit comparison)</td></tr>
<tr><td>콜백장치(callback unit)</td><td>파일 갱신(file updating)</td></tr>
<tr><td>로킹 충돌(locking conflict)</td><td>메타관계(meta relation)</td></tr>
<tr><td>패턴 표(pattern table)</td><td>시스템감속(system slowdown)</td></tr>
<tr><td>발진모터(oscillating motor)</td><td>번지 모드(address modes)</td></tr>
<tr><td>연쇄링크(chain link)</td><td>비사용 파일(dead file)</td></tr>
<tr><td>동적 비퍼링(dynamic bufferin)</td><td>작업 백업(job backup)</td></tr>
<tr><td>회선레벨(line level)</td><td>쌍에코(paired echo)</td></tr>
<tr><td>부분램(partial RAM)</td><td>개인용 코드(private code)</td></tr>
</table>

한국어 컴퓨터용어의 유형의 구성을 보이면 그림[1]과 같다.

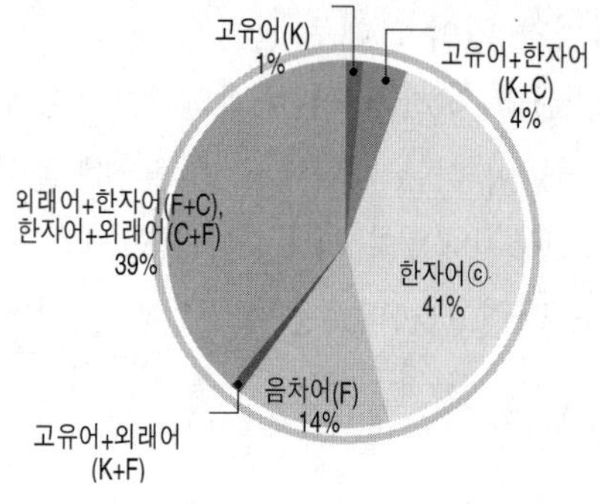

● 한국어 컴퓨터 용어의 특성

① 고유어가 적고 한자어나 외래어(음차표기)가 상당히 많다(55%).

② 고유어·한자어·외래어 용어의 표기에 구별이 없다.

③ 혼종어가 적지 않은 수를 점한다.

일본어 컴퓨터 용어의 사용을 분석해 본다.

일본어에도 200개 컴퓨터용어에 일본어 고유어가 하나밖에 없다. 즉 아날로그 데이터를 디지털 데이터로 변환하기 위해 데이터를 읽어 들이거나 동기가 부정확하여 숫자의 위치에 변화를 일으킬 때, 일시적으로 발생하는 오류를 나타내는 あいまい誤り(ambiguity error)라는 용어뿐이다. 그밖에 혼종어로는 한자어와 일본어가 결합된 혼종어 平面埋めこみ (planar embedding), 自動位置合わせ(auto-align) 2개뿐이다.

일본어도 대부분의 컴퓨터 용어는 한자어와 외래어로 되어 있는 것은 한국어와 별 차이가 없는 것으로 나타나고 있고 한자어는 한자를 쓴다.

無効式(nvalid formula)	標識檢査(label checking)
非線形素子(nonlinear element)	最適合併(optimal merge)
合併次數(order of merge)	出力穿孔機(output punch)
肯定節(positive clause)	强制排除(pre-emption)
共同記号(public symbol)	實時間出力(real-time output)
再利用(software reuse)	時刻機構(time-of-day clock)
不足走査(underscanning)	混合要求(compound request)
入門機械(entry machine)	多重平凡(multimediocrites)

일본어 컴퓨터 용어의 외래어 음차표기는 모두 가다가나로 적혀있기에 육안으로도 용어를 즉시 식별할 수 있다. 음차표기 용어들은 아래와 같다.

- グル-プ化ボリュ-ム(grouped volume)
- Xシリ-ズ(X series)

- ファイル-アロケ-ション(file allocation)
- モジュ-ルデスクリプタ-(module descriptor)
- リプログラフィクス(re-prographics)
- システムスタディ-(system study)
- リ-ドセット(read set)
- フィ-ルドエンジニア(Field Engineer)
- マ-クセンサ(mark sensor)
- リフレッシュアドレス(refresh address)
- ワ-クサンプリング(work sampling)
- Zバッファリング(z-buffering)
- Zモデム(Z-modem)
- コントロ-ルボ-ル(control ball)
- 2ギャップヘッド(two-gap head)
- シリ-グル-プ(silly group)
- カ-ド・ゲ-ジ(card gauge)
- ヘッドスタック(head stack)
- ヘルプ・キ-(help key)
- ホ-ルサイト(hole site)
- キ-セクタ-(key sector)

일본어 컴퓨터 용어의 단어결합에서 보면 외래어+한자어, 한자어+외래어의 혼종어의 수가 적지 않게 나타나고 있다.

- デフォルト機能(default function)
- ハミングの上界(Hamming bound)
- ル-プ操作(loop operation)
- オクテット多重(octet interleave)
- ペン制御(pen control)
- ア-ランの公式(erlang formula)
- ハノイの塔(tower of Hanoi)
- TTC標準(TTC standard)
- インクの均一性(ink uniformity)
- クラス名(class name)
- アドレス配列(address array)

- 區域內アドレス(regional address)
- 分類生成プログラム(sort generator)
- 假想キ-ボ-ド(virtual keyboard)
- 代數コ-ディング(algebraic coding)
- 計算型ジャンプ(computed jump)
- 區切りカ-ド(delimiter card)
- 外部モデム(external modem)
- 異常テスト(hit run test)

일본어 컴퓨터 용어의 유형 구성을 보면 아래의 그림(2)와 같다.

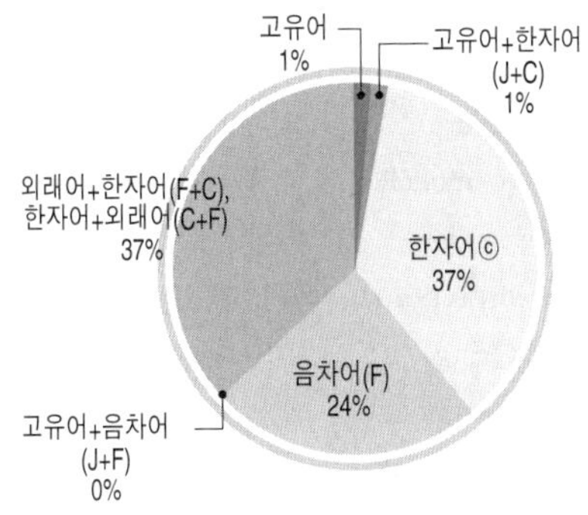

● 일본어 컴퓨터용어의 특성

① 고유어가 적고 한자어, 외래어(음차표기)가 상당히 많다(61%).
② 한자어는 한자로 표기되고 음차표기도 특수표기로 되어 있다.
③ 고유어와 한자어, 외래어의 식별이 쉽다.

중국어 용어는 한국어나 일본어와도 다른 자체의 특성을 가지고 있다. 컴퓨터 용어를 보면 대부분 자기 나라말로 많이 만들었고 외래어(음차어)는 보기에 힘들다. 오직 대부분은 고유어이고 음차표기는 합성어에서만 조금 나타날 뿐이다.

중국어 컴퓨터 용어 음차표기 혹은 알파벳 자모와 합성된 용어를 보면 아래와 같은 것들이다.

X系列(X series)	Y位置(y-position)
厄蘭公式(erlang formula)	河內塔(tower of Hanoi)
TTC標准(TTC standard)	Z緩冲(z-buffering)
Z調制解調器(Z-modem)	卡片量規(card gauge)
X不系統勘探(Xgopher)	注釋卡(comment card)
定界卡片(delimiter card)	双聯卡片(dual card)
短卡(short card)	搖動馬達(oscillating motor)

대부분 중국어 컴퓨터 용어들은 중국어로 되었다.

空白介体(blank medium)	緩冲系統(loop factor)
多級模型(multistage model)	优先聯接(prior linkage)
拒絶區域(rejecting region)	再運行時間(rerun time)
樣品檢查(sample inspection)	掃描搜索(scan search)
自動恢復(self recovering)	時序理論(sequencing theory)
空間操縱器(space manipulator)	升級選擇法(stage routing)
電報継電器(telegraph relay)	國家標准(national standard)
适應的剪裁(adaptive clipping)	基數變換(base conversion)
類別名(class name)	瞬息資料(ephemera)

등이다.

● 중국어 컴퓨터용어 특성

① 외래어(음차어)가 매우 적고 있더라도 약어 혹은 합성어로 쓰인다.
② 고유어가 가장 많다(93%).
③ 뜻 글로 되어 용어를 보면 의미가 안겨온다.

세 나라의 컴퓨터 용어를 비교해보면 아래 그림(3)와 같다.

[한국·일본·중국 컴퓨터 용어 비교]

일본어
한국어
중국어

고유어 (J)　고유어+한자어 (J+C)　한자어 (C)　음차어 (F)　고유어+음차어 (J+F)　외래어+한자어 (F+C), 한자어+외래어 (C+F)

이들의 관계를 수로 표시하면 아래와 같다.

X축(용어의 형태)	Y축(한국어)	Y축(일본어)	Y축(중국어)
고유어	1	1	186
고유어+한자어	7	2	0
한자어	83	74	0
음차어	28	47	0
고유어+음차어	1	0	14
외래어+한자어, 한자어+외래어	80	76	0

3.2. 한국·중국·일본 세 나라 용어 관계

　컴퓨터 용어에서 세 나라는 자체의 특성을 가지고 있으면서도 그 사용에 있어서 서로 공통되는 특성들도 가지고 있는데 세 나라의 컴퓨터 용어의 관계를 고찰하면 아래와 같다.

　동아시아 한국·중국·일본 세 나라는 미국과 유럽에서 이미 형성된 용어들을 동시에 받아들이든지, 아니면 어느 한 나라가 먼저 받아들이고 기타 나라가 그 용어를 받아 썼든지를 불문하고 그 사용에서 동일한 용어들이 얼마간 나타나고 있다. 그것은 그러한 전문용어들이 가장 적절하게 그 개념을 나타냈기 때문이다.

이러한 단어들을 예를 들면 아래와 같다.

우선 세 나라가 모두 같은 의미로 쓰는 용어(17개)는 아래와 같다.

- card catalog ·········· 카드 목록 / 卡片目录 / カ-ド目錄
- compound request ·· 혼합요구 / 混合要求 / 混合要求
- entry machine ······· 입문기계 / 入門机器 / 入門機械
- erlang formula ······· 어랑의 공식 / 厄蘭公式 / ア-ランの公式
- multimediocrites ····· 다중평범 / 多重平凡 / 多重平凡
- one writng ·········· 단기록 / 單記彔 / 單記錄
- orbital ·············· 궤도의 / 軌道的 / 軌道の
- point primitive ······ 점기본요소 / 点基本要素 / 点基本要素
- quartile ············· 4분위수 / 四分位數 / 四分位數
- relative branch ······ 상대분기 / 相對分枝 / 相對分岐
- streamed noise ······ 합류잡음 / 合流雜音 / 流合雜音
- toggle buffering ····· 2중완충법 / 二重緩沖法 / 二重緩衝法
- tower of Hanoi ······ 하노이 탑 / 河內塔 / ハノイの塔
- TTC standard ······· TTC 표준 / TTC標准 / TTC標準
- tug card ············· 테그카드 / 拖輪卡 / タグカ-ド
- turbulent source ····· 무성음원 / 无聲音源 / 無聲音源
- y-position ············ 와이 위치 / Y位置 / Y位置

한국, 중국, 일본 세 나라가 같은 개념으로 쓰는 용어가 적지 않음을 알 수 있다.

다음으로 한국, 중국, 일본 세 나라에서 두 나라만 같게 쓰는 컴퓨터 용어가 모두 111개를 가지고 있다. 그 중 한국과 일본이 함께 쓰는 용어는 다수를 차지한다.

주석카드 / 注釋卡 -コメントカ-ド(comment card), 판독집합 / 判讀集合-リ-ドセット(read set), 단카드 / 短卡-ショ-トカ-ド(short card), 엑스 계렬 / X

系列-Xシリ-ズ(X series) 등 용어는 한국과 중국이 함께 쓰는 용어로서 중국과 한국에서는 모두 한자음와 음차표기의 결합으로 쓰였다.

한국과 일본어 컴퓨터 용어는 그 구성에서 비슷하면서 또한 함께 쓰이는 용어도 많은 편이다. 그 용어들을 예를 들면 아래와 같다.

- 실리그룹 / シリ-グル-プ ············ 愚蠢的組合(silly group)
- 고휘발성 / 高揮發性 ················ 高度揮發性(high volatility)
- 주소 트랙 / 住所トラック ········ 地址跟踪(address tarck)
- 대수 코딩 / 代數コ-ディング ···· 代數編碼(algebraic coding)
- 앤드 배렬 / アンド配列 ············ "与"排列(AND array)
- 배렬선언 / 配列の宣言 ············· 數組說明(array declaration)
- 후치형 머신 / 後置型マシ-ン ···· 后端机器(back-end machine)
- 2진 감산기 / 2進減算器 ············ 二進位減法器(binary subtractor)
- 비트 비교 / ビット比較 ············ 少量比較(bit comparison)
- 공백매체 / 空白媒体 ················ 空白介体(blank medium)
- 콜백장치 / コ-ルバック裝置 ······ 回叫裝置(callback unit)
- 카드 게이지 / カ-ド・ゲ-ジ ······· 卡片量規(card gauge)
- 연쇄반응 / 連鎖方法 ················ 鏈接法(chaining method)
- 코드 복잡도 / コ-ド複雜度 ········ 編碼復雜性(code complexity)
- 코드화 정지 / コ-ド化停止 ········ 編碼停止(codestop)
- 코드 투과형 / コ-ド透過形 ········ 編碼透明型(code transparent)
- 부호화 트리 / 符號化ツリ- ········ 編碼數(coding tree)
- 비교검사 / 比較檢査 ················ 比較核對(comparing check)
- 계산형 점프 / 計算型ジャンプ ·· 計算型跳轉(computed jump)
- 시스템 검사 / システム監査 ······ 電腦核查(computer audit)
- 비저작권 / 非著作權 ················ 版權自由(copyright free)
- 디폴트기능 / デフォルト機能 ···· 默認功能(default function)
- 구분 카드 / 區切りカ-ド ·········· 定界卡片(delimiter card)
- 디형 모스 / D型モス ················ 損耗半導体(depletion MOS)
- 표시 메뉴 / 表示メニュ ············ 顯示菜但(display menu)
- 이중장비 / 二重裝備 ················ 双方裝備(duplex equipment)
- 소거키 / 消去キ- ····················· 刪除鍵(erase key)

등이다.

중국어와 일본어에서 함께 쓰는 용어들로는 國家標准/國家標準-國家 規格(national standard), 多价/多價-폴리밸런스(polyvalence)로만 나타난다.

이와 같이 한국어·중국어·일본어에서 공동을 쓰이는 용어가 적지 않게 나타나며 그 중에서도 한국어와 일본어가 공동으로 쓰이는 용어들 이 상당이 많다. 주로 음차어와 한자어의 합성어에서 많은 수를 차지하 고 있다.

하나의 컴퓨터 용어에서 공동한 부분을 차지하는 음절도 세 나라에 많이 나타나고 있다. 그러한 용어들을 예로 들면 아래와 같다.

- comment card ········ 주석 카드 / 注釋卡 / コメントカード
- X series ················· 엑스 계렬 / X系列 / Xシリーズ
- expansion bay ········ 확장 자리 / 擴張空間 / 擴張ベイ
- high volatility ········ 고휴발성 / 高度揮發性 / 高揮發性
- algebraic coding ····· 대수 코딩 / 代數編碼 / 代數コーディング
- binary subtractor ··· 2진 감법기 / 二進位減法器 / 2進減算器
- bit comparison ······· 비트 비교 / 少量比較 / ビット比較
- blank medium ········ 공백 매체 / 空白介体 / 空白媒体
- callback unit ·········· 콜백장치 / 回叫裝置 / コールバック装置
- computed jump ····· 계산형 점프 / 計算型跳轉 / 計算型ジャンプ
- delimiter card ········ 구분 카드 / 定界卡片 / 區切りカード
- external modem ····· 외부 모뎀 / 外部調制解調器 / 外部モデム
- file updating ·········· 파일 갱신 / 文件更新 / ファイル更新
- hit run test ··········· 이상 테스트 / 異常測試 / 異常テスト
- locking conflict ······ 로킹 돌출 / 鎖定冲突 / ロッキング衝突
- loop factor ············· 손실 계수 / 緩冲系數 / 損失係數
- merge tree ············· 合併 트리 / 合幷樹形 / 合併ツリー
- meta relation ········· 메타關係 / 元關系 / メタ關係
- multistage model ···· 多段階模型 / 多級模型 / 多段階模型
- pattern table ·········· 패턴 表 / 模擬運算表 / パターン表

세 나라 컴퓨터용어가 뜻은 같으나 표현이 완전히 다른 용어들도 나타나고 있는데 그 수는 그렇게 많은 것은 아니다.

- code character ········ 코드문자 / 編碼字符 / 字号信号
- file allocation ········· 파일의 할당 / 文件分配 / ファイル・アロケーション
- re prographics ····· 그래픽 복사 / 夏翻印 / リプログラフィクス
- ambiguity error ······ 모호성 오류 / 不定誤差 / あいまい誤り
- mark sensor ·········· 표시 감지기 / 標志傳感器 / マークセンサ
- refresh address ······· 재생 번지 / 更新地址 / リフレッシュアドレス
- sporadic fault ········· 발산적 오류 / 偶發故障 / 散發的誤り
- work sampling ······· 작업 표본화 / 操作取樣 / ワークサンプリング
- control ball ·········· 제어볼 / 控制球 / コントロールボール

[한국어 · 중국어 · 일본어 컴퓨터 용어 관계]

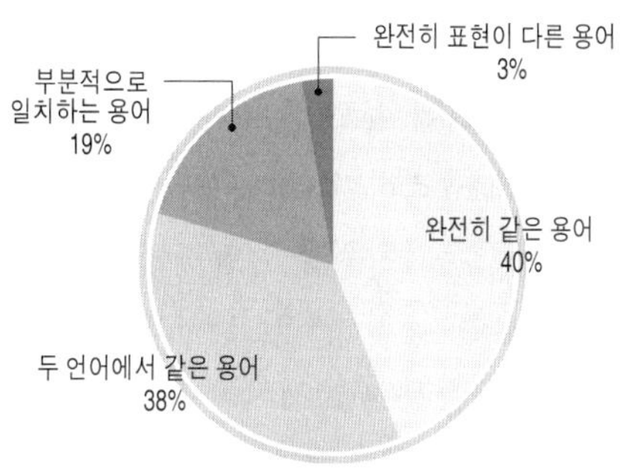

이것을 수로 표시하면 아래와 같다.

X축	Y축	
완전히 같은 용어	117	40%
두 언어에서 같은 용어	111	38%
부분적으로 일치하는 용어	57	19%
완전히 표현이 다른 용어	9	3%

이상의 분석과 같이 컴퓨터 용어에서 한국어, 중국어, 일본어는 연관성이 많은 것이 사실이다.

● 용어에 대한 분석

① 완전히 같게 사용되는 용어가 적지 않다.
② 더욱이 두 나라씩 함께 같이 사용하는 용어는 반수를 초월한다.
③ 합성어에서 부분적으로 사용이 같은 형태들이 많다.
④ 완전히 다른 용어를 보아도 개념을 정확히 표시하는 정황에서 표현이 조금씩 다를 뿐이다.

3.3. 동아시아 3개국 컴퓨터 용어 규범화 탐색

중국의 국가표준 제정원칙에 보면 표준제정은 우선 사회안정과 국민의 신체건강을 보장하는데 유리하며 소비자의 이익과 환경을 보호할 수 있고 다음으로 합리적으로 국가자원을 이용하는데 유리하며 과학기술의 성과를 추진하고 경제효율을 높일 수 있고 사회요구를 만족시키며 상품의 유통호환에 유리하며 기술상 선진적이며 경제적으로 합리적이다라고 하였다. 마지막으로 표준끼리 서로 협조하여 조정하며 대외경제기술합작의 촉진과 대외무역에 유리하다고 하고 있다.[25]

ISO/TC37/SC1에서는 전문용어의 형성 원리 및 체계, 개발에 대한 국제 표준화를 주도하고 있으며 국제표준분류체계(ICS)에도 용어법, 기본용어, 사회학, 수학, 자연과학, 의료공학, 정보기술 등 657개의 용어의 국제규격을 제정하였다.

---

25) 장영평(2003), 「중국의 WTO 가입 후 표준화 발전 개황」, 제2회 동북아시아 표준합작 연구토론회 논문집, p.70, 베이징.

이와 함께 세계 여러 나라에서도 용어의 표준화에 힘을 기울이고 있는데 한국에는 한국산업자원부 기술표준원 [KS]규격이 있고, 중국은 GB/T 10112~1999에서 전문용어의 개념과 전문용어의 선택 및 구성원칙을 정했으며, 일본은 일본공업규격[日本工業規格, Japanese industrial standard]을 용어의 규격을 잡고 있다.

전문용어는 전문분야에서 개념에 대한 언어적 지칭이며 그에 대한 선택원칙 및 구성원칙을 아래 몇 개 부분에 나누어 설명할 수 있다.

우선 하나의 이름, 하나의 뜻을 강조하는데 그 뜻인즉 새로운 전문용어를 만들기 전에 동의어가 있는가 없는가를 검사하고 동음충돌을 피하여 한다. 다음으로 전문용어를 보면 뜻이 생각되어야 한다. 여기서 말하는 뜻이란 정의를 말하는데 용어와 정의의 연관성이 가장 중요하다는 뜻이다. 이 밖에도 간명성, 파생성, 온정성, 본민족의 언어습관 등도 들고 있다.

동아시아 3개국에서 컴퓨터용어도 각기 자체의 정황에 근거하여 표준화를 진행하여야 한다. 표준화에서 우선 3개국이 함께 쓰는 용어는 그대로 쓰는 방향을 하여야 한다. 그리고 각 나라에서 함께 쓰는 컴퓨터용어들을 잘 분석하고 다른 용어들도 이에 기준으로 표준화 사업을 하여야 하며 두 나라씩 함께 쓰는 용어도 잘 참고하여야 한다.

다음으로 한 용어에서 부분적으로 같은 부분의 용어들은 될수록 세 나라에서 함께 쓰는 방향으로 하면 좋을 것이다. 한국과 일본은 중국의 용어 원칙을 잘 분석, 연구하여 중국처럼 컴퓨터 용어의 자국어 방향도 모색해야 한다.

표기에서 한국어는 전문용어를 한글로 표시하고 중국은 한자로 표기하기에 고유어, 한자어, 외래어의 구별이 명확하지 않으나 일본어는 외래어(음차표기)를 특수한 가타가나 표기로 하기에 식별하기가 아주 쉽다.

지금까지 컴퓨터 용어(200개)를 중심으로 한국, 중국, 일본의 사용을 고찰하고 아래와 같은 몇 가지 결론들을 도출해 낼 수 있다.

첫째로, 한국과 일본은 컴퓨터용어의 사용에서 고유어를 적게 쓰고 한자어나 외래어를 많이 쓰는 반면에 중국은 대부분 용어를 고유어화를 하였음을 알 수 있다. 전문용어의 외래어화는 피면할 수 없는 사회현상이지만 고유어화는 외래 과학기술을 자국화 하는데 매우 유리할 뿐 아니라 국민의 문화수준을 높이는데 역시 필요한 사업으로서 한국이나 일본이 배워야 할 점이다.

둘째로, 한국과 일본어 컴퓨터 용어에서 모두 외래어를 쓰고 있지만 한국어 한글로 쓰고 일본어는 가타가나로 쓰기에 일본어는 고유어, 한자어와 음차표기의 식별이 아주 명확하다. 중국어는 자국어 합성어로 되어 있지만 한국과 일본어의 합성어의 많은 수는 한자어와 외래어의 결합으로 된 혼종어로 되어 있는 것이다.

셋째로, 컴퓨터기술의 발전과 국제적 교류는 표준화된 용어를 신속히 요구하기에 한국, 중국, 일본 등은 반드시 상대방의 용어를 명확히 분석하고 우선 자국 내에서 여러 가지 원칙에 의해 자국어 표준화 진행해야 한다.

4. 한중 의학용어 정의문 고찰

정의는 개념에 대한 언어적 묘사로서 한 개념이 그 개념체계에서의 적절한 위치를 지적해 주는 동시에 그 개념과 연관되는 다른 개념과의 상호 구별 점도 제시해 준다. 일반적으로 우리가 어떤 개념에 대해 정의를 내릴 때 최고 층위 개념 외에는 모두 상위개념에 다른 개념과의 구별적 표식을 더한 과학적 정의 방법을 사용한다.

현대사회에 들어서면서 과학과 기술의 급진적인 발전과 함께 기존에 존재하지 않던 새로운 개념이 생성되고 또는 기존의 개념들이 새로운 조합으로 만들어지는 일들이 매우 많아지게 되었다. 새로운 개념은 새로운 명칭과 정의를 요구하게 되었으며 이것은 기존에 존재하던 사람들의 명칭과 정의에 대해서 연구하는 방법과는 다른 체계를 원하게 되었다. 즉 개념에 대한 명칭을 부여하는 과정에서 명칭이 그 해당 분야의 지식체계와 연관되며 전체적으로 용어라는 어휘범주 틀 안에서 통합되도록 요구한다.

전문용어의 정의는 현재 명칭과 의미관계가 자의적인 일반 어휘에 비하여 이미 전에 원하여 진 목적에 의해서 구조적으로 명칭이 부여되기 때문에 자연 발생적이기보다는 조작적이어서 연구의 출발점은 새로운 개념을 만들어 내고 거기에 대한 명칭을 부여하는 일차적 전문용어의 창조자인 과학자의 활동이다.

우리들은 일정한 전문분야에서 사용되는 개념으로서 전문분야의 어휘목록(lexicon)을 풍부히 수집하여 그 정의를 명확히 내려야만 그 사물과 다른 사물의 구별적 표식을 명확히 밝혀 규정할 수가 있고 사물을 올바르게 인식할 수 있으며 해당 분야의 한계와 존재를 확인하고 그 부분의 지식 기반을 잘 표시할 수 있다.

이와 같이 전문용어의 정의는 아주 중요한 바 필자는 KORTERM의 KISTI 4차과제 의학용어 1만 5천 개 중 일부 용어에 대한 사전정의를 중국어와 한국어를 함께 분석하고 의학용어 정의의 내용과 그의 방법론을 연구하여 전문용어에 대한 더욱 깊은 인식을 가져오는 동시에 적절한 사전정의 방법을 모색하려고 한다.

4.1. 의학용어 정의문 의미 유형

우리가 사용하는 의학부문의 전문용어들은 아주 풍부하고 다양하다.

한국의 『의학용어집』(대한의사협회 편, 도서출판 아카데미아, 1992년)에는 12만개의 용어가 수록되었고 중국의 『道蘭氏英漢医學辭海』([美] Douflas N Anderson, 백영권 역, 세계도서출판사, 1998년)에는 800만개의 용어가 수록되었다. 이러한 사전들의 의학용어들은 자체의 의미체계를 가지고 있고 의미체계 내에서 자기의 기능을 담당하고 있는 것이다.

의학용어 사전에서의 정의문을 고찰해 보면 그의 의미에 따라 인체기관, 인체기능, 병적현상, 치료방법, 치료기기 등에 대해 정의를 내렸음을 알 수 있다.

의학용어의 정의문들을 일부 열거하면 아래와 같다.

1) 복대동맥(腹主動脈, abdominal aorta)

흉대동맥에서 연속되는 것으로서 하횡격, 요, 정중천골, 장간막, 하장간막, 중부신, 신, 정소 및 난소동맥, 복강동맥으로 분지된다.

主動脈的胸段的連續, 由此發出腋下、腰、骶中、腸系膜上和腸系膜下、腎上腺中、腎和精素卵巢及腹腔干等動脉。

2) 복강(腹腔, abdominal cavity)

횡경막과 골반 사이에 위치한 체강. 이 속에 모든 복부 기관이 들어 있다.

膈下骨盆上的体腔。

3) 모양소대(睫狀小帶, zonula ciliaris)

모양체에서 수정체 적도부에 걸친 섬유구조로 수정체를 지지한다.
睫狀体和晶狀体赤道間的纖維系統, 使晶狀体保持原位。

4) 복강신(腹腎, abdominal kidney)

제2요추 근처의 장골릉 위에 위치하는 이소성 신장이다.
位于髂嵴上、身上門鄰近第2腰椎的异位腎。

5) 지대치(橋基牙, abutment tooth)

건강한 치아의 전체 면에서 계속 가공 의치의 지지를 위해 선택된
치아.
按健康附着器總表面積選作支持橋基的。

이러한 용어들은 모두 인체의 여러 기관을 나타내는 용어들이고 이들
에 대해 정의를 상세하게 내리고 있다.

아래 인체의 여러 가지 기능을 나타내는 전문용어 정의들을 보면 아
래와 같다.

1) 촉진반응(加速反應, accelerated reaction)

보통 때보다 단 시간 내에 일어나는 반응 또는 응답.
發生時間較通常爲短的反應。

2) 흡수하다(吸收, absorb)

받아들이다. 또는 동화하다. 예를 들어 피부, 장, 신장의 세뇨관 등의
조직 내로 또는 조직을 통해서 물질을 취득하는 것. 또는 방사에너지(방
사energy)를 약하게 하기 위해서 방사에너지와 반응하는 것.
攝取或同化。

3) 순응(适應, acclimation)

새로운 환경에 익숙하여 가는 과정.

服水土,水土适應,气候适應：對新环境的生理或心理适應。

의학 전문용어사전에서는 여러 병적현상 그리고 치료방법 및 치료 기기들에 대하여서도 정의를 내리는데 그 예를 들면 아래와 같다.

4.1.1. 병적현상

1) 복부대동맥류(腹主動脉瘤, abdominal aneurysm)

주로, 동맥경화 때문에 복부 대동맥벽이 취약화 되어 낭상으로 확장된 것, 복부의 박동성종양과 혈관잡음 등의 증상이 있으며, 파열은 치명적이 된다.

腹主動脉的動脉瘤。

2) 복부간질(腹部癲癇, abdominal epilepsy)

발작성 복통으로서 뇌로부터의 비정상적 뉴론의 방전에 의하여 일어난다.

屬于發作性腹痛一种疾病，因大腦的非正常性放電而引起。

3) 외전신경마비(展神經麻痺, abducens paralysis)

외전신경의 병변에 의한 눈의 외직근의 마비로서 내사시와 복시를 동반한다.

因外展神經的病變而起的眼的外直肌的麻痺，伴內斜視与夏視。

4) 이소성췌장(迷走胰, aberrant pancreas)

췌장조직의 일부가 위, 십이지장, 공장 및 기타 부위에 이소적으로 존재하는 것을 말한다.

游离的胰組織,多爲堅實黃色結節,位于胃，十二指腸和空腸內，也見于其它處。

4.1.2. 치료방법

1) 복강천자(腹部穿刺, abdominocentesis)

복강의 외과적 천자(paracentesis)
腹腔的外科性穿刺(paracentesis)。

2) 보조적인(副的·輔助性的·附屬的, accessory)

다른 한 개의 유사한, 일반적으로 더욱 중요한 것에 대해서 보충 또는 보조하는, 보충의(complementary), 부수의(concomitant)。
對另一个相似和一般更爲重要的食物來說起輔助作用的。

3) 방사선치료(放線療法, actinotherapy)

자외선 또는 광화학선을 사용한 질환치료법.
使用紫外線或光化學線的疾患治療法。

4) 침술(針刺術, acupuncture)

침으로 특별한 말초신경을 찔러서 동통성 질환에 수반되는 불쾌감을 제어한다는 중국의 기술로서, 외과적 마취로서도 유효하고, 치료목적으로도 사용된다.
中國特有的將針刺入体表特定部位以緩解疼痛的技術, 用于誘導外科麻醉和治療疾病。

5) 중탄산소다(中度碳酸蘇打, acetate bicarbonate urate)

이뇨제
利尿劑。

6) 진정제(鎭靜劑, abirritant)

흥분을 경감시키는 약물.
緩和刺激的藥物。

4.1.3. 치료기기

1) 흡수계(液体吸气計, absorptiometer)

① 액체에 대한 기체의 용해도를 측정하는 기구, ② 두 장의 유리판
사이에 흡수된 액체 층을 측정하는 장치로서 혈액분광계로 사용된다.
① 測定气体在液体中溶解度的儀器; ② 用作血分光鏡以測定兩玻璃片
間吸收液層的裝置。

2) 조절계(眼調節測定器, accommodometer)

눈의 조절력을 측정하는 장치.
測定眼調節力的一种器具。

3) 정밀도(准确度, accuracy)

측정한 양의 정확한 치에 대한 기대치의 접근도·편차의 정도.
預期値對實測値的接近度 : 對偏誤的測定, 有時亦称有效性。

4) 성능(性能, ability)

기기가 의도하는 기능을 다할 수 있는 정도, 또는 그 성질과 능력
能盡机器所意圖的机能的程度, 或其性質与能力。

우리는 상술한 의학용어에 대한 정의문을 통하여 인체에는 여러 가지 기관이 있으며 인간은 이러한 기관들의 여러 기능을 통하여 신진대사를 촉진하면서 자연을 개조하고 자연에 적응하면서 살아간다는 것을 알 수 있다. 그러면서도 살아가려면 인간은 늘 건강하여야 하며 건강하지 않을 때는 반드시 치료를 거쳐 신체의 여러 기능이 회복을 가져온다는 것도 설명해 준다.

우리들이 병을 치료하는 방법에는 여러 가지가 있는데 약물치료와 전기치료, 침구치료 등이 있는 것이다. 그런데 이러한 치료방법은 사람에 따라, 병에 따라서, 그 사용하는 의료기기의 성능에 따라서 치료효과가 각기 다르다는 것도 개략적으로 알아 볼 수 있다.

이와 같이 의학용어 정의문의 의미적 유형에 대한 분석을 통해 우리는 의학부분의 지식구조를 대략적으로 설명할 수 있다.

이것으로 보아 용어의 개념에 대한 명칭을 부여하는 과정에서 명칭이 그 해당 분야의 지식체계와 전체적으로 용어라는 어휘범주 틀 내에서 통합되면서 정의된다는 것을 알 수 있다.

4.2. 사전에서의 의학용어 정의

인간에게 나타나는 병적현상을 제때에 진단하고 예방, 치료하여 건강을 유지하는 기술과 방법을 연구하는 학문으로서의 의학은 반드시 전문용어의 개념에 대한 정의를 명확히 내려야 한다. 즉 개념에 대한 명칭

을 부여하는 과정에서 명칭이 그 해당 의학부문의 지식체계와 연관되며 전체적으로 의학 전문용어라는 어휘범주 틀 내에서 통합되도록 하여야 한다.

아래 한국과 중국어 의학전문용어의 정의의 방법을 고찰한다.

우선 같은 의학 전문용어라고 하더라도 유형에 따라 서로 다르게 정리가 된다. 복대동맥, 腹主動脉(abdominal aorta,)을 "흉대동맥에서 연속되는 것으로서 하횡격, 요, 정중천골, 장간막, 하장간막, 중부신, 신, 정소 및 난소동맥, 복강동맥으로 분지된다(主動脉的胸段的延續, 由此發出膈下、腰、骶中、腸系膜上和腸系膜下、腎上腺中、腎和精巢或卵巢及腹腔干等動脉)."라고 정의하고, 견봉,扁峰(acromion)을 "견갑골의 외측에서 튀어나온 어깨의 첨단(肩胛棘向外側伸展部, 突起于肩關節之上, 爲肩的最高点)"로 정의하였으며, 비구, 髖臼 (acetabulum,)를 "대퇴골두가 그 안에서 관절하는 관골 측면의 큰 컵 모양의 강동(位于髖骨外側面上之一个大杯狀腔, 与股骨頭連成關節)"으로 정의하였는데 이러한 인체의 각 기관에 대한 정의를 보면 '그 기관이 어디와 연결되고 어디에 위치하여 무슨 작용을 하고 있음'을 주로 설명하여 주었다.

다음으로 인체의 기능에 대한 정의를 내릴 때 주로 '신체의 어느 부위가 어떤 영향으로 무슨 작용을 하는가'를 설명하였다. 조절반사, 調節反射 (ccommodation reflex)를 "원근의 물체를 볼 때 일어나는 눈의 조절로서 동공의 수축, 눈의 폭주, 렌즈의 철면증대 등의 협동적 변화가 일어난다(眼睛爲适應看近進行自身調節時所發生的協調變化,包括瞳孔收縮, 双眼會聚和晶体凸度增加)"으로 정의를 내리고, 능동면역,自動免疫(active immunity)을 "항원 자극에 반응하여 생산된 항체나 또는 면역 림프계 세포의 존재로 인한 획득면역(由机体在應答抗原刺激過程中形成的抗体或免疫淋巴細胞產生的后天免疫力)"으로 정의하였는데 이것이 바로 용어 정의의 다른 점이다.

병적현상에 대한 정의에서 보면 '어떤 원인으로 어떤 부위에 무슨 증상이 생기는가'를 설명하였다. 일반적으로 "돌연히 발생하는 전형적 염증반응, 특히 혈관확장과 삼출액 생성이 극심한 것을 특징으로 하는 염증(通常突然發作, 有典型体征, 幷有顯著的血管病變和体液滲出過程)"으로 "급성염증,急性炎(acute inflammation)"을, "표피세포 또는 편평상피세포로 형성된 종양(由表皮細胞或鱗狀細胞构成的一种腫瘤)"으로 "극세포종, 棘皮瘤(acanthoma)을, "좌심실부전과 같은 심장질환에 수반하여 일어나는 발작성 호흡곤란(合幷心臟病(如左心衰竭)的陣發性呼吸困難)"으로 "심장천식, 心型哮喘(cardiac asthma)을 정의를 내렸는데 이러한 정의를 읽으면 의학에서의 개념이 머리에 떠오른다.

다음으로 사전에서 내린 정의들은 형식에 따라 일정한 형식의 격식 즉 문법적 패턴을 갖추고 있는 것들이 특징적이다. 우선 신체부위를 설명할 때 한국어에서는 "…으로서 …으로 된다.", "…에 위치한 …있다.", "…에 위치한 …이다.", "…구조, …학에서 …라고 말한다/로 쓰인다.", "…에서 …을 위하여…", "…에 부속하여 생기는 …", "…에서 …하는…", "…과 …사이의…", "…의 …에서 …ㄴ/는…", "", "…의 …은/ㄴ 부분…", "…에서 …에 …로 …를 지지한다.", "…으로서 …에 접해있다.", "…을 이루며 …과/와 인접한다.", "…에 (붙어)있는…", "…는 부분…", "…와/과…사이의 부분", "…을 둘러싼 …", "…의 하나, …에 있는 …", "…에 의해 …어 있는 …", "…의 …에 있는…" 등으로 많이 쓰이는데 이것은 정의의 격식으로는 너무 난잡한 감을 준다. 좋기는 이러한 문법형식을 기본적인 틀로 만들어 고정시키는 것이 정의문의 자동생성에서나 자연언어처리에서 반드시 필요한 작업이라고 본다. 예를 들어 보면,

① 비강의 앞부분으로서 외비공의 바로 아래에 위치하며, 후방으로는 비역에 의하여 경계되어 있다.(비전강, vestibulum nasi)
② 액체를 넣은 소낭 또는 작은 주머니로서, 해부학적 명명법의 일반용어로서 쓰인다.(소낭, vesicular)
③ 골반강의 앞부분에 위치하고, 요를 저류시키는 막으로 형성된 주

머니로서 신장의 분비산물을 요관을 통하여 받아 넣어서 이를 요
도를 통하여 배출한다.(방광, vesica urinaria)
④ 보통 12개로 경추와 요추 사이에 있고 늑골과 접해 흉곽의 후벽
부분을 형성한다.(흉추, vertebrae thoracicae)
포유동물의 암컷에 있는, 중간이 비어있는 근육성 기관으로 그 안
에서 정상적으로 수정된 난자가 착상하여 그곳에서 발육하는 배
아 및 태아가 영양분을 받는다.(자궁, uterus)

이러한 형식을 전문가의 도움으로 포괄적으로 하나의 형태 "…로서/
으로서 …에 위치하여 있고, …는/은 기능을 하는 기관이다."로 종합하
여 주는 것이 바람직하다고 본다.

중국어에서도 마찬가지로 "…和(와)…間的(간의)…", "…的部分(의 부
분)", "…的區域(의 구역), …

① 胸部的上外側部与臂內側之間的錐体狀空隙, 包括腋血管, 臂神經
叢, 大量淋巴結和脂肪及疏松的結締組織。(腋, axilla 액)
② 大腿骨頭和髖骨溝之間的關節. 一般称爲hip。(髖關節, articula-
tiones coxae 고관절)
③ 位于骨和另一結构形成關節處的小平面。(關節面, articular facet,
관절면)
④ 起源：髂內動脉; 分支：卵巢支, 輸卵管支, 陰道動脉; 分布：子
宮, 陰道, 子宮圓靭帶, 輸卵管, 卵巢.(子宮動脉, arteriae uterine,
자궁동맥)

이것도 마찬가지로 "位于連接在……, 主要做…… 功能的人体器官."
등으로 표준화하는 것이 바람직하다.

치료 방법이나 약명 등에 대한 정의도 이와 마찬가지로 일정한 문법
적 격식들이 있는 것이 사실이지만 더욱이는 분야에 따라 하나의 패턴
으로 고정시키는 것이 더욱 바람직하다. 이러한 용어 정의의 표준원칙

은 ISO /TC 37에서도 제기하고 있다.

의학전문용어에는 등가성 전문용어(equivalent term)가 있는데 그것은 두개 혹은 두개 이상의 언어 사이에 동일한 개념을 표시 전문용어를 말한다. 의학용어도 서로 다른 언어에 등가성 전문용어와 존재하는 것은 개념의 내포와 외연은 완전히 같기 때문이며 정확한 정의를 통하여 인식된다. 동의성 전문용어는 하나의 언어 내에서 설명되는 전문용어라고 한다면 등가성 전문용어는 서로 다른 언어 간에 설명되는 전문용어이다. 의학용어 "장뇌", "camphor", "樟腦(しょうのう)"와 "맹장", "cecum", "盲腸(もうちょう)", "무두낭충", "acephalocyst", "無頭シスト"등은 등가적 전문용어이다.

한국어의 "위폐쇄", 영어의 "atretogastria", 중국어의 "胃門閉鎖"는 모두 "위의 정상 개구부가 결여된 것(進入胃的正常開孔不通)"를 의미하는 등가성 전문용어이고 "세균에 의하여 발생하는 폐렴을 말하며, 병원균 중 주요한 것으로는 Diplococcus pneumoniae, Streptococcus hemolytica, Staphylococcus aureus, Klebsiella pneumoniae 등이 있는데(由細菌引起的肺炎, 主要的細菌有肺炎鏈球菌, 溶血性鏈球菌, 金黃色葡萄球菌和肺炎杆菌)" 이러한 염증을 한국어에서 "세균성폐렴", 영어에서 "bacterial pneumonia", 중국어에서 "細菌性肺炎"라고 한다. 이것들은 모두 중한 등가성 전문용어라 한다.

일상 언어에서 서로 다른 언어에 완전히 등가인 단어는 매우 적다. 그것은 언어계통내부의 각 언어성분 지간에 상호 제약하고 상호 영향을 주기에 언어성분 지간의 완전히 등가로 될 수 없다. 그러나 전문 학술용어에서 표준화사업의 효과로 많은 양의 등가인 전문용어가 존재한다. 이러한 등가인 전문용어의 존재는 전문용어의 사회적 기능을 수행하는 중요한 보증이다. 때문에 여러 가지 방식으로 서로 다른 언어 지간의 동일한 개념을 표시하는 등가인 전문용어에 대한 판단은 전문용어의 정의문을 통해서만 판단할 수 있는 것이다.

전문용어의 정의문을 한국어와 중국어를 비교하여 보면 우연한 일치인지는 몰라도 대부분은 용어의 정의에서 그 정의 내용의 일치성을 보여 주고 있다. 그것은 사물에 대한 개념은 공통성을 가지고 있기에 개념을 표시하는 용어의 정의도 같아야 한다는 것을 보여준다.

- 수염(beard, 須) : 남성 얼굴 하부에 나는 짙은 털이며 사춘기 후 정상적인 제2차 성징으로 나타난다. (男人顏面下部生長的粗毛, 正常在靑春期后出現, 爲第二性征。)
- 고편도(bitter almond, 苦扁桃) : P. amygdalus var. amara의 과실로서 그 종자는 먹지 못하며, 휘발성 기름과 amygdalin을 함유한다. 냉침과 증류에 의하여 고편도유를 얻는다. 이것은 약 80%의 benzaldehyde와 2~4%의 청산을 함유하고, 진해제, 향수에도 소량이 사용된다.(苦扁桃樹的果實, 苦味藥, 其种子不能食用, 但含揮發性油及苦扁桃仁苷, 經浸漬及蒸餾, 可得苦扁桃油, 約含80%苯甲醛及2~4%之氫氰酸. 小劑量可用于各种止咳合劑, 眡酒及香料。)
- 칼슘(calx, 氧化鈣) : 석회 또는 산화칼슘. CaO. 생석회(quicklime). 石灰, 氧化鈣, CaO, 生石灰。
- 당뇨병상신경병증(diabetic neuropathy, 糖尿病性神經病) : 처음에 사지 하부의 신경과 종종 자율신경을 침습하는 만성 대칭성 감각성 다발성 신경병증으로서, 병리학적으로 말초신경의 분절성 탈수화가 있다. 드문 급성형은 근위부 또는 원위부 근육의 심한 동통, 쇠약 및 수척, 말초감각장애, 건반사 소실을 특징으로 한다. 자율신경계 침습으로 기립성 저혈압증, 야간설사, 요폐, 음위, 광선반응이 느린 동공축소를 나타낼 수 있다.(爲慢性、對稱性感覺神經多神經病變、最早期累及下肢, 幷常累及自主神經; 病理上周圍神經呈節段性脫髓鞘。一种少見的急性型有近側和遠側肌肉的嚴重疼痛、无力和消瘦、外周性感覺障碍和肌腱反射消失。累及自主神經時, 可發生直立性低血壓、夜間腹瀉、尿瀦留、陽痿以及對光反應遲鈍的小瞳孔。

전문용어에 대해 정의를 내릴 때 일부의 용어들은 그 정의의 내용이 조금 다르다는 것도 알 수 있다.

- 심기저부(basis cordis, 心底) : 일반적으로 심방과 대혈관의 근간이 점유한 부분 등에 의해 형성되며 경계가 불분명한 심장의 기저부. 중위흉추의 높이에 위치하고, 그 실제 위치는 심장이 움직이는데 따라 변화하며 상, 후, 우측방향으로 향하게 된다.(界限難以截然划分的區域, 通常指心房及大血管根部所形成的區域, 与第五, 六, 七, 及第八胸椎体相對, 其精确位置因心臟活動而异, 指向上, 后及右方.)
- 아밀라제(diastase, 淀粉酶) : 전분을 가수분해하여 생성한 효소이며, 동식물,미생물에 널리 분포한다. α와 β amylase가있고 작용순서가 다르다. 섬유공업, 알콜, 당제조업에 많이 이용된다. 인체에서는 타액선과췌장에서 생성되며, 전자를 프티아린, 후자를 아미노푸신이라 한다.(一种産生于麥芽的淀粉分解酶的混合物, 被用來轉化淀粉爲單糖.)

이것은 용어 정의에서 각 민족 마다의 정의의 명확성을 기하는데 목적이 있겠지만 또한 민족마다의 정의를 내리는 방법이 서로 다른데도 있을 것이다.

4.3. 맺는 말

상술한 내용들을 종합하면 의학용어 정의문에 대한 의미 유형분석을 통하여 의학분야의 지식구조를 알 수 있다. 즉 위에서 의학용어 정의문의 유형을 인체기관, 인체기능, 병적현상, 치료방법, 치료계기 등 범위 내에서 개략적으로 분석을 하였다면 그 범위를 더욱 넓혀 기계적으로, 통계적 방법으로 분석을 기한다면 확실한 의학부분의 지식 베이스를 그려낼 수 있는 것이다.

다음으로 의학용어의 정의문을 내리는 과정에서 명칭이 그 해당 의학부문의 지식체계와 연관되며 또 문법적으로 일정한 패턴이 존재한다.

일정한 문법적 패턴을 가지고 있는데 이를 자세히 분석하고 각 유형마다 통일하는 것이 컴퓨터를 이용한 정의문의 자동생성이나 자연언어처리에도 매우 필요한 것이다.

정의문은 하나의 사물의 개념에 대한 해석으로서 개념의 공동성으로 인해 그 정의문의 해석에서 대부분은 내용을 같이 하고 있다. 그러나 서로 다른 민족의 정의의 명확성 목적이나 혹은 언어적 차이로 인하여 다른 점도 일부 발견할 수 있다.

정보화시대의 과학과 기술의 급진적인 발전과 함께 새로운 사물과 현상의 증가로 새로운 개념은 새로운 명칭을 요구하는데 개념에 대한 명칭을 부여하는 과정에서 명칭이 그 해당 분야의 지식체계와 연관시켜 전체적으로 용어라는 어휘범주 내에서 만들어 주고 또 전문용어학이라는 관점에서 출발하여 반드시 현대언어학의 요구에 맞게 정의를 분석하는 것도 중요하지만 가장 중요한 것은 정확하고 간편한 형식의 정의를 내려 주는 것이 가장 바람직하다고 본다.

5. 남북한 생물학 용어 비교 연구[26)]

지구상에는 지금까지 150만 종이 넘는 생물이 있는 것으로 알려져 있다. 의학과 농학의 기초과학으로서의 생물학은 생물의 기능, 구조, 발달, 분포와 생명현상 전반을 연구하는 학문이며 특히 모든 생물에 공통되는 생명현상의 본질 구명에 주안점을 둔 자연과학의 일종이다. 현재의 생물학은 기초과학으로서 중요할 뿐만 아니라, 응용 범위가 넓고 산업의

---

26) 이 글은 김광수(2004) 「남북한생물학 용어 비교 연구」(북한연구학회 2004년 하계 학술회의)를 수정, 보완한 것이다.

기초로서 또 환경문제, 인구문제, 식량문제 등 생물체의 구성원인 인류가 직면하는 여러 문제 해결의 열쇠를 가진 것으로서 하여 그 중요성이 날로 사람들에게 인정받고 있는 실정이다.

한반도에는 본래 생물자원이 매우 풍부하고 다양하며 한민족은 옛적부터 이러한 하나 하나의 식물, 동물에 대해 이름을 지어줌으로써 많은 우리말 생물학 용어들이 만들어지고 보급되어 왔다.

남북한은 6·25 이후 서로 간의 교류가 단절되고 약속도 없이 각기 자기의 특성에 의해 생물 자원들에 대해 명명한 결과 지금 구축된 생물학 용어들을 보면 서로 다른 점들이 상당히 많은 것으로 나타나고 있다. 이는 현재 남북의 상호 교류와 협력에는 물론 더 나아가 향후 남북통일에 상당한 문제점을 안아오고 있는 것이다. 현재의 이 시점에서 우선 남북한 생물학 용어의 다른 점을 인식하고 그에 대한 통일의 방안을 모색하는 것은 남북한 생물학 연구와 보급에 있어서 아주 필요한 작업이다.

필자는 한국과학기술연구원 전문용어언어공학연구센터(KAIST KOR-TERM)에서 이미 구축한 생물학용어에서 남북한 생물학용어 8000개의 대응목록을 작성하고 여기에서 수의적으로 1000개를 연구의 대상으로 비교를 진행하였다.

5.1. 남북한 생물학 용어 실태

전문용어는 학문적인 수준이나 전문성이 높은 집단의 구성원이 자신의 모국어 어휘를 사용하거나 지금은 사용하지 않는 언어인 라틴어의 어휘 등을 사용하여 만든다. 이렇게 만들어진 전문용어는 복잡한 개념들을 하나의 간단한 어휘로 나타낼 수 있기 때문에 표현을 경제적으로 할 수 있어서 전문분야에서의 의사소통의 원활성을 기하게 하고 전문가

가 연구나 작업을 경제적으로 수행할 수 있도록 해준다.[27)

이러한 특징을 가지고 있는 전문용어로서의 남북한 생물학 용어들은 아주 구전하게 잘 갖추어져 있는 것으로 알려져 있다. 천 개의 비교대상으로 되는 생물학 용어들을 보면 모두 과학적 원리에 근거하여 만들어졌고 또 역사적 계승성을 가지고 있기에 용어의 대부분은 같게 사용되고 있다.

남북 생물학 용어가 같게 나타나는 용어가 모두 42.2%를 점하는데 그 예를 들면,

- 원자량(atomic weight)
- 방실의(atrioventricular)
- 심방-공기방, 기문실, 기실, 심방, 위새강(atrium)
- 아트로핀(알칼로이드의 일종)-dl-하이오사이아민, dl-히오스시아민, 아트로핀(atropine)
- 부착X염색체(attached X-chromosome),
- 전사감쇠-감쇠, 감쇠작용,감약, 독감쇠, 독약화,약독화, 약화, 전사감쇠, 전사약화(attenuation)
- 자세, 태도-자세(attitude)
- 이형성(atypia)
- 청모(auditory hair)
- 청도, 이도-이도,청력관(auditory meatus)
- 심방,심이-꽃가루압착기, 심방(心房),심이, 염통방, 외이(外耳), 이상부(auricle)
- 청진(auscultation)
- 명명자-명명자, 저자(author)
- 자가항체(autoantibody)
- 자가항원(autoantigen)
- 자체촉매작용-자가촉매, 자가촉매작용, 자체촉매작용(autocatalysis)

---

27) 박형익(2000), 「국어사전에서의 전문용어의 정의와 분류」, 전문용어연구 2, 전문용언언어공학연구센터, p.111.

등이다.

이러한 용어들을 유형으로 다시 분류해 보면 아래와 같다.

우선 남북이 완전히 같게 쓰는 용어들로는 188개로서 기초대사(basal metabolism), 현무암(basalt), 염기조성(base composition), 염기쌍(base pair), 염기치환(base substitution), 기본수(basic number), 염기성단백질(basic protein), 호염기성염색질(basichromatin), 박쥐(bat), 강낭콩(bean), 곰(bear), 행동생태학(behavioral ecology), 베타인(betaine), 담즙산(bile acid), 2항분포(binomial distribution), 생물색소(biochrome), 아라키돈산(arachidonic acid), 아르기닌(arginine), 아자세린(azaserine), 바시트라신(bacitra- cin) 등이다.

남북에서 여러 가지로 사용되는 용어들 중에서 그 중 하나가 꼭 같은 용어들이 나타나고 있는데 그 수는 234개로서[28] 방부-방부, 방부법(antisepsis), 팔-완, 팔(arm), 꽃가루문혀주기, 인공수분-인공수분 artificial parthenogenesis, 명명자-명명자, 저자(author), 자체형광-자기형광,자발현광 autofluorescence, 자동,자동성-자동성(automatism), 아지드-아지드, 아지화물(azide), 세균포자-세균 포자,아포,포자(acterial spore), 띠-띠,밴드(band), 이상-변이, 이상(aberration), 무생물의-무생물의,무생물적,비생물적,생활력 결여의(abiotic), 절대온도-절대온도(absolute temperature), 보조색소-보조색소,안테나색소, 집광성색소(accessory pigment), 순응-순응,원근조절,조절(accommodation), 아라반-아라반,아라비난(araban), 아스피린-아세틸살리실산,아스피린(aspirin), 아지드-아지드,아지화물(azide) 등이다.

이것으로 보아 남북한 생물학 용어의 같은 점은 적지 않음을 보여 주고 있으며 이는 이후 남북한 생물학 용어뿐 아니라 기타 학술용어 표준화와 통일의 가능성을 시사해 주고 있다.

남북한의 생물학 용어에는 다른 용어들도 나타나고 있다. 남북한은

---

28) 꽃모양그림, 화상도-안토그람, 화상도(anthogram), 꽃모양그림, 화상도-안토그람, 화상도에서 "−"의 앞 부분의 용어가 북한용어이고 뒤 부분의 용어가 남한용어임. 아래도 이에 준함.

분단이 되기 전까지 같은 역사 배경과 사회환경을 가졌기 때문에 언어 표현이나 낱말의 정의가 같았다. 그러나 거의 반 세기동안 교류가 없었고 표준말의 기준과 정치 사회적 환경 등이 달랐던 탓에 언어에서도 차이가 벌어지기 시작한 것이다.[29]

생물학 용어에서 보면 서로 다르게 사용된 용어가 약 57,8%를 점하는 것으로 보인다.

Acidity(산성-산도), activity(활동도-활동성, 활성), aerial(기생의-기생, 기중의), aerial hypha(공중균사-기균사, 기생균사, 기중균사), aerial leaf(공중잎-기중엽), aerobic culture(호기성배양-호기배양), air duct(숨길-기도), alloheteroploid(이질이수체-동종이수체), amniotic fold(양막주름-양막습), anaxon(무축삭세포-무축삭신경), animalization(동물질화-동물극화), antipode(대장체-반족세포), autacoid(국소호르몬, 오타코이드-국소호르몬, 오우타코이드, 오타코이드), avidin(아비딘-애비딘) 등이다.

남북한의 생물학용어의 다른 점을 다시 분류하면 두음법칙의 차이로 이루어진 것, 외래어 표기법의 차이로 이루어진 것, 고유어, 한자어, 외래어의 사용의 차이로 인하여 다른 것, 문법적형태의 사용으로 다른 것 및 기타 표현으로 다른 것으로 나눌 수 있다.

우선 두음법칙으로 다른 용어들은 38개이다.

나이, 년령-연령,피도,피복도(age), 로화의, 낡아지는-가령, 노화(aging), 뇨경-요막병(尿膜柄), 요막자루(allantoic stalk), 오줌막, 뇨막-요막(尿膜, allantois), 리타행동-이타행동(altruistic behavior), 룡연향-용연향(ambergris), 량면행동,이중행동-양면행동(ambivalent behavior) 등을 들 수 있다.

다음으로 서로 다른 외래어 표기법으로 다른 용어는 72개로써 예를 들면 흡수스펙트르-흡수스펙트럼(absorption spectrum), 아세톤-부타놀발효-아세톤-부탄올 발효, 아세톤-부탄올발효(acetone-butanol fermentation), 산성포

---

29) 정의혁(1996), 「북한의 학술용어」, 남북한의학용어 대한의사협회, p.11.

스파타제-산성인산가수분해효소,산성 포스파타아제(acid phosphatase), 아크롤레인,아크릴알데히드-아크로레인(acrolein), 방선막대균,악티노바칠루스-악티노바실루스(actinobacillus), 악티노미찐(항생물질의 일종)-악티노마이신(actinomycin), 악티노트로카유생(비자루벌레류의)-방륜자,액티노츠로카(actinotrocha), 작용스펙트르-작용스펙트럼(action spectrum), 활성화에네르기-아레니우스의 활성화에너지,활성화 에너지(activation energy), 아실라제-아미노아실라아제, 아미다아제, 아살라아제, 아실라아제, 아실아미노산아미다아제(acylase), 아데나제(가수분해효소의 일종)-아데나아제, 아데닌 탈아미노화효소, 아데닌탈아미노효소(adenase), 아데닌데아미나제-아데나아제, 아데닌 탈아미노효소(adenine deaminase) 등이다.

북한에서는 분단 이후 수령과 당의 지도 하에 문화어 순화사업을 끊임없이 진행하여 많은 한자어, 외래어를 고유어로 만들었는데 학술용어도 예외가 아니었다. 때문에 생물학 용어에서도 한국보다 고유어를 더 많이 쓰는 형편이어서 이러한 원인으로 남북한 용어가 달라지는 생물학들이 보인다.

숨길-기도(air duct), 양막주름-양막습(amniotic fold), 아세틸콜린받개-아세틸콜린수용체(acetylcholine receptor), 종자집덮개-내피외층, 암피테시움, 자낭반벽(amphithecium), 뼈도드리,뼈끝부-골기,골돌기,아포피시스,융기부,지낭,후구음편(apophysis), 세포죽음-세포자살,아폽토시스(apoptosis), (몸너비-체복(體輻), 체폭(antimere), 역꿈틀운동-역연동(antiperistalsis), 꼭대기띠-정단고리(apical ring), 부동짝씨-부동배우자(aplanogamete) 등이다.

북한은 남한보다 고유어를 많이 쓰는 실정이지만 근대의 대부분 학술용어들은 일본어 한자어에서 인입되었기에 이것을 모두 고유어로 옮긴다는 것도 불가능한 일이다. 하여 생물학 용어에도 상당한 수의 한자어가 쓰이고 있으며 이러한 용어도 그 표현이 다름으로 하여 남한의 생물학 용어와 다른 것들이 적지 않다.

자체소모,자식-자가소화작용,자기소화,자기탐식,자식작용(autophagy), 자체산화-자가산화,자동산화(autoxidation), 무축삭세포-무축삭신경(anaxon), 동물질화-동물극화(animalization), 절족동물-절지동물(arthropods), 청각반-청반(auditory macula), 자체응집-자가응집(반응),자발적 응집반응(autoagglutination), 비접합체-단위포자,비접합자,위접합자(azygote), 염기탈락-염기결실(base deletion), 생체촉매작용-생체촉매반응(biocatalysis) 등이 바로 그런 실례이다.

여기에서 '자체-자가, 자기, 자발', '세포-신경', '질화-극화', '절족-절지', '접합체-접합자', '탈락-결실', '작용-반응' 등은 같은 한자어라고 하지만 서로 다른 용어들로 쓰고 있는 예들이다.

외래어의 사용을 보아도 남북한이 서로 다른 특징을 보이고 있는데 한국은 북한보다 외래어를 많이 사용하고 북한은 외래어 대신 한자어나 고유어를 많이 쓰는 실정이다.

예를 들면 염색체가로무늬-밴드(band), 악틴섬유-액틴필라멘트(actin filament), 신상선피질호르몬-코르티코스테로이드, 음이온통로-음이온채널(anion channel), 억균항체-아블라스틴(ablastin), 초산염-아세트산염(acetate), 초산-아세트산(acetic acid), 초산화-아세트화작용,초화,초화작용(acetification), 정자선단형성체,원정체-아크로블라스트,첨단모체(acroblast), 피리독신-아데르민(adermin), 나이군-에이지그룹(age group), 초미립자-아미크론(amicron), 비원형질체-아포프라스트,아포플라스트(apoplast) 등이다.

생물학 용어에서 북한도 외래를 사용을 하지 않는 것은 아니다. 반대로 한국에서 한자어를 쓰는데 반해 북한에서 외래어를 쓰는 예들도 적지 않게 나타나고 있다. 안티코돈고리-역코돈고리(anticodon loop), 알로스테리효과인자-다른자리입체성효과자(allosteric effector), 알로스테리저해제-다른자리입체성억제자(allosteric inhibitor), 암버코돈-암버 유전암호(amber codon), 아미노펩티다제-아미노말단펩티드가수분해소, 아미노말단펩티드가수분해효소(aminopeptidase), 아스페르길루스병-고지곰팡이병, 국균증, 아스퍼질로스 곰팡이증, 아스페르길루스증(aspergillosis), 아포감수분렬-비감수분열,아포마이오시스(apomeiosis), 아포크린의-돌기분비의(apocrine), 아트로칼유생-무륜형유생(atrochal larva), 자양성박테리아-자기영양균(autotrophic bacteria) 등은 바로 그러한 예들이다.

그밖에도 단어결합으로 이루어진 생물학 용어를 보면 문법적 형태나 기타 수식형태의 결합으로 다르거나 또는 기타 표현이 다른 용어들도 나타난다. 예를 들면 비생물합성-비생물적합성(abiotic synthesis), 비염색성의-비염색질, 색수차가 없는(achromatic), 항산성세균-항산균(acid-fast bacteria), 적응적수렴-적응수렴(adaptive convergence), 축을 향하는, 향축성의-향축성(adaxial), 상가적효과-첨가효과(additive effect), 상가적인자-상가인자, 첨가요인(additive factor), 첨가유전분산-상가적 유전분산, 첨가적유전분산(additive genetic variance), 적합한 자극-적당자극, 적합자극(adequate stimulus), 호기성발효-호기발효(aerobic fermentation), 호기적당분해-호기성해당(aerobic glycolysis), 항체친화력-항체의 친화성(affinity of antibody), 농업생물학-농생물학(agrobiology), 충적의-충적(alluvial) 등 용어에서 '-적, -성', '의, ㄴ' 등이 단어들 사이에 개재된 형태소들이다.

남북한 생물학 용어의 일부는 완전히 표현을 달리하여 달아졌는데 류산의, 락태의-발육부전, 불임성(abortive), 대장체-반족세포(antipode), 농마Q체-녹말체,백색체, 아밀로플라스트, 전분체, 전분형성체(amyloplast), 탄저막대균-탄저균(anthrax bacillus), 기체교질-기교질,에어로솔,연무질(aerosol), 무색의-비염색질,색수차가 없는(achromatic) 등 용어들이다.

이상과 같이 남북한 생물학 용어는 여러 원인으로 같은 점과 다른 점들이 나타나고 있는데 우선 먼저 남북한 생물학 용어의 같은 점과 다른 점들을 명확히 분석하는 작업은 용어의 표준화와 통일을 기하는데 있어서 우선 하여야 할 작업이다.

5.2. 생물학 용어의 형성 원칙

20세기 초 과학기술의 신속한 발전과 함께 국제적인 과학기술 교류가 활발히 진행되면서 전문용어에 대한 표준화와 규범화 사업은 아주 중요한 위치에 있게 되었다.

정확한 개념에 바탕을 둔 표준적 용어의 통일로 전문가간의 의사소통은 물론이고 국민들간의 정보전달을 원활하게 해야 하고 나아가 전문용어의 한국어화에 의한 전문지식의 국산화로 국가 자생력 강화와 학문의 자생적 발전기반을 마련하며 국가표준에 입각한 전문용어 교환 형식을 갖추어야 한다는 것이다.[30]

생물학은 현대 과학의 기초과학으로서 현시대 우리들의 삶의 질을 향상하는데 매우 중요한 과학이다. 우리 민족에게 남북한의 풍부한 생물자원에 대한 바른 이해를 주고 생물학 지식에 대한 정확한 보급을 위해서는 반드시 표준화되고 통일된 생물학용어가 필요한 것이다. 남북한 생물학 용어는 여러 원인으로 적지 않은 차이를 보이고 있는데 반드시 전문용어 형성원리에 기초한 용어의 표준화와 통일 작업이 이루어야 한다.

우선 전문용어는 개념에 담아야 할 과학적 내용을 정확하고 적절하게 반영하여야 한다. 모호성을 가지거나 여러 가지로 선택의 여지를 가진 용어는 허용하여서는 절대 안 된다.

생물학에서 일반적으로는 세포막 상에 존재하는 어떤 구조를 갖춘 것으로서 세포에 존재하면서 세포 밖의 물질이나 빛 등을 선택적으로 받아들이는 물질의 총칭을 수용체(acceptor)라는 용어를 쓰고, 생물체의 몸의 일부가 떨어져서 새로운 개체를 만드는 생식법, 주로 하등 생물에서

---

30) 강현화(2001), 「전문용어의 표준화를 위한 유형분석」, 전문용어연구 2, 전문용어 언어공학연구센터, p.3.

이루어지는 생식법을 무성생식(agamogenesis)이라 하며, 꽃자루가 없거나 꽃자루가 짧은 꽃이 마디 사이가 길게 자란 꽃대 둘레에 많이 모여 붙은 것, 또는 꽃대 끝에 열매가 많이 맺혀 익은 것. 벼, 보리, 수수 등에서 볼 수 있는 물질을 이삭(ear)이라는 용어를 사용한다. 이러한 생물학 용어들은 모두 생물학 의 원리에 부합되면서 사물의 특성에 대해 매우 정확하게 적절하게 반영한 용어들이다.

자연 생태계를 구성하는 생물 요소의 하나. 에너지를 축적하여 무기물로부터 유기물을 합성하고 녹색 식물이나 독립 영양을 하는 광합성 세균, 화학 합성 세균 등이 여기에 속하는 생물을 생산자(Producer)라고 하는 용어도 용어의 정확성원리에 부합되는 용어이다. 만약 생산자(Producer) 대신에 녹색식물, 광합성 세균, 화학합성세균이라고 쓴다면 용어가 생물학의 과학 내용을 적절하고 정확하게 반영했다고 할 수 없는 것이다.

이와 같은 용어들은 생물의 가지고 있는 본질적인 특성을 아주 적절하게 반영하여야 한다.

학술용어는 반드시 중의성을 피면하고 단의성 원칙을 준수해야 한다. 전문용어의 생성에서 단의성(單意性) 원칙을 위반하면 용어 사용에서의 엄중한 오해를 가져올 수 있다. 때문에 새 전문용어를 만들거나 현유의 전문용어를 계통화 할 때 우선 반드시 하나의 개념에 새로운 술어를 달아주기 전 이 개념을 표시하는 다른 용어가 있는가를 먼저 찾아보아야 한다. 생물학 용어에서 폐에 출입하는 공기의 통로를 기도, 숨길(air duct)이라고 용어를 쓸 수 있고, 같은 지역에서 함께 서식, 발생을 하지 않는 것을 이소성, 이소적, 다른 곳(allopatric)으로 쓸 수도 있으며 어느 쪽으로도 기울어지지 않은 상태를 천평, 균형, 평형(balance)라고 할 수 있지만 전문용어의 단의성 원칙에 의하면 기도(企圖, 祈禱, 氣道, 棋道·碁道, 期圖)보다는 숨길을, 이소(泥沼, 貽笑, 二少, 異所)성보다는 다른 곳을, 천평(天平)보다는 균형이 전문용어로서는 더 적합하다.

일정한 특정 영역에서의 전문용어는 반드시 명확한 층차 구조 가운데 있어 공동으로 하나의 계통을 구성하여야 한다. 생물학용어의 명명에서 될수록 자체의 계통성을 가져야 하고 학술적 내용의 체계성을 표현하려면 이처럼 몇 개의 말마디단위를 중심으로 용어부류를 묶는 것이 필요하다. 예를 들면,

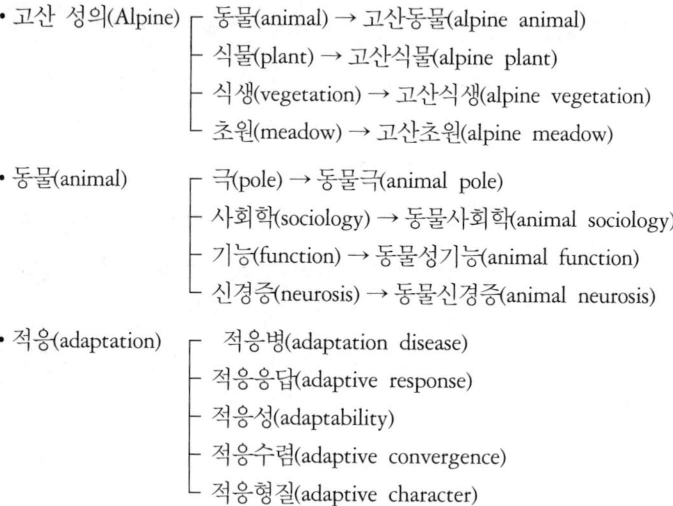

여러 갈래로 연관된 학술적 내용을 말마디의 연관으로 나타내는 이러한 특성은 전문용어의 고유한 특성으로 되며 따라서 이것은 용어의 높은 기능을 담보하는 우수성으로 된다.

북한 생물학 용어 꽃가루(pollen)를 중심으로 이루어진 용어들을 보면 꽃가루, 꽃가루4분자, 꽃가루덩어리, 꽃가루덩이꼭지, 꽃가루를 나루는, 꽃가루묻혀주기, 꽃가루받이작용, 꽃가루배양, 꽃가루분석, 꽃가루솔, 꽃가루실, 꽃가루주머니, 꽃가루집, 꽃가루집바깥벽, 꽃가루집배양, 꽃가루집안벽,꽃가루집 등이 있으며, 한국 생물학 용어 중간(intermediate)을 중심으로 이루어진 용어를 보면 중간 숙주,중간 기주, 중간 영양성,중간적

종속 영양균, 중간 키아즈마, 중간경필라멘트, 중간사, 중간섬유, 중간필라멘트, 중간습원, 중간잡종, 중간형 등 용어들이 쓰이고 있다.

이러한 생물학 용어들은 전반 한국어 생물학 용어들이 일정한 체계성을 이루고 있음을 설명하여 주며 생물학 용어를 만들 때 이러한 체계성 원칙도 준수하여야 한다.

모든 전문용어는 해당언어의 단어구성과 단어결합의 규칙을 준수하고 있다는 것이다. 한국어 일반 용어의 단어구성에서 합성법과 접사법이 가장 발달하였는데 이러한 규칙은 주로 명사로 된 생물학 전문용어에서도 마찬가지 적용되어야 한다.

남북한 생물학 용어를 보면

1) 합성법

절족＋동물(arthropods), 인위＋분류(artificial classification), 인공＋장기(artificial organ), 자낭＋포자(ascospore), 인공＋단위＋생식(artificial parthenogenesis), 보조＋색소(accessory pigment)

2) 접사법

① 접두사법

- 무－ : 무배우자종(agamospecies), 무변태(ametaboly), 무산소성균(anaerobe), 무생물의(abiotic), 무심장(acardia)
- 비－ : 비대칭(asymmetry), 비염색질(achromatin)
- 항－ : 항호르몬(antihormone), 항혈청(antiserum), 항펩신antipepsin)

② 접미사법

- －화 : 활성화(activation), 아미노산화(amination), 산성화(acidification), 동물극화(animalization)
- －성 : 접착성(adhesiveness), 적응성(adaptability), 이형성(atypia), 친화성(affinity)

3) 접사 및 합성법

호기-성-세균(aerobic bacterium), 활성-화-효소(activating enzyme)

남북한 생물학 용어의 표준화와 통일에서 반드시 이러한 우리말의 단어 형성원칙을 준수하여야 한다.

전문용어는 간단하고 명료하여 읽고 기억하기 편리하여야 한다. 전문용어는 너무 길어서는 안 되며 긴 용어는 보편적으로 보급이 잘 안 된다. 여기에서 간명성은 늘 정확성과 모순을 가져오게 되는데 용어가 반영하는 특성이 많으면 많을수록 개념에 대한 표현이 더 완미하여 개념은 명확하나, 용어가 길어지고 사용의 불편을 가져온다. 때문에 전문용어의 사업에서 간명성과 준확성과의 관계를 잘 처리하여야 한다.

남북학 생물학용어에서 영어의 imbricate를 남에서는 기와모양, 기와모양의, 복와상(覆瓦狀)으로 북에서는 기와모양으로 겹쳐진,기와모양의으로 쓰고 있고 deep-sea ánimál를 남에서는 심해동물 북에서는 깊은 바다동물, 심해동물이라고 쓰며 allochthonous species를 남에서는 외래종, 타지성종으로 북에서는 생존장소를 옮긴 종이라고 하는데 용어의 간명성의 원칙을 준수한다면 고유어화라는 이유로 길게 풀어 쓸 것이 아니라 응당 기와모양, 심해동물, 외래종으로 한국의 생물학 용어를 따르는 것이 더욱 바람직하다. 앞으로 통일이 되었을 때 우리 용어의 통일은 어느 쪽의 것을 선택하는 과정이 아니라 우리에게 가장 알맞은 용어를 선택하거나 만드는 과정이 되어야 할 것이다.[31]

이외에도 생물학 용어는 기타 전문용어와 마찬가지로 근거성 원칙 즉 용어를 보면 뜻이 즉시 생각나는 용어, 사전적 정의를 보지 않아도 그것이 나타내는 개념이(적어도 부분적으로) 유추가 될 수 있는 투명성이 높은 용어를 만들어 내야 하며 용어가 자주 변하지 않는 온정성 원칙도 준수하여야 한다. 이와 함께 다른 언어로부터 도입된 차용어가 용어 형성의

---

31) 대한의학협회(1996), 『남북학의학용어』, 도서출판 아카데미아, p.6.

한 방법이기는 하지만 토착표현이 직접적인 외국어 차용어보다 우선적으로 선택되도록 하는 원칙도 지켜야 한다.

전문용어는 본 민족어의 말로 만들 때 모호한 의미가 적어진다. 남북한 생물학 용어에서 한 영어용어에 대응되는 여러 생물학용어가 있을 수 있는데 이때에는 우리말 용어를 우선적으로 수용하여야 한다. 일반어에 바탕을 두고 만들어진 학술용어는 본래의 일반적인 뜻과 용어들의 개념이 잘 어울릴수록 사람들은 자기의 언어의식을 통하여 용어가 나타내는 뜻을 더 뚜렷이 파악할 수 있다.[32]

몸너비-체복(體輻), 체폭(antimere), 젖떼기-이유(離乳, ablactation), 흡수털-흡수모(absorptive hair), 발가시-족극,족자,족침(aciculum), 뾰족한-급성, 예형, 예형의(acute), 물속군락-수생군집,수중군집(aquatic community), 물속식생-수중식생(aquatic vegetation), 밑바닥막-기박막,기저막(basilar membrane) 등처럼 대응되는 여러 용어가 있을 때는 될수록이면 고유어로 된 몸너비, 젖떼기, 흡수털, 발가시, 뾰족한, 물속군락, 물속식생, 밑바닥막으로 써야 하는데 이러한 원칙은 북한이 잘 준수하였다.

전문용어가 외국어에서 먼저 정립되는 실정에서 외국어에 대응되는 우리말 용어를 구축하는 것 즉 모국어 선호도(preference for native language) 원칙을 지키는 것은 외래문화를 우리 문화로 이전하는데 아주 필요하며 민족의 자존심을 키우는데도 매우 의의가 있는 사업이다.

그러나 고유어를 쓴다고 하여 영어 abyssal zone에 대응되는 심해대를 깊은바다바닥대로, annual herb에 대응되는 일년초를 한해살이초본으로, antennal gland에 대응되는 촉각선을 더듬뿔선으로, avirulent에 대응되는 무독을 독성이 없는 것으로 풀어 쓰는 것은 용어의 간결성원칙에 부합되지 않는다.

이상과 같이 남북한 생물학 용어를 통일을 위해서는 우선 상술한 전

---

32) 정인혁(1996), 「북한의 학술용어」, 남북한의학용어, 대한의사협회, p.11.

문용어의 형성원리인 정확성, 단의성, 체계성, 간명성, 근거성, 모국어 선호도 등 원칙을 종합적으로 고려하여야 한다.

5.3. 남북한 용어의 표준화와 통일 방안

다양한 표현과 명칭은 한 공동체 구성원 간의 의사소통의 장애를 낳을 수 있다는 점에서 심각한 문제를 야기한다. 특히 전문 분야간의 교류나 학문연구에 있어서 이러한 용어의 불확실한 정립은 커다란 문제를 낳을 수 있다.[33] 상술한 남북한 생물학 용어의 사용실태를 분석하고 용어의 제정원칙을 고찰한 정황에서 우리는 남북 생물학 용어의 표준화와 통일을 구체적으로 모색하여 보아야 할 것이다.

우선 남북한이 꼭 같게 사용하는 생물학 용어는 그대로 두고 쓰는 것을 원칙으로 하여야 한다. 예를 들면 흡착(adsorption), 호기성세균(aerobic bacterium), 아플라톡신(aflatoxin), 아가로펙틴(agaropectin), 응집반응(agglutination reaction) 등 용어들은 그대로 써도 무방하다.

남북한 생물학 용어에서 서로 대응되는 용어가 여러 개가 있을 때 같은 용어로 통일하여 쓰는 것이 바람직하다.

bacterial spore(세균포자-세균 포자, 아포, 포자) → 세균포자, band(띠-띠, 밴드) → 띠, amphiblastula(량포유생, 중공유생(해면동물의)-양역유생, 중공유생) → 중공유생, aberration(이상-변이, 이상) → 이상, abiotic(무생물의-무생물의, 무생물적, 비생물적, 생활력 결여의) → 무생물의, accessory pigment(보조색소-보조색소, 안테나색소, 집광성색소) → 보조색소, accommodation(순응-순응, 원근조절, 조절) → 순응, acid protease(산성프로테아제-산성 단백질가수분해효소, 산성프로테아제) → 산성프로테아제, acidification(산성화-변질, 부패, 산성화, 산패) → 산성화, acidosis

---

33) 이기용·시정곤(2001), 『정보지식혁명과 전문용어』, 전문용어언어공학연구센터, p.12.

(산혈증,산독증-산독증,산성혈증,산중독,산증,산혈증,아시도시스) → 산독증,   acorn (도토리,각두과-각두과(殼斗果),도토리) → 도토리, 각두과 등 생물학 용어가 바로 그런 예들이다.

일부 생물학 용어는 아라비아 숫자 및 약어로 된 알파벳 자모를 섞어 쓰는 경우가 있는데 이것을 한글자모로 쓰는 것보다 일관적으로 그대로 쓰는 원칙을 지키는 것이 좋다.

"triploid(3배체-3배체, 삼배체, 삼배체) → 3배체, triad(3분체-삼징, 삼징후) → 3분체, trisomy(3염색체성-삼염색체성, 트리소미) → 3염색체성, trisomic inheritance(3염색체형유전-삼염ㅅㄱ체전 유전) → 3염색체형 유전, trinominal nomenclature(3중명명법-삼명법) → 3중명명법, tertiary structure(3차구조 → 3차구조, 삼차 구조) → 3차구조, trigeminal nerve(3차신경-삼찰신경) → 3차신경, trimorp- hism(3형성, 3형성현상-삼형성) → 3형성, tetraploid(4배체-4배체, 사배체, 사배체) → 4배체, circular DNA(고리모양 DNA, 환상 DNA-고리모양 DNA, 고리모DNA) → 고리모양DNA, tris buffer(트리스완충액-tris 완충용액) → tris 완충용액, tRNA gene(티아르엔에이유전자, tRNA유전자-tRNA 유전자) → tRNA 우전자, UDP-glucose(UDP-클루코오스, 우리딘이인산글로코오스-유디피포도당, UDP포도당) → UDP 포도당"로 하는 원칙을 지켜야 한다.

단어결합으로 이루어진 남북한 생물학 용어에는 문법적 형태를 비롯한 기타 형태가 첨가된 용어들이 나타나고 있다. 한국어 한자어에서 일반적으로 명사와 명사가 결합될 때 앞에 명사는 수식성분이 되고 뒤의 명사는 피수식 성분이 되는데 이때 이들 사이에 다른 형태소를 첨가하여 수식형태로 표시할 필요가 없는 것이다. 전문용어의 간결성원칙에 의하면 이러한 보충적 형태소를 사용하지 않는 것이 더욱 바람직하다.

예를 들면 적합한 자극-적당자극, 적합자극(adequate stimulus) → 적합자극, 호기성발효-호기발효(aerobic fermentation) → 호기발효, 호기적당분해-호기성해당(aerobic glycolysis) → 호기성해당, 항체친화력-항체의 친화성(affinity of antibody) → 항체 친화력와 같은 용어들이다.

북한의 문화어 언어 정화사업을 진행하면서 많은 용어를 고유어화 한 점이 특징적이다. 이로 인하여 북한은 고유어를 많이 쓰고 이와 반면에 한국은 한자어나 외래어를 적지 않게 쓰는 실정이다. 하여 생물학 용어에서 남북한 차이를 보이고 있다. 이러한 원인으로 달라진 용어는 될수록 외래어는 적게 쓰고, 읽고 이해하기 힘든 용어는 될수록 고유어화 하는 것이 바람직하다.

- 고산풀판-고산초원(alpine meadow) → 고산초원
- 고산동토대-고산툰드라(alpine tundra) → 고산동토대
- 엇선잎-호생엽(alternate leaf) → 엇선잎
- 발판대판-보대판(ambulacral plate) → 발판대판
- 동종효소-알로자임(allozyme) → 동종효소
- 쌍감수체-암보셉터,암보셉토,양수체(amboceptor) → 쌍감수체
- 안티코돈고리-역코돈고리(anticodon loop) → 역코돈고리
- 알로스테리효자인자-다른자리입체성효과자(allosteric effector)
  → 다른자리입체성효과자
- 알로스테리저해제-다른자리입체성억제자(allosteric inhibitor)
  → 다른자리입체성억제자
- 암버코돈-암버유전암호(amber codon) → 암버유전암호

남북한 생물학 용어는 두음법칙 문제 및 외래어 표기문제로 다른 용어들이 상당히 많은데 통일된 철자법이 아직 이루어지지 않는 실정에서 이러한 용어를 함께 허용하여 쓰되 나중에는 하나로 통일하여야 한다.

우선 두음법칙의 예를 들면 린회석-인회석(apatite), 리생심피의-이생심피(apocarpous), 리생심피-이생심피성(apocarpy), 련립상눈-연립상눈, 연립상안, 연립안(apposition eye), 배렬,배치-배열,정리(arrangement), 련합중추-연합중추(association center), 련상기억-연상기억(associative memory, astigmatism)과 같은 예들이고, 외래어 표기의 예를 들면 아데닌데아미나제-아데나아제, 아데닌탈아미노효소(adenine deaminase), 아데노비루스-아데노바이러스(adenovirus), 아데닐산염-아데노신일인산, 아데닐레이트,아데닐산(adenylate), 아데

닐산시클라제-아데닐산고리화효소, 아데닐산시클라아제(adenylate), 아데닐산키나제-미오키나아제, 아데닐산키나아제(cyclase adenylate kinase), 흡착크로마토그라프법-흡착크로마토그래피(adsorption chromatography), 친화성그로마토그라프법-친화성크로마토그래피(affinitychromatography) 등과 같은 용어들이다.

외래어를 발음에 따라 표기할 경우 남한에서는 영미식 발음체계에 따라 표기되는 경향이나 북한에서는 아직도 독일어 발음체계를 사용하고 있으며 특히 러시아어 발음체계에 따른 표기가 많다는 것이다.[34] 남북학 생물학 용어의 외래어 용어의 표기가 같은 것들이 적지 않다. 외래어 표기법의 같은 점과 다른 점을 더 정확히 잘 분석하고 철자법의 통일과 함께 음차표기의 통일을 기하여야 한다

조선어 한자음이 다름으로 하여 다른 용어 폐포의-폐포의(alveolar), 홍문의-둔맥, 항문의(Anal), 홍문선-종장선, 직장선, 항문샘, 항문선(anal gland), 홍문관-항문관(anal tube) 등 용어들도 그 사용의 실태를 잘 분석하고 표준화와 통일의 원칙에 의해 하나로 쓰는 것이 바람직하다.

5.4. 남북한 생물학 용어 통일 기대

국가 간의 정확한 의사전달을 위하여 외국 용어와 한국어 용어와의 대응 체계가 이루어져야 하기 때문이다. 이와 더불어 남북한 및 언어통일 차원의 전문용어 통일화 작업도 꼭 필요한 사업이다.[35]

아래 남북한 생물학 용어의 형성원리와 구체적 통일 방안에 따라 아래와 같이 표준화와 통일을 기대하여 본다.

---

34) 민득영(1996), 「남북한기초의학용어비교」, 남북한의학용어, 대한의사협회, p.28.
35) 이기용 · 시정곤(2001), 『정보지식혁명과 전문용어』, 전문용어언어공학연구센터, p.14.

북한용어	한국용어	통일방안	영어용어
가속적발생	급속발생, 응축, 촉진발달, 축합	가속발생	achygenesis
가속제, 촉진인자	가속기, 촉진제	가속제	accelerator
가스선(물고기의)	가스샘	가스샘	gas gland
가슴관, 흉관	가슴관, 흉관, 흉관	가슴관	thoracic duct
가슴샘, 흉선	가슴샘, 흉선	가슴샘	thymus
가시	침, 침(針)	침	prickle
가시갑작변이	가시 돌연 변이	가시돌연변이	visible mutation
가시나무숲	가시덤불, 유극수, 유극수림	가시덤불	thorn forest
가시모양의, 가시가 있는, 가시가 많은	자상	가시모양	acanthoid
가시있는층, 유극층	가시층, 유극층, 유극층(有棘層)	기시층	stratum spinosum
가시질	가시질	가시질	acanthin
가시털	쐐기털, 자모, 자모(刺毛),	가시털	stinging hair
가시털, 털모양도드리	극모(棘毛), 모상돌기, 음경,키루스,포자각	가시털	cirrus
가역성	가역성	가역성	reversibility
가용성항원	가용성 항원	가용성항원	soluble antigen
가용성효소	용존효소	가용성효소	lyoenzyme
가운데가슴,중흉	가운데 가슴, 중흉(中胸)	가운데가슴	mesothorax
가운데가슴다리	중각, 중지	가운데다리	mid-leg
가운데세가닥뼈	메소트리에네	가운데세가닥뼈	mesotriaene
가지	가지나무	가지	eggplant
가지모양감각기	지상감각기(枝狀感覺器), 지상감기	가지모양감각기	aesthete
가지묻기	취목, 휘묻이	가지묻기	layering
가짜꽃	위화(僞花)	가짜꽃	pseudanthium

가짜뿌리	가근, 헛뿌리	가근	rhizoid
가짜뿌리체	가근, 가근체	가근체	rhizine
가축의, 거짓축의	가축(軸)의, 가축분지, 가축상, 교차지형	가축의	sympodial
각기둥층	각주층, 각질층, 능주층	각주층	prismatic layer
각두	각두, 빨판	각두	cupule
각막	각막	각막	cornea
각막수정체	각막경, 각막렌즈	각막수정체	corneal lens
각질비늘	각질인(角質鱗)	각질비늘	horny scale
각질성이발	각질치, 각치	각질치	horny tooth
각질세포	각화세포, 케라티노사이트, 케라틴세포	각질세포	keratinocyte
각질세포증식인자	케라틴세포 성장인자	각질세포 증식인자	keratinocyte growth factor
각질소, 케라틴	각질, 케라틴	케라틴	keratin
각질화	각피화, 큐우틴화, 큐틴화	각질화	cutinization
각피소, 쿠틴질	각피질, 쿠틴, 큐우틴, 큐틴, 큐틴질	각피소	cutin
각피층	각피, 각피층, 외각층	각피층	shell epidermis
간대성경련, 클로누스	간대, 클로누스, 혈병	클로누스	clonus
간문맥계통	간문맥계	간문맥계통	hepatic portal system
간보대(극피동물의)	간대칭면, 간폭	간대칭면	interradius
간상체 (척추동물시각세포의 일종)	간균, 간상, 간상균, 간상세포, 간상체, 간세포, 간체, 소절판	간상체	rod
간섭	간섭, 간섭	간섭	interference
간성, 사이성	간성, 간성, 겸성, 성간, 중간성,	간성	intersex
간십이지장사이막	간십이지장간막	간십이지작간막	hepatoduodenal ligament

간암,간종양	간세포암,간암	간암	hepatoma
간염	간염	간염	hepatitis
간염비루스	간염 바이러스	간염바이러스	hepatitis virus
간장	간,간장	간장	liver
간장의	간장색의	간장의	hepatic
간접발육	간접발생	간접발생	indirect development
간접분렬	간접분열	간접분렬(열)	indirect division
간접핵분렬	간접핵분열	간접핵분렬(열)	indirect nuclear division

5.5. 맺는 말

지금까지 남북한 생물학 용어의 사용실태를 조사하고 생물학 용어의 형성원칙 및 그 표준화와 통일을 기대해 보았다.

우선 남북한은 옛적부터 생물학 용어를 구축하고 사용하여 왔으나 6·25 이후 교류가 단절되고 서로 다른 사회제도와 언어 정책으로 생물학 용어용어에도 서로 다른 특성들이 나타난다. 이는 남북한 생물 자원에 대한 올바른 이해 및 과학기술 교류와 이후 남북통일에 많은 문제점을 가져온다.

다음으로 전문용어의 형성원리를 잘 인식하고 생물학 용어의 형성에서도 정확히 적용하여 바르고 통일된 우리말 생물학 용어를 구축하여야 한다. 전문용어의 형성은 주로 본래 있던 용어를 결합하여 사용하거나 또는 외래어에서 차용하는 방법으로 이루어지는데 용어를 표준화하고 통일할 때 용어의 정확성, 단의성, 체계성, 근거성, 모국어화 등 형성원리를 종합적으로 고려하여야 한다.

그 다음으로 남북한 생물학 용어의 다른 점은 두음법칙에 의한 차이,

외래어 표기법에 의한 차이 등과 같은 철자법 차이와 고유어와 한자어 외래어 사용에서의 차이 등을 나타나고 있다. 철자법의 차이로 형성된 서로 다른 용어는 남북한의 통일된 철자법을 기대하여야 하면 용어 사용의 차이에서는 주로 고유어를 많이 쓰고 알기 힘든 한자어와 외래어는 정리하여야 하며 외래어 용어는 제때에 우리말로 옮기는 작업도 진행하여야 한다.

　마지막으로 남북통일을 대비하여 전문용어에서 생물학 용어뿐 아니라 기타의 과학기술용어들도 분석하고 남북한 용어의 표준화와 통일사업을 하여야 한다.

3 남북한 언어 고찰

1. 남북한 언어 및 중국조선어에 반영된 문화

우리들은 일상생활에서 말이라는 도구를 사용하여 서로 간의 교제를 진행한다. 말은 우리가 늘 마시는 공기와 같아서 좀처럼 우리 곁을 떠나지 않으며 우리들의 일상생활과 밀접한 관계를 가지고 있다. 공기가 있으면 모르다가도 없으면 우리가 죽는 것과 마찬가지로 우리에게 말이라는 이 존재가 없으면 우리들이 인간답고 참다운 삶을 누린다는 것은 더 말할 나위도 없는 사실이다.

우리는 말로서 우리가 쌓아 놓은 문화를 이어갈 뿐만 아니라 문화를 창조하는 것이다. 즉 말이라는 도구로서 문화라는 실체를 창조하는 것이다. 때문에 언어에는 알게 모르게 문화가 비쳐져 있는 것이며 서로 다른 언어에는 각이한 문화가 반영되어 있으며 서로 다른 문화는 그들의 언어에 의해 표현된다.

우리말은 본래부터 지역적 변종인 6개의 방언구역으로 나뉘어져 있었고 또 6·25 이후부터 지금까지의 남북이 분단된 지 약 반세기의 역사를 가지고 있는 이 시점에서 말의 차이가 있는 것은 불 보듯 환한 사실이고 또 해외에 사는 500만 동포들의 언어도 한반도의 언어와 완전히 같은 것만은 아니라는 점도 명시하여야 한다. 그것은 그들이 서로 다른 지역에 살고 있고 서로 다른 사회제도에서 많게 적게 색 다른 문화를 간직하고 있기 때문이다.

필자는 여기에서 남북한 언어가 완전히 이질화가 되었다는 점에서 아니라 표준어, 문화어, 그리고 중국조선어까지 포함하여 그들의 차이점이 있다는 것을 인식하고 그들이 사용하는 언어적 차이를 통하여 서로 다른 사회적, 지역적 문화의 모습을 약간이나마 고찰하려고 한다.

1.1. 문화와 언어의 관계

현대사회에서 우리들은 살면서 늘 세계문화, 거주문화, 음식문화, 회사문화, 외국문화, 한국문화 등으로 문화라는 말을 늘 쓰고 있다. 여기에서 우선 먼저 문화(culture)란 무엇인가를 집고 넘어 가야 하겠다.

지금까지 세계 여러 나라 인류학자뿐 아니라 언어학자들까지도 자기의 견해에 따라 문화에 대한 정의를 여러 가지로 내리고 있다.

가장 일반적으로 많이 인용되는 정의로는 영국의 인류학자 E.B. 타일러에 저서 『원시문화 : Primitive Culture』(1871)에서 문화란 '지식・신앙・예술・도덕・법률・관습 등 인간이 사회의 구성원으로서 획득한 능력 또는 습관의 복합적 총체'라는 정의이다. 위슬러(C. Wissler)는 문화는 '학습을 통해 획득한 행위'라고 정의하였으며 인류학자 말리노프스키(Malinowski)는 문화를 세대에서 세대로 전승되는 '사회적 유산'이라고 정의했다.

문화에 관심을 가지고 있는 한국의 한 학자는 '문화는 대체로 유형적인 것과 무형적인 것으로 분류할 수 있을 것이다. 우선 유형적이라고 하면 과거와 현대의 모든 문화유적을 포함해서 예술 문화 혹은 일상적인 삶의 도구 등이 여기에 해당될 것이다. 반면 무형적이라고 함은 종교사상이나 유형적인 문화 밑에 깔려 있는 원리가 포함됨은 물론 사람들이 견지하고 있는 세계관이나 가치관, 인간관, 시간관 등이 대단한 중요한 부분을 이룬다'[1]고 하였다.

우리들은 태여 나서 지금까지 늘 문화 속에 살고 있을 뿐 아니라 끊임없이 문화를 창조하고 있는 것이다.

우리가 사용하는 언어도 역시 문화의 한 부류로서 언어를 일종 문화의 전달매체라고도 말하고 있다. 언어는 민족과 불가분의 관계에 있다는 사실과 언어학은 민족학과 접촉하는 면에서 언어의 역사와 인종의 역사, 또는 문화의 역사와는 밀접한 상호 관계에 있다는 사실을 간과해서는 안된다는[2] 것이다.

우리는 문화와 언어와의 관계에서 언어에는 그 언어를 사용하는 민족의 문화가 반영되며, 서로 다른 문화의 영향 하에 언어에도 역시 자체의 특성을 갖는다는 즉 문화와 언어는 불가분의 관계에 있다는 결론을 도출해 낼 수 있다.

더 나가서 문화어, 표준어, 중국조선말에는 이들 나름대로 각기 서로 다른 자체의 사회 문화적 현상이 침투되어 있다는 설도 제기할 수가 있다.

1.2. 문화어, 표준어, 중국조선어에 대하여

문화어, 표준어를 통해 이들의 문화적 현상을 고찰하기 전에 우선 문화어와 표준어란 무엇이고 중국조선말은 어떤 것이며 각기 다른 특성을

---

1) 『한국문화와 한국인』, 국제한국학회 지음, 사계절, 1998년.
2) 박병채(1996), 『국어발달사』, 세영사, p.12.

간략하여 알아본다.

세계에서 우리말을 제일 많이 쓰는 지역은 한국, 조선, 그리고 중국이라고 할 수 있다. 이것은 한국, 조선, 중국에서 쓰는 말은 세계의 한국어(조선어)에 대하여 매우 큰 영향을 주고 있다는 것을 설명해 주며 세계 한국어의 발전을 지배한다고 할 수 있다.

19세기말부터 20세기 초에 이르러 한반도에는 자본주의가 흥성하여 교통, 통신 사업이 매우 큰 발전을 가져왔고 이시기 각지에서는 민주운동과 애국계몽운동이 활발히 일어났다. 이 시기인 1933년 조선어학회에서는 『한글맞춤법통일안』을 발표하고 1936년에는 『조선어표준말모음집』을 간행하였는데 이것은 한국어표준의 확립을 표시해 준다. 이로부터 우리말은 통일적인 표준어로 되었고 이 시기부터 형태주의를 기초로 한 맞춤법이 있게 되었는데 이 맞춤법이 현행 맞춤법의 기초로 되었다. 이시기 한반도의 언어와 중국조선족이 사용하는 말의 표준은 완전히 같으며 단일성의 특성을 나타낸다.

한반도는 1945년부터 북위 38도선을 기준으로 하여 남북으로 분단된 후 남과 북은 서로 다른 사회제도를 실행하면서 내왕이 단절되고 생활환경이 달라져 언어사용에서 점차적인 차이가 생겼다. 그것은 언어 표준만 보아도 알 수 있듯이 한국은 '교양 있는 사람들이 두루 쓰는 현대 서울말'로 표준으로 정하고 언어생활을 진행하여 왔다면, 조선은 '혁명의 수도 평양 말을 기초로 하여 문화어'로 언어생활을 진행하였다. 그리고 남북은 각각 자체의 실제에 따라 조선어규범을 정하였기 때문에 반도의 남북의 언어는 차이가 생기게 되었다.

한국에서는 '조선말표준말모음집'을 표준으로 줄곧 사용하다가 '한글맞춤법통일안'을 수정하여 새로운 '한글맞춤법'(1988년)을 반포하면서 자체의 언어의 기준이 따로 있게 되었다.

조선은 '조선말표준말모음집'을 표준으로 언어생활을 진행하다가 '조선어맞춤법'(1954년)을 반포하였다. 그 후 조선에서는 『조선어사전』(1966

년), 『조선말규범집』(1966년), 『조선문화어사전』(1973년), 『현대조선말사전』(1981년), 『조선말규범(맞춤법, 띄어쓰기, 문장부호, 표준발음법)』(1988년), 『조선어대사전』(1992년) 등을 편찬하면서 조선어표준어기초가 많이 변하였다. 이에 따라 반도의 남, 북의 언어 규범의 차이가 많이 생기게 되었다.

중국조선족은 1977년까지 조선의 표준을 그대로 따랐으며 자기의 특색이 별로 없었다고 할 수 있다. 1977년 후 조선말표준발음법, 조선말맞춤법, 띄어쓰기, 문장부호, 조선말명사술어규범화원칙, 외래어표기법, 외국어표기법 등이 연속 제정하고 반포하였다. 여기서 외국어표기법과 외래어표기법을 제정할 때에 조선의 표기법을 기본으로 따르면서 한국의 표기법을 참조하였다. 그러나 어휘규범화는 완전히 다른데 그것은 단어의 의미에는 중국조선족의 특성이 있기 때문이다.

총적으로 광복 이전에는 표준말, 문화어, 중국조선말이 규범에서의 구별이 없다가 광복이후 조선반도가 남북으로 분단되면서 서로 다른 규범을 쓰게 되고 특히 서로 간의 내왕이 단절되고 서로 다른 철자법을 사용하면서 이질화가 심해졌다고 할 수 있다.

그럼 아래 북과 남 그리고 중국에서 사용되는 문화어, 표준어, 중국조선말을 예를 들어 본다.

- ● 조선에서 쓰는 말들
  ① 어휘 : 의례원(접대원)동무, 고난의 행군(락원의 행군), 지도자, 아버지 원수님, 주체사상, 총동원, 선동원, 학습반, 배려식품 등
  지키다 : 보호하다, 옹위하다, 사수하다, 보위하다.
  명절에 관련되는 단어 : 태양절(4. 15), 4. 25(건군절), 9. 9(국경절), 당창건기념일(10. 10)
  ② 말마디 : 동원을 나갔습니다. 양각도에 단고기집이 있습니다.
  혁명전적지답사를 간다. 충성맹세 모임을 가진다.
  지금 얼음보숭이가 얼마지. 철수동지
  ③ 구호 : 우리 식대로 살자!
  모두다 고난의 행군의 승리자가 되자!

천리마의 속도로 진군하자!
21세기태양 김정일장군 만세!
학습도, 생활도 모두 항일유격대의 식으로!
모두다 올해 공동사설에서 제기된 전투과업 높이 받들고 경제건
설과 인민생활 향상에서 새로운 앙양을 일으키자!

조선의 언론에 실린 문장의 예를 들어 보면 아래와 같다.

　# 조국통일범민족청년학생련합(범청학련) 제14차 공동의장단회의가
북과 남, 해외에서 모사로 진행되었다. 회의에서는 범청학련의 지난해
운동정형을 총화하고 2004년 운동방향을 토의하였다. 회의는 지난해 범
청학련이 광범한 청년학생들과 함께 민족의 자주권과 존엄, 평화를 수
호하기 위한 반미투쟁을 힘차게 벌려 반미자주, 민족공조를 막을수 없
는 시대의 흐름으로 되게 하는데서 선봉적역할을 한데 대하여 지적하였
다(평양 2004년 2월 25일발 조선중앙통신).

● 한국에서 쓰는 말
　① 어휘 : 귀성길(귀경길), 구정(신정), 한진택배, 보신탕, 태권도학원,
　　청문회, 인수위원회, 콤플렉스, 와이프, 코미디언, 와인, 불법체류,
　　퀵-서비스 등
　　바꾸다 : 개변하다, 변하다. 개선하다, 돌리다.
　　명절과 관련된 단어 : 추석(음력 8. 15), 광복절(8. 15), 성탄절(12.
　　25), 빼빼로선물, 발렌타인데이(2. 14 여자 → 초콜릿), 화이트데이
　　(3. 14 남자 → 사탕).
　② 말마디 : 백화점이 오픈했다. 오늘 내가 쏜다, 오늘 컨디션이 좋지
　　않다. 쇼핑간다, 골때린다야. 들어가세요(전화에서).
　③ 구호 : 시민 모두들 좋은 의견도 제기하고 상금도 탑시다.
　　모두 밥 먹고 힘냅시다.
　　우리 모두 커피 한잔으로 사랑을 물들입시다.
　　속내의를 입고 에네지를 절약합시다.
　　생각을 바꾸면 미래가 보인다.
　　아름다운 사람은 머문 곳도 아름답다.

한국의 언론에 실린 문장의 예를 들어 보면 아래와 같다.

　※ 불법 대선자금을 수사중인 대검 중수부(안대희부장)는 26일 한나라당에 수백억원대 대선자금을 제공한 혐의를 받고 있는 삼성그룹 이학수 구조조정본부 부회장을 이날 오후 비공개 소환, 조사할 예정이라고 밝혔다. 안대희 중수부장은 "이학수씨는 어제 귀국을 했고, 오늘 오후 출두를 할 것"이라며 "앞으로 여러 번 (검찰에) 와야 하고 김인주 구조본 사장도 필요시 부르겠다"고 말했다(한겨레신문 2004년 2월 26일 사회).

● **중국조선족이 쓰는 말**
　① 어휘 : 사회주의 시장경제, 세가지 대표, 사과배, 복무원(아가씨), 가정교사, 네가지 현대화, 개혁개방
　　명절에 관련되는 단어 : 3.8절, 로인절(8. 15), 9.3명절, 교사절(9. 10), 국경절(10. 1), 보름
　② 말마디 : 전화를 쳤습니다. 개장집에 갑시다. 오늘도 바쁩니까.
　　적삼을 안 입고 다니니? 아재 그 신발 얼마요.
　　양고기꿰을 먹으러 가자. 지금은 다리가 일 없습니다.
　③ 구호 : 지치주창건 50돐을 열렬히 경축한다.
　　당의 11기3중전회의 정신을 철저히 관철집행하자.
　　당의 16차 전국대표대회를 열렬히 축하한다.
　　한 쌍의 부부가 아이 하나만 낳자.

중국조선족 언론에 실린 문장의 예를 들어 보면 아래와 같다.

　#10일부터 시작된 을급팀련맹경기 8강전에서 서안안형원팀은 총성적 6 : 1으로 무순심무팀을 가볍게 꺾고 4강에 진입하면서 역시 4강에 진출한 연변팀과 갑급진출권을 놓고 판가름하게 된다. 갑급진급 200만원의 상금앞에서 이 팀은 긍정코 연변팀과 결사전을 벌릴것이다. 현재 이 팀에는 연변팀에서 4년간이나 뛴적있는 류일남선수(중앙공격수)가 주력으로 활약하고있는데 이번 경기에서 출전여부는 미결이다('연변일보' 2003년 11월 14일).

1.3. 문화어, 표준어, 중국조선어로부터 문화현상

한국말, 조선말, 중국조선말에는 지역적 특성들이 잘 나타나고 있다. 한국, 조선, 중국에 사는 조선족은 먼 옛적부터 한 피줄을 가지고 태어난 같은 겨레이지만 오래 동안 서로 다른 지역에서 살아 왔기에 그들의 말에는 지역적 특징들이 나타나고 있다. 이 말인즉 곧 바로 언어에는 지역문화가 나타난다는 것이다.

예를 들면 상대방에게 어느 지점으로 함께 가자고 청할 때

    a. 1) 차 한 잔 하러 가시지 않겠어요.
       2) 차 한 잔 하러 함께 갑시다.
    b. 1) 함께 가지.
       2) 함께 가디무(구개음화 현상)

위의 예에서 1)은 한국 사람들이 많이 쓴다면 2)는 주로 조선이나 중국에서 많이 쓴다고 할 수 있다.

그것은 1)은 문화적이고 완곡적 수법이라면 2)는 단도직입적이고 또 방언적 현상이라는 것이다. 특히 '아재, 가시아부지(가시엄마), 가슬, 지름, 아매(방언적 현상), 땐뻥상(랭장고), 추주처(택시)'와 같은 말은 중국조선족들이 전형적으로 쓰는 지방말들이다.

음식의 하나로서 '주로 메밀로 만든 국수에 차게 식힌 육수 또는 동치미 국물 따위를 말거나, 고추장으로 양념하여 비빈 음식'을 조선, 한국, 중국 등 지역에 따라 구두어에서 각기 '랭면, 냉면, 렁맨(冷面)'으로 서로 다르게 부르고 있다.

언어에는 사회의 신분적 관계의 특성들이 많이 나타난다. 우리말에는 말을 하는 사람이 말을 듣는 사람을 대우하는 표현하는 문법범주로서의

계칭(상대존대법)범주가 발달되어 있는데 이것도 세 지방에서의 쓰임이 아주 특징적이라고 말할 수 있다.

한국에서는 많이는 비격식체 '-아요/-어요/-여요(식사 하셨어요)'와 '-아/-어/여(밥 먹었어)'가 쓰이고 격식체는 공식적으로 틀을 차려야 할 경우에만 많이 쓰인다. 비격식체는 사회에서는 물론 가정에서 더욱이 많이 쓰이는데 이것은 지금의 한국 가족제도가 몇 세대가 함께 살던 대가족으로부터 핵가족화가 되면서 점차적으로 가정에서 부부 간에 그리고 자식 간에 거리감이 그만큼 줄어들고 격식을 차릴 일정한 틀이 적어졌음을 말해 주는 것이 아닐까고 생각된다. 이러한 가족에서 사용되던 높임법이 유추가 되어 사회에까지 미치지 않았나 생각된다.

조선에서는 격식체인 '-습니다, -오/소, -게, -라'가 많이 쓰이는 것으로 알고 있으며 '-요'체는 남성들은 기본 쓰지 않는 것으로 알고 있다. 이것은 또 그만큼 조선의 전반 사회가 한국보다 부모와 자식을 비롯한 상하 위계 관계를 더 명확하게 차려야 할 현실이고 옛날 유교적 대가정의 사회구조가 아직도 조선에 많이 남아있음을 암시해 주는 것이다.

중국 조선족의 말은 이것과는 조금 다르다고 보아야 한다. 그것은 예전에는 조선과 비슷한 점이 더 많이 있었다고 말을 하여도 과언이 아닐 것이다. 그러나 지금은 한국 사회와 많이 접촉하고 한국문화에 대한 선호로 한국말을 많이 따르려 하고 있는 형편이다.

우리말의 호칭을 보아도 남북한 그리고 중국조선말은 아주 특징적인 현상들이 나타난다. 특수한 예로 대학에서 사용되는 호칭 '교수, 박사'를 보아도 알 수 있다.

중국은 대학교에 취직만 하면 '강사, 부교수'를 거쳐 언젠가는 '교수'로 되는 것으로 되어 있다. 하여 나이 지긋한 대학교 선생님들에게는 '최교수'라 불러도 무방하다. 그러나 '박사'라고는 부르지 못한다. 박사는 아니지만 교수인 분들이 많기 때문이다.

한국은 대학에서 취직한 사람을 보편적으로 교수라고 부르기는 힘들다. 그분들은 많이는 '박사'이기에 '박사'라고 가장 쉽게 불러진다. 그것은 한국 사회에서 '박사'이지만 '교수'가 아닐 수 있는 사정을 많이 가지고 있기 때문이며 '교수' 밖에 '시간강사'나 '연구원'도 있기 때문이다.

조선에서는 '교수'거나 '박사'라고 부르지 않고 모두 '선생님'이라고 친근하게 부른다. 그분들의 말에 의하면 교수님이나 박사가 되기 전에 우선 친근한 '선생'이기 때문이라고 한다. 그리고 조선에서는 아주 늦게 퇴직할 때까지도 '교수'나 '박사'가 되기 힘들기 때문이다. 이것이 바로 남북한 그리고 중국의 대학 문화의 일면이라고 할 수도 있다.

우리들이 상점·기업체·기관 등에서, 그 이름·판매 상품 따위를 써서 사람들의 눈에 잘 띄도록 걸거나 붙이는 표지(標識)인 간판은 그 도시의 문화를 잘 표현한다고 하여도 과언이 아니다. 한국에 와 보면 제일 처음 느껴지는 것이 외래어가 많다는 느낌이 든다. 즉 지하철역, 도시이름 등은 한자어가 많은 반면에 일부 기관이나 상점, 음식점 등을 보면 'KISTI, 월 마트, 더글러스호프, 터데이상점, 홈쇼핑, 쓰리룸, 까르푸' 등 외래어가 상당히 많은 점이다. 이것은 한국이 외래문화에 대한 흡수가 정도가 아주 빠르며 이와는 달리 '시집못간 암퇘지갈비점, 가마솥따로해장국, 먼바다 생선집' 등과 같은 간판은 우리말의 따뜻한 정도 느끼게 되는 경우도 있다.

조선은 주로 한자어와 고유어 '인민문화궁, 인민대학습당, 부흥역, 전승역, 전우역, 유경상점, 평양상점, 모란봉상점, 사진관, 리발관, 도서관, 옥류관, 김일성경기장' 등으로 간판이 쓰였고 영어는 찾아 볼 수조차 없는데 이것은 조선이 한국에 비해 유교문화를 고집하고 외래문화 즉 자본주의 문화가가 많이 흘러 들어오지 않았음을 보여주며 이와 함께 그들의 외래문화에 대한 배타적 심리를 말해준다.

중국 조선족이 집중해 사는 연변은 중국문화, 조선족문화 및 외래문화의 집합으로 볼 수 있다. 간판을 한글과 중국어로 함께 쓰게 되어 있고 일부는 외래어로 쓴다. 간판은 우선 한글 크게 쓰고 다음으로 그 아래 중국어로 번역하여 나란히 쓴다. 예를 들면,

연변 제1백화상점, 국제무역청사, 진달래식당
延邊 第一百貨商店, 國際貿易大廈, 金達萊食堂

이것은 중국문화 속에 조선족문화가 굳게 자리잡고 있음을 나타내며 연변조선족자치주 조선어문사업위원회라는 정부기관에서 법으로써 우리말과 글은 지키고 잘 정리하고 있음을 말해 준다.

중국조선어는 조선반도의 조선어를 계승할 뿐만 아니라 중국에 맞는 조선어규범을 제정하여 중국조선족의 언어생활을 풍부하게 하였으며 중국특색의 민족언어생활을 개척하였다. 이로부터 중국조선어는 특이한 언어환경에서 조선반도의 조선어와도 공동성이 있고 또한 차이성도 있는 이중적인 특성을 나타내게 되었다.

이것은 한민족의 문화를 반영하는 언어는 다른 언어환경에서 본 민족의 보존할지라도 언어환경의 서로 다름에 따라 변이형식이 나타난다는 것을 말해준다. 중국조선어는 사회가 발전함에 따라 새 사물과 새 개념이 끊임없이 나타나서 언어로 하여금 교제의 요구와 중국의 실제정황에 적응되어 새로운 단어로 나타낼 것을 요구한다.

우리는 또 표준어, 문화어, 중국조선어 어휘를 통하여 대방에게 없는 문물, 사회제도 등이 있다는 것도 알 수 있다.

한국말의 '택배 회사, 치킨, 원룸, 인수위원회, 대통령, 청문회, 홈쇼핑, 퀵서비스', 조선말의 4월의 봄축제, 기념궁전, 총비서, 장군, 배려식품', 중국조선말에 '조선족자치주, 주장, 소수민족, 백산호텔, BC맥주, 부르하통하, 사과배' 등 어휘들은 모두 상대방에 없는 본 지방의 특징적인 문물 및 사회제도 등 색다른 여러 문화를 나타낸 말들이다. 우리는 상대방의 문물을 이해할 때 이러한 어휘들로부터 근거를 삼아야 한다.

1.4. 맺는 말

우리들은 말하면 우선 언어에 문화가 반영되어 있다는 것을 인식하여야 한다. 남과 북 그리고 중국에 사는 한민족은 본래부터 서로 다른 언어가 아니고 하나의 공통한 언어였으며 또 동일한 문화를 간직하고 있었다. 그러나 오랫동안 남북의 분단으로 인하여 상호 간의 교류가 막히고 서로 다른 사회제도로 인하여 서로 다른 문화 현상들도 보이고 있는데 이것은 그들이 사용하는 언어에 나타나고 있다는 점이다.

다음으로 우리가 문화를 인식할 때에 독서의 방법, 체험의 방법 등 여러 가지 방법이 있을 수 있지만 어휘 학습을 통해 문화를 인식하는 것도 바람직하다. 따라서 우리가 남과 북 그리고 중국조선족의 서로 다른 문화적 특징을 간직하고 있음을 인식할 때 여러 가지 방법이 있을 수 있으나 그들의 사용하는 어휘로부터 알 수 있다.

마지막으로 현세기 북과 남 앞에 나선 제일 큰 과제가 통일이다. 통일을 이루려면 우선 먼저 대방을 이해하고 대방과의 문화충돌을 피해야 하는데 그러자면 문화를 반영하는 그 대방의 어휘를 많이 습득하는 것이 바람직하다고 본다.

2. 광복 후 조선어 문법연구 흐름

광복 전 일제의 식민지 통치 밑에서 자기의 말과 글도 마음대로 쓰지 못하던 조선인민은 광복을 맞아 식민지통치의 멍에에서 벗어나 자기의 말과 글을 자유롭게 쓸 수 있게 되었고 그에 대한 연구도 활발히 진행되었다. 특히 조선 학자들이 말과 같이 조선로동당의 언어정책과 그 관철을 위한 당과 수령의 령도 아래 조선어를 사회주의 민족어의 전형, 문화어로 발전시키게 되어 조선의 문법연구도 전에 없었던 상태의 많은 성과를 거둔 것이다.

필자는 광복 후 조선에서의 문법연구에 관심을 가지고 그 연구의 역사를 몇 개 단계로 나누어 고찰하였다.

2.1. 식민지 잔재의 청산과 새로운 언어 연구

광복 전 조선은 일제의 식민지적 민족어 말살정책으로 하여 자기의 말과 글을 제대로 쓸 수가 없었으며 조선어연구도 민족 양심을 지닌 일부 애국적 언어학자들에 의해 부분적으로 진행되었을 따름이었다.

광복을 맞은 조선인민들에게 있어서 제일 처음으로 나선 문제는 문맹퇴치사업을 전 인민적운동으로 벌려나가며 한자사용을 폐지하고 언어규범화사업과 언어정화사업을 힘있게 벌려나가는 것이었다. 이러한 사업은 국가의 직접적인 지도 하에 집체적 연구로 진행되었기에 그 어느 시기보다 휘황찬란한 모습을 보였다. 조선어문법연구도 이러한 사업의 하나로 활발해 진행되었다.

1947년 2월 북조선 임시위원회 결정으로 '조선어문연구회'를 조직할 데 대한 조치를 취하였다. 이때 '조선어문연구회'는 조선어문의 연구와 보급, 조선어문의 통일적인 정화, 맞춤법의 개정과 규범문법의 작성 등을 주요과업으로 하였다. 1947년에 해방 전의 '한글맞춤법통일안'을 수정, 보충한 '표준말맞춤법사전'을 간행하여 출판물은 물론 인민들의 언어생활에도 규범으로 사용하도록 하였다.

1949년 '조선어문연구회'는 해방 후 처음으로 조선어에 대한 비교적 과학적이고 체계적인 분석에 기초하여 서술한 규범적인 성격을 띤 『조선어문법』을 편찬, 발행하였다. 이 문법은 언어 생활 속에 남아있는 일제의 식민지적 잔재를 청산하고 새로운 언어규범을 확립하는데서 일정한 역할을 하였다고 말할 수 있다.

『조선어문법』(1949)을 그 당시 "조선인민의 통일된 의사를 대표하는 인민공화국 중앙 정부가 수립된 현단계에 진정한 민족통일의 기초가 되는 자기의 언어와 문자를 더 한층 공고히 통일, 발전시키려는 지향에서 산출된 것인 만큼 그 곳에는 선구학자들의 모든 긍정적인 유산을 계승함과 동시에 선진 언어이론의 도달한 성과를 광범위하게 섭취하였으며 또한 언어리이론적인 면과 실천적인 면을 통일적으로 서술하기 위해 노력한 저서이다."라고 말하고 있다.

문법서는 문법의 내용을 전통적인 방식으로 어음론, 형태론, 문장론 세 부분으로 나누면서도 이 세부분의 상호 관계성과 문장론이 형태론에 대하여, 형태론이 어음론에 대하여 각기 가지는 우위성을 특히 중요시하였다.

어음론에서는 언어의 성음적 면을 연구하는 문법의 한 분과가 어음론이라고 하면서 발음기관과 그 조음, 어음과 문자, 어음의 분류, 문자와 음가, 음절, 어음의 고저와 장단, 어음의 결합적 변화, 음운, 정칙발음법 등으로 나누어 기술하였다. 가장 특정적인 것은 [u], [i]는 자음의 성격을 띠면서도 모음 [ㅜ], [ㅣ]와 가깝기 때문에 특히 반모음이라고 하다고 한 것이다.

어음과 문자에서는 두 가지 공동성과 차이성을 설명하고 나서 조선어의 자모체계에 'ㄹ(ㄹ변격)', '己(르변격)', 'ㅿ(ㄷ변격)', 'Y(변격)', 'ㆆ(ㅅ변격)'와 'ㅣ'의 여섯 개 자모를 끌어들였으며[3] 더욱이 특징적인 것은 종래의

---

3) 6자모는 'ㅣ', 'ㄹ(ㄹ변격)', 'ㆆ(ㅅ 변격)', 'ㅿ (ㄷ변격)', 'Y(변격)', '己(르변격)'이다. 여기서 컴퓨터로 입력의 원인으로 몇 자모는 정확히 적을 수 없다. 예를 들어 'ㄹ'의 웃 가로선이 조금 밖으로 나가고 'Y'의 윗부분이 'U'형태고 '己'도 아래 가로 선이 점이 없다.

'ㅘ', 'ㅙ', 'ㅝ', 'ㅞ' 등은 'u+a', 'u+ε', 'u+γ', 'u+e' 등으로 표기되므로 두 개의 문자가 합성된 것이며 따라서 자모가운데 들어오지 못한다고 하였다.

어음의 분류에서 단모음을 혀의 위치, 입을 여는 정도에 따라 나누고 자음은 조음양식과 위치에 따라 갈랐다. 자모와 음가에서는 매개의 문자와 그 음가, 매개의 음가와 그 표기의 두 가지로 가르고 서술하면서 전면적으로 도표를 붙였는데 이것은 아주 가치가 있다.

어음의 결합적변화에서는 동화와 이화로 갈라 서술하였고 동화의 방향에 따라 순행동화, 역행동화, 호상동화 ; 동화의 결과에 따라 완전동화, 부분동화 ; 동화의 거리에 따라 린접동화, 격리동화로 나눈다고 하였다. 음운에서는 당시의 선진적음운이론으로써 음운의 개념을 풀이하면서 음운과 음소가 다르다는 것을 밝혔고 음운과 그 변이(변종)도 옳게 갈랐으며 또 음운의 강한 위치와 약한 위치도 똑똑히 제기하였다.

형태론 부분에 어의 구성과 그 표기, 품사 등 두 부분으로 설명하였다. 의미 면에서 볼 때 허다한 어휘는 몇 개의 부분을 분할될 수 있으며 그 매개 부분은 일정한 의의를 지니고 있다고 하였다. 어휘적의미를 실질적의미와 파생적의미, 문법적의미는 파생적의미와 관계적의미로 나누는데 '저울질을, 풋잎사귀로'를 분석하면 어휘적의미와 관계적의미가 나타난다.

의미를 가진 최소의 단위, 다시말하면 그 언어를 사용하는 사람의 의식에 비추어 일정한 의미의 담당자로서 분해해낼 수 있는 어음 련속체 중의 최소의 단위를 형태부라 하였다. 실질적의미를 나타내는 형태부를 어근, 문법적의미를 나타내는 형태부를 접사라 한다면서 접사를 어사조성접사, 각종 관계적의미를 나타내는 접사를 형태조성접사(토)라 한다고 하였다. 토는 문장에서 관계적의미를 나타내며 한 어의 문법적의미는 단지 토에 의하여서만 서로 구별된다고 하였다.

매개의 어는 그 어휘적의미에 따라 서로 구별되나 한편 문법적관점에서 볼 때 많은 어가 동일한 부류로 합동될 수 있다고 하면서 문법적관점에서 어를 가장 크게 나눈 것이 품사라고 하였다. 품사는 크게 자립적품사와 보조적품사로 가르는데 자립적품사는 대상과 그 수량, 행동, 상태, 성질, 특성 및 행동이나 상태의 표식을 나타내는 것이고 여기에 명사, 수사, 대명사, 형용사, 동사 및 부사가 속한다고 하였다. 보조적품사는 그 자체가 자립이 되지 못하고 언제나 다른 자립적품사와 함께 씌여 이에 의미상 각종의 뉴앙스를 부여하는 것인데 조사가 여기에 속한다고 하였다. 따로 독특한 부류를 이루는 것으로 감동사가 있는데 감동사는 자립적품사에도 보조적품사에도 소속되지 않으며 감정, 행동 등을 표현할뿐 이를 명명하지 않는다고 하였다. 이렇게 형태론에서 여섯개의 자립적품사, 한개의 보조적품사 그리고 감동사 도합 여덟개의 품사가 있다고 하였다.

문장론 부분에서는 문장성분을 우선 주성분과 부성분으로 나누고 주성분에 주어와 술어, 부성분에 규정어, 동격어, 보어를 설치하고 특수형태에 따라 장면의 주어, 제시의 주어, 동종의 문장성분, 총괄어를 내왔다. 그 부분적 문장성분에 대한 정의를 보면 보어는 술어의 의미를 정밀화하는 어로서 술어로써 표현되는 행동의 객체와 행동이 진행되는 상황을 나타내는바 직접 객체의 보어, 간접객체의 보어, 전성의 보어, 장소의 보어, 장소의 보어, 시간의 보어, 원인 수단의 보어, 양태 정황의 보어로 나뉜다. 이는 보어와 상황어를 가르지 않는 표식으로 된다.

장면의 주어는 주어와 술어를 갖춘 문의 앞에 제시되어 진술의 장면을 규정하는 어이며 제시의 주어는 주어 앞에 주어 그 자체를 또는 주어에 대등한 어를 제시하여 주어를 강조하는 어이며 동종의 문장성분은 병렬관계로서 서로 련결된 둘 또는 그 이상의 문장성분이며 총괄어는 동종의 문장성분에 대하여 일반적 류개념을 나타내는 문장성분이라고 하였다.

이러한 문장성분을 보면

예 저는 <u>머리가</u> 아픕니다. (장면의 주어)
<u>백두산</u>, 이산은 민족의 성산이다. (제시의 주어)
철수는 <u>울면서 후회한다</u>. (동종의 문장성분)
<u>온갖 잡새가</u> 날아든다. 참새, 봉황새, 꾀꼴새, 종달새. (총괄어)

문장분류에서는 '구'라는 단위를 설정하고 내포문과 단순문, 단일문과 복합문을 각기 대응범주로 잡았다.

'구'는 '하늘이 맑다'와 같은 문이 '맑은 하늘'처럼 응축된 것으로서 규정어구와 부정형구('하늘이 맑다'가 '하늘이 맑음', '하늘이 맑기'와 같이 계칭이 확정되지 않은 형태)가 있는데 내포문은 구를 포함한 문이고 복합문은 어조상에서는 단일한 전체를 이루면서도 구성상에서 둘 또는 그 이상의 단일문으로 분할될 수 있는 문이다. 이러한 정의는 단일문과 복합문의 계선은 단일문의 수량에 있으며 '구' 단위와는 상관없다는 것을 말한다. 따라서 단순문과 내포문, 단일문과 복합문은 서로 결합될 수 있다.

예 이 강산에 봄이 찾아왔다. (단순단일문)
이 강산에 새들이 지저귀는 봄이 찾아왔다. (내포단일문)
이강산에 겨울은 가고 봄이 찾아왔다. (단순복합문)
이강산에 겨울은 가고 새들이 지저귀는 봄이 찾아왔다. (내포복합문)

이 시기 김일성종합대학 조선어학강좌와 조선어문연구회의 언어학자들은 언어학의 여러 분야에 대한 과학적인 연구를 진행하였다. 특히 조선어의 력사, 어음, 문법, 규범을 비롯한 언어학의 여러 문제들에 대한 주체적인 연구를 시도하여 우리말과 글의 민족적 특성을 밝히고 그 우수성과 풍부성을 보여주려고 하였다.

이 시기 김일성종합대학의 조선어강좌의 교원과 학자들은 선조들이 이룩한 언어학유산들을 발굴, 정리하고 체계화하여 『조선어사강독』(1953)을 편찬, 출판하였으며 조선어사, 조선어력사문법, 현대조선어(『조선어문법』, 박상준 1949), 『조선어문법』(김수경 1954), 『조선어』(리근영 1956)를 비롯한 조선어를 통시적 및 공시태적으로 연구하여 그 성과를 출판하기 위한 사업을 힘있게 밀고 나갔다.

조선어문연구회 과학이론지 『조선어연구』가 1949년 3월에 창간되었는데 여기에도 적지 않은 문법연구에 관한 논문들을 발표하였다. 예를 들면「조선말의 닿소리의 발음습관」(박상준), 「조선어음운론」(전몽수), 「조선어철자법기초」, 「송강가사연구」(한수암), 「룡비어천가에 보이는 삽입자모의 본질」(김수경), 「훈민정음의 음운조직」(전몽수), 「ㆆ音攷」(김종오), 「우리글의 가로쓰기」(리만규) 등을 들 수 있다.

이 당시 출판된 『조선어철자법』(1954)은 해방 후 약 10년 동안에 조선말에서 일어난 변화와 언어생활에서의 인민들의 지향을 반영한 과학적이며 인민적인 언어규범이라고 말할 수 있고 이에 따라 『조선어철자법사전』(1956), 『조선어소사전』(1956), 『조선어외래어표기법』(1956) 등 사전들도 나왔다.

총적으로 이 시기는 광복이후로부터 50년대 말까지인데 새 조선을 건설하는데 나서는 중요한 과업으로서 일제의 식민지적 잔재를 철저히 청산하고 민족문화를 개화, 발전시키는 시기였다. 조선어에 대한 많은 연구 그 중에서도 광복 후의 첫 과학문법으로서 소련의 언어이론을 토대로 하고 조선문법의 경험적 연구를 섭취하여 이루어진 『조선어문법』(1949)은 인민들의 언어생활에 남아있는 일제의 잔재를 청산하고 새로운 언어규범을 확립하는데 일정한 역할을 하였다고 말할 수 있다.

2.2. 주체의 언어이론에서 출발한 규범문법의 산생

60년대에 들어서면서 조선어의 어음, 어휘, 문법, 문체를 비롯한 언어학의 모든 분야들에 대한 연구는 주체를 튼튼히 세우고 그 연구성과들이 인민들의 언어생활과 사회의 언어규범화에 실질적 도움을 줌으로써 언어학이 사회주의 민족문화건설에 적극 이바지하도록 하기 위한 연구사업이 활발히 진행되었음을 알 수 있다.

우선 조선어문연구회가 펴낸 『조선어문법』(1949)이 가지고 있는 일련의 결함을 지적하면서 그 결점은 조선 말과 글의 특성에 맞지 않는 내용과 다른 나라의 문법을 교조적으로 받아들인 것이라고 하였다. 이 문법서를 "개별적인 일군들과 언어학자들이 공명을 추구하여 독단으로 만들어낸 '6자모'를 받아들여 고유한 우리 문자에 섞어쓰고 그 '문자'를 합리화하기 위한 설명까지 하였는데 이것이 이 문법의 치명적인 약점이다."라는 관점이다.

그 당시 '6자모'를 받아들여 문자개혁을 하면 북과 남의 조선사람들이 서로 다른 글을 쓰게 될 것이며 그렇게 되면 민족의 통일적 발전과 조국통일을 실현하는데 커다란 난관을 조성하게 될 것이라고 하였다. '6자모'는 또 나라와 민족을 영원히 둘로 갈라놓는 반민족적, 반동적 책동의 산물로서 절대로 허용될 수 없다는 뜻이다.

학자들 앞에는 하루 빨리 이러한 부족점과 결함을 가시고 새로운 과학적인 규범문법을 다시 편찬하여야 할 과업이 나섰다.

이러한 현실에서 언어학자들은 조선어의 구조를 연구하여 『조선어문법(1·2)』(과학원언어문화연구소 1960·1963), 『현대조선어(1·2·3)』(김일성종합대학조선어강좌 1961~1963), 『조선어문법』(김일성종합대학 1964), 『조선어문체론』(김일성종합대학 1964) 등을 출판, 발행했다.

『조선어문법(1·2)』을 예를 들어 그 당시 조선어규범문법을 살펴보면 아래와 같다. 어음론에서는 주로 말소리란 무엇이고 말소리의 갈래에는 어떤 것이 있으며 어음변화에는 어떤 것들이 있고 단어의 발음, 문장의 발음 등도 설명하였다. 여기 어음의 분류와 그 음가, 어음의 변화, 표준발음법 등을 중심으로 기술어음론의 각도에서 조선어 어음을 서술하였다.

음운이란 어음구조의 최소의 단위로서 언어의 유의미적단위의 성음적인 외피를 식별해주는 기능을 수행한다고 하였다. 그리고 언어행위 속에서 어음상호 간의 대비의 기능을 잘 나타내는 위치를 강한 위치, 그렇지 못한 위치 즉 대비적 기능이 마비되는 위치를 약한 위치라 하고 소여 언어에서 음운의 수란 곧 강한 위치에서 서로 대비되는 음의 총화를 의미하는 것인바 조선어의 음운 수를 모두 40개로 설정하였다. 현행 철자법을 사용하고 있는 자모를 그대로 사용하되 필요하다고 인정되는 어음들을 한하여 보충적인 발음기호를 사용하여 음가를 표시하였다.

음절론에서는 음절의 구성과 종류, 음절구분원칙, 어휘의 문법적구분과 음절구분 등에 대해 설명하였다. 어음의 변화에서 주로 단어의 발음을 중시하면서 절음과 련음, 어음의 동화, 모음조화, 어음의 탈락, 어음의 첨가, 된소리화, 거센소리화, 어음교체 등이 있다고 하였다. 이와 동시에 표준발음법의 개념과 그 실천적의의, 조선어의 표준발음법의 규범도 설명하였고 자모의 여러 위치에서의 발음도 설명하였다.

형태론에서는 우선 단어의 형태가 이루어지는 수법들을 연구하게 된다고 하면서 형태론은 언어의 어휘구성 가운데서 개별적 단어들의 구체적 의미로부터 추상되고 공통적인 표식들에 근거하여 통합된 단어들의 개별적 부류들, 즉 품사의 문제를 연구하게 되며 매개의 품사에 관련하여 그들의 문법적 특성이 발현되는 문법적범주의 체계를 고찰의 대상으로 삼게 된다고 하였다.

조선어단어의 구성에는 어근, 접두사, 접미사, 토 등 형태부(의미를 가지는 최소의 단위)들이 있고 토는 형태조성의 접미사와 마찬가지로 단어의 문법적 형태를 조성하는 형태부이며, 형태조성의 접미사와는 달리 단어의 문장론적 기능과 관련된 문제를 표현하는 점에서 그리고 문장 또는 단어의 결합에서의 단어들의 련계를 표현하는 점에서 차이점이 나타난다고 하였다. 즉 어근에 형태조성의 접미사가 붙은 것만으로는 그것이 문장에서 어떠한 성분으로 될지 모르나 어근에 토가 붙으면 그것이 바로 문장에서 일정한 성분으로 규정될 수 있다고 하였다.

　품사를 언어의 어휘 구성에서 어휘적 의미의 성격의 동일성, 문법적 범주의 구성의 동일성, 문장에서의 문장론적 기능의 동일성 및 단어조성의 유형의 동일성 등 일련의 표식의 총체에 의하여 합동된 부류이며 조선어 품사를 오랜 언어학적 전통과 많은 전문 학자들의 연구성과를 참작하여 여덟 가지의 품사 즉 명사, 수사, 대명사, 동사, 형용사, 관형사, 부사, 감동사로 나눈다고 하였다.

　여기에서 앞선 문법과 비해 보면 대상의 표식을 나타낸다는 단어의 부류 관형사가 더 설정되었고 조사를 품사에 소속시키지 않았었다. 이로부터 조선어의 문장론연구가 비약을 가져오기 시작하였는데 구조주의적 문법이론이 본격적으로 등장하여 문장성분과 단일문, 복합문의 획분에서 보다 이론적이고 보다 체계적인 분석을 가하여 과학적인 연구, 분석의 기반을 닦았다.

　문법에서는 문장성분을 단어들의 결합이나 접속의 형식에 기초하여 문장 속에서 발생하는 문장의 구성요소들 사이의 관계를 반영한 문장론적 범주라고 정의하였다.

　문장성분은 하나의 자립적 단어, 자립적 단어에 보조적 단어가 가첨된 것, 공고한 단어결합, 성구들로 이루어질 수 있다고 밝히어 우선 문장성분으로 되는 자료에 명확한 계선을 긋고 이에 토대로 문장성분을 주어, 술어, 규정어, 동격어, 보어, 상황어로 나누고, 특수형으로 동종의 문장성분과 총괄어, 제시어를 문장성분밖에 놓이는 것으로 삽입어와 접속어를 두었다. 의미적 분류로 보어와 상황어를 각기 세분화하여 보어를 직접, 간접, 대비, 전성, 상태, 조성, 국면, 인입, 자격의 보어로 나누고 상황어를 양상, 정도, 시간, 원인, 목적, 분량의 상황어로 나누었다.

　문장분류에서 주로 문장구조의 차이를 기준으로 단순문과 복합문을 갈랐는데 단순문은 문장으로서 자질 구조적 형식을 단 하나 가진 문장으로 그 이상 분해하면 문장으로서의 특성을 상실하는 문이고 복합문은 단순문의 구조를 둘 이상 이러 저러하게 연결되어서 하나의 문장을 이룬 문장으로서 이를 더 분해하면 둘 이상의 단순문 구조의 단위로 나누어지는 문이라고 규정하였다.

특수한 문장단위로 '구'(문장의 전체로써 어떤 문장성분의 단위로 되는 것)를 내와 '구'가 들어있는 문장을 복합문으로 다루었으며 복합문을 다시 결합복합문과 접속복합문으로 하위분류하고 접속복합문에 특수형으로 련접복합문을 갈라냈다. 여기서 말하는 결합복합문은 '구'를 가진 복합문이고 접속복합문은 문절과 문절의 련결이 접속의 형식을 취한 복합문이며 련접복합문은 문절과 문절이 억양에만 의존하여 이루어진 복합문을 가리킨다. 예를 들면 아래와 같다.

> 예 당신들이 속히 돌아오기를 우리는 몹시 기다렸소. (결합복합문)
> 하늘이 맑고 해볕이 따뜻하다. (접속복합문)
> 나는 로동자, 너는 농민. (련접복합문)

이 문법서의 전형적인 특점은 단순문과 복합문의 계선을 주로 구조적으로 살핀 데 있다. 이를테면 동종의 문장성분으로 일부 까다로운 문장들을 해석하였데 이는 그 이전시기의 문법서들과 확연히 달라지는 특징이다. 이 일례로 '나는 어제 그 책을 읽었고 오늘 그 요지를 베꼈다'와 같은 문의 '읽었다'와 '베꼈다', '책을'과 '요지를' 각각 조선어에 동종의 보어가 있는 한 동종의 술어가 없을 수 없다는 것이다.

이 시기 항일혁명투쟁시기에 이룩된 언어분야의 빛나는 혁명전통, 조선로동당의 언어정책과 그 위대성과 생활력에 대한 연구도 진행되기 시작하고 조선말을 정리하고 인민들의 언어생활에서 문화성을 높이기 위한 문제들도 론의 되었다. 이러한 성과로는 「조선로동당의 지도밑에 개화발전한 우리 민족어」(1962), 「말과 글의 문화성」(1963) 등을 들 수 있고 언어유산에 대한 수집정리와 그 연구도 진행하였는데 『조선어문법구조사』(1964), 『조선어사연구』(1964) 등을 들 수 있다.

조선어의 기초연구를 일관성 있게 수행하던 『조선어문』(1956년 창간)

잡지는 1961년에 『조선어학』이라는 이름을 고치고 초기에는 현대조선 어의 구조를 해명하는 방향으로 나가다가 다음으로는 조선어의 력사와 방언으로 연구의 시야를 넓혔다.

1960년대 중엽에는 사회적 현상으로 언어의 본질과 발달의 합법칙성 을 구명하는 방향을 취하였으며 비교력사언어학에 대한 연구와 응용언 어학에 대한 연구도 진행하였으며 한국의 언어학연구 실태와 외국언어 학에 대한 소개도 일정하게 진행하였다.

예를 들면 「조선어민족어형성에 관하여」(김병제 1961.1), 「조선어모음조 화에 제기되는 몇 가지 문제」(류렬 1961.2), 「조선어한자어문제」(홍기문, 1961.4), 「조선어에서의 문법적부정과 그 표현수단」(리중권 1962.1), 「조선 어의 술어성에 관한 문제」(리춘근 1962.2), 「격토 '가'의 발생에 관하여」 (리군영 1962.3), 「조선어 형태론의 몇 가지 문제에 대한 학설사적 견해」 (황부영 1962.4), 「조선어 문장성분의 종류」(김영황 1963.1), 「복합문의 접속 수단으로서의 억양」(김용구 1963.1), 「조선어문법구조의 단계적성격」(김백 련 1963.1), 「문법화과정에 있는 불완전명사적 단어들에 대하여」(정순기 1963. 2), 「현대조선어 상징어의 의미론적 특성」(고신숙 1963.3), 「통합관계 와 그 성분」(정렬모 1963.4), 「언어의 사회적본질에 관한 일부 학자들의 견해와 그 에 대한 비판」(송서룡 1964.1), 「현대조선어 '구'의 구조·문법 적특징」(김용구 1964.2), 「남북한 일부 언어학자들의 언어이론의 반동성」 (김금석 1964.2), 「우랄-알타이 가설의 발생과 발달에 관한 몇 가지 문제 점」(최정우 1964.3), 「체언에 붙는 접미사 '이'의 본질」(리극로 1964.3), 「남 북한의 한자폐지 문제와 외래어표기의 혼란상태」(김금석 1964.5) 등을 들 수 있다.

60년대 중엽에 들어서면서 언어학분야에는 조선어를 사회주의 제도 에 상응한 사회주의적민족어, 민족적특성이 옳게 살아나고 현대의 요구 에 맞게 발전한 문화어로 건설하여야 할 과업이 나서고 있었다.

수령 김일성과 령도자 김정일은 말과 인민들의 언어생활의 현 실태에 대한 과학적인 분석에 기초하여 여러 편의 강령성적인 문헌을 발표하여 조선에서 언어혁명을 일으킨데 대한 독창적인 방침을 제시하고 친히 령도를 하였다. 언어혁명의 본질은 언어와 언어생활에 남아 있는 낡은 시대의 오물을 걷어내고 새로운 언어문화를 건설한다는 것이었다.

1966년에 해방 후 20여년 동안 우리말 언어체계 전반에서 일어난 변화발전과 인민대중의 입말 및 글말 생활에 대한 지향과 요구를 반영하여 새로운『조선말규범집』을 내각직속 국어사정위원회의 명의로 공포, 시행하였다. 여기에서 혁명의 수도의 언어는 민족어의 표준이며 사회주의 민족어의 전형이라고 하였다.

혁명의 수도인 평양의 언어는 지역별 언어적 차이를 초월하여 형성되고 발전하여, 중요하게는 위대한 수령님께서 창조하신 혁명적 학풍을 본보기로 하여, 민족어의 우수한 요소를 집대성하고 있는 것은 물론 남북한 각지에서 전통적으로 써오던 좋은 민족어 요소도 흡수하여 발전시킨 언어이라고 하였다.

이때 언어학계에 적지 않은 과학저서와 논문들도 많이 나왔다.『조선로동당의 언어정책』(1969),『현대조선말사전』(1968),『향가연구』(1965),『조선어조연구』(1966),『조선어력사문법』(1966),『조선어방언학』(1968),『조선어문체론』(1966) 등을 들 수 있다.

1968년 계간지『문화어학습』이 창간되면서 문화어운동이 본격화되었다.『문화어학습』은 각 기마다 첫머리에 김일성 주체언어이론과 관련되는 글이 나오고 문화어지식, 생활과 언어, 물음과 대답 등의 내용이 담겨 있었다. 대중들에게 알려야 할 다듬어진 어휘를『어휘수첩』이라는 이름아래 소개하기도 하고 어휘가 새로 사정되면 널리 쓰자는 계몽하는 글귀도 보인다.

언어연구에서 전문성을 띤 업적이 단행본으로 나오면서 1965년에 폐간된『조선어학』잡지의 마지막 호에는「우리당의 언어 정책과 조선어의 발달」(1965.4),「남북한의 부르죠아 언어관과 그 반동적 조류」(김영황

1965.4), 「국어교육의 내용문제」(박재원1965.4), 「언어학의 연구방법」(송서룡1965.4), 「새로운 조선말사전 편찬을 위한 몇 가지 문제」(김수경1965.4), 「조선어 단어구조문제」(김백련 1965.4) 등과 같은 글들이 나왔다.

총적으로 60년대 초기로부터 70년대 중기까지 주체의 언어이론과 관점에서 출발하여『조선어문법』(1949)의 부족점과 결점을 인식하고 새로운 과학적인 문법을 편찬하기 위해 노력하고 구체적인 언어연구를 진행하였으며 특히는 수령과 지도자의 강령성적인 문헌의 발표와 함께 언어와 언어생활에 남아 있는 낡은 시대의 오물을 깨끗이 걷어 내는 언어혁명의 시기라고 말할 수 있다.

2.3. 조선어 규범문법의 확립

1976년은 김일성의 문화어운동교시가 발표된 10주년이 되는 해였다. 그 사이 문화어운동의 힘을 입어 특수 분야의 용어가 다듬어지고 학교에서도 문화어에 대한 지도, 보급에 힘을 기울려 많은 성과를 거두었다.

70년대에 들어서면서 언어학분야 앞에는 말과 글, 언어과학을 온 사회의 주체사상 위업을 성과적으로 실현하는데 적극 이바지하도록 더욱 발전시켜야 할 과업이 나섰고 민족어의 유구성과 단일성을 론증하고 그 변화과정의 합법칙성의 과정을 과학이론적으로 해명해야 할 과제가 나섰다.

지난날엔 주로 언어구조에 대한 분석연구에서 치우쳤다면 이 시기는 그러한 편향을 극복하고 조선말을 주체적으로 발전시키며 인민대중의 언어생활을 사회주의적 생활양식에 맞게 개선시키는데 실질적으로 이바지하는 실천적인 언어학으로 전환시키는데 힘을 기울렸다고 보아진다.

이 부분의 과학연구성과들로서는『주체사상에 기초한 언어이론』(1975),『조선민족어발전력사연구』(1978),『조선어문법사』(1980),『세나라시기 리두에 대한 연구』(1984), 『조선언어학사』(1989), 『글다듬기』(1977), 『우리말 어휘 및 표현』(1979), 『문화어와 사투리』(1982), 『다듬은 말』(1985) 등 많은 연구성과를 거두었다.

특히 1972년 완성된 『문화어문법규범』이 수정을 거쳐 1976년에 간행되었다. 이 책은 언어구조중심으로 편찬되었고 과거의 규범문법을 날카롭게 비판하고 언어사용과 밀접하게 관계시키는 방향으로 문법을 저술해야 한다고 주장하였다. 그리고 과거의 문법술어와는 달리 대부분은 우리말화 하였다.

『문화어문법규범』은 그 내용에 따라 크게 어음론과 형태론, 문장론으로 나눈다. 어음론에서는 말소리, 단어, 소리구성과 그 발음, 말소리흐름과 문장의 발음 등 세 개 장에 나누어 조선어 어음을 설명하였다. 말소리에서는 말을 할 때 발음기관의 도움으로 소리를 내는 운동 또는 이런 운동의 결과에 이루어진 말의 소리를 발음이라 하고 발음의 단위에 소리동강(문장과 일치), 소리매듭(문장에서 뜻의 큰 덩어리), 소리토막(단어와 일치), 소리마디(음절) 등을 두었다.

조선어의 말소리는 40개의 글자로 표현된다고 하였고 단어의 소리구성에서 소리토막은 기본상 단어와 일치하고 하나 또는 그 이상의 소리마디가 소리마루에 의하여 묶여진 발음덩어리이며 뜻 있는 언어단위와 일치한 가장 작은 발음단위라고 하였다.

소리마루란 하나의 소리토막 안에서 어느 하나의 소리마디를 특별히 더 두드러지게 발음하기 위하여 그것을 다른 소리마디보다 좀 높거나 길거나 세게 발음하는 현상이라고 하였다. 소리토막은 발음상 하나의 통일을 만들고 발음을 똑똑하고 분명하게 하며 말소리흐름을 음악적으로 세련되게 한다고 하였다. 소리마루의 갈래에는 높이마루, 길이마루, 세기마루 등이 있고 단어의 발음에는 소리바꾸기(닮기, 따르기, 막힘소리되기, 된소리되기), 소리끼우기, 소리빠지기(자음빠지기, 모음빠지기), 소리줄이기(거센소리되기, 모음줄이기) 등이 있다고 하였다.

　말소리흐름과 억양에서는 소리동강과 소리매듭을 설명하고 억양은 단어들을 연결시켜 하나의 통일된 발음의 덩어리로 묶어주며 문장을 하나의 전일적인 발음단위로 만들고 그것을 다른 문장과 구획짓는 발음요소이라고 하였다. 억양의 구성요소에는 높낮이선, 률동, 끊기 등 기본요소와 속도, 소리빛갈, 문장의 소리마루 등 부차적 요소들이 있다고 하였다. 여기서 보면 말소리를 『조선어문법(1)』보다 체계적으로 기술했다는 것을 알 수 있다.

　형태론 부분에서는 크게 단어와 그 구조, 품사, 토 등을 세 개 장에 나누어 설명하였다. 단어와 단어의 구조에서는 단어란 어떠한 뜻을 가진 말소리의 덩어리로서 문장구조속에서 어휘적으로나 문법적으로 일정하게 구획되는 언어의 기본단위이고 문장에서 어휘적 또는 문법적 뜻의 덩어로 나누어지는 가장 작은 단위라고 하였다. 단어구조의 특성에서 조선말은 합침법이 풍부하고 덧붙임법도 상당히 발전하였다고 하였다.

　품사에서는 품사란 모든 단어의 어휘-문법적표식의 공동성에 의하여 나눈 단어들의 문법적갈래인데 품사의 갈래에는 명사, 수사, 대명사, 동사, 형용사, 관형사, 부사, 감동사 등이 있다고 하였다.

　토에서는 종합적인 체계로 다루었지만 그것을 품사내의 문법적범주별로 서술하지 않고 류별로 모두 모아 독립적인 토의 장 절을 세우고 서술하였다. 토는 단어의 형태를 이루는 수단이며 토의 기본기능은 단어의 줄기에 붙어서 단어의 문법적형태를 이룬다고 하였다.

　토가 이웃형태부들과의 련계에서 나타나는 특성에는 뚜렷한 구획성, 앞에 있는 단어에 직접 붙는 교착성, 여러 개의 토가 붙을 때 그 차례가 엄격한 규정성, 체언과 용언에 따라 달림 교착이 있다고 하였다. 문법적 뜻과 기능에서 가지는 특성에는 문법적 뜻의 단일성, 문법적범위가 단어의 범위를 벗어나서 더 넓게 작용함이 있다고 하였다.

　토의 갈래에는 자리토와 끼움토로 나누고 이것들을 다시 대상토(격토, 복수토)와 풀이토(맺음토, 이음토, 없음토, 꾸밈토) 그리고 바꿈토, 상토, 존경토, 시간토, 도움토들을 그밖에 토라고 하고 설명하였다.

문장론에서는 문장성분을 문장에서 일정한 문장론적 역할을 수행하는 구조적 단위이며 일정한 구조-문법적인 표식을 가지고 직접 문장을 이루는 구성단위라고 하였다. 문장성분은 문장에서 어떤 의미-기능적 련결를 맺는가, 어떤 형태적 표식을 갖추는가, 다른 문장성분들과 구조적으로 어떤 련계를 맺는가 하는 세 가지 기준에 따라 맞물린 성분에 풀이말(술어), 세움말(주어), 보탬말(보어), 들임말(인용어), 꾸밈말(상황어), 얹음말(규정어)로 나누었다. 그 중 새롭게 세운 문장성분은 '들임말'인데 풀이말에서 이야기된 내용을 구체적으로 설명하기 위하여 끌어들인 대상이나 보충적인 서술을 나타내는 문장성분으로서 '그는 조직생활을 더 잘하자고 굳게 결심하였다'에서의 '조직생활을 더 잘하자고'와 같은 형태를 가리킨다.

외딴성분에는 부름말(호칭어), 끼움말(삽입어), 느낌말(감동어), 이음말(련결어), 보임말로 분류하였다. 그 중 보임말은 문장가운데서 중요하다고 생각되는 어느 한 부분을 강조하기 위하여 특별히 보여주는 말로서 '불요불굴의 투쟁정신, 혁명하는 사람은 이것을 가져야 한다'에서의 '불요불굴의 투쟁정신'과 같은 형태를 가리킨다. 그리고 겹친성분(동종의 문장성분)을 설치하였다.

단일문과 복합문에 대해서는 풀이의 단위를 구별표식으로 풀이의 단위가 하나만 있으면 단일문으로 보고 풀이의 단위가 둘 이상 있으면 복합문으로 보았다. 풀이의 단위를 구별적표식으로 잡은 리유는 풀이의 단위가 복합문의 풀이의 단위로 될 때와 단일문과 풀이성을 가지는 면에서 본질적 차이가 있기 때문이라고 하였다. 그것은 첫째, 단일문은 완결된 사상을 나타내지만 복합문안의 풀이의 단위들은 복합문에 나타내는 완결된 사상의 한 개 부분이며 둘째, 단일문은 그것만으로 자립적인 하나의 문장으로 되지만 복합문안의 풀이의 단위들은 서로 의존, 련결되어 있으며 셋째, 단일문은 그 자체로써 하나의 독자적인 억양을 가지지만 복합문안에 있는 풀이의 단위들은 억양에서도 자립성을 가지지 못하고 복합문의 가지는 하나의 억양속에 통일되어 있다고 하였다. 이와 같이 풀이의 단위는 단일문과 복합문을 식별해준다고 하였다.

단일문과 복합문의 이 구별적표식에 따라 확대성분이 들어있는 문장을 단일문에 귀결시키였으며 단일문이 이루어지는 특성에 따라 보통단일문(맞물린 성분들과 이루어져 있으며 맞물림성분으로 나눌수 있게 구성된 문장), 단어문장(문장성분이 될 수 없는 한개 단어로 이루어진 문장), 명명문(대상, 현상, 상태 등을 이름지으면서 확인하기만 하는 문장), 중단문(장면의 보충이나 그밖에 다른 원인으로 인하여 채끝나지 않은 문장)으로 분류하고 복합문은 풀이의 단위들이 어떤 관계를 맺고있는가에 따라 겹친복합문(렬거의 수단으로 련결된 것), 얽임복합문(세개 이상의 풀이의 단위들이 겹침, 벌림, 매임 등으로 복잡하게 얽힌 것)으로 분류하였다.

이 문법은 또 64년 문법과 달리 단일문과 복합문이 담는 내용이 그 복잡정도가 서로 다르다고 밝히고 풀이단위를 구별표식으로 잡으면서 일부 특수한 형태에 대하여서는 구별표식과 어긋나는 입장도 취하였다. 이를테면 '대동강물은 얼마나 맑고도 푸르냐?'에서 '맑고도 푸르냐?'를 두개의 풀이단위로 보지 않고 하나의 합친 결합으로 세움말과 꾸임말과 관계를 맺는 것으로 단일문으로 처리하였으며 하나의 주어에 두개 이상의 풀이단위들이 있는 문형도 단일문으로 보았다. 예를 들면 '우리 당은 지금 온 사회의 주체사상화를 당사업의 총적임무로 내세우고 그 실현을 위한 전당적인 일대 진공전을 힘있게 벌려 나가고있다.'에서 단일문으로 보는 근거는 풀이말로 되는 '내세우고'와 '벌려나가고있다'가 다 하나의 주어 '우리 당'과 맞물려 있다는 것이다.

'조선어문화어문법규범'은 조선을 대표하는 문화어가 정해지고나서 근로자들이 문화어를 바르게 이해하고 언어생활을 원만하게 해 나가도록 펴낸 책으로서 이시기 바로 조선의 규범문법의 확립되었음을 설명해준다. 이시기 출판된 『조선어문화어문법』(1979)도 문화어문법을 보급할 목적에서 출판되었다고 말할 수 있으며 잡지 『문화어학습』도 인민들의 언어생활을 개선하는데 많은 기여를 하였다.

총적으로 이시기는 조선말과 글, 언어과학을 주체사상위업을 성과적으로 실현하는데 적극 이바지하도록 더욱 발전시킨 시기이며 문화어의 규범이 확립된 시기라고 말할 수 있다.

2.4. 이론 문법에로의 이전

조선의 이론문법의 산생 시기는 주로 80년대 이후시기라고 말할 수 있다. 조선에서 문법연구가 70년대 말까지 진행되면서 많은 연구성과를 가져왔다. 우선 수령 김일성과 지도자 김정일은 주요 시기마다 「조선어를 발전시키기 위한 몇 가지 문제」(김일성 1964), 「언어와 민족문제」(김정일 1964) 등과 같은 여러 편의 강령성적인 로작들을 발표하여 주체의 언어이론을 확립하는데 방향을 제기하여 주었다고 말할 수 있다.

언어학자와 근로자들은 일제의 잔재를 청산하기 위해 한자어를 폐지하고 고유어를 사용하였으며 외국의 문법이론을 받아들여 집체적 연구를 거쳐 새로운 문법을 제정하고 또 외국의 언어이론을 교조주의적으로 받아들이던 것을 극복하고 주체의 언어이론으로부터 출발하여 규법문법을 만들기 시작하여 『조선문화어문법규범』(1976) 외에 『어음 및 문자론』(1976), 『문법론(문장론)』(1976) 등 문법저서들이 나와 70년대말에는 조선에서의 규법문법이 확립되었다고 말할 수 있다.

그 후의 많은 문법들은 이러한 규법문법의 내용이라던가 기술체계를 크게 벗어나지 않았다고 말할 수 있다. 그러다 조선어문법에 규범문법이 해결하지 못하는 특수한 사실을 이론적으로 밝히는 문제가 제기되었는데 이러한 문제를 바로 조선어이론문법이 완수했다고 말할 수 있다.

이론문법에로의 전이를 보여 주는 문법저서들로는 80년대 문법연구의 성과를 반영하는 『조선어이론문법(형태론)』(리근영 1985), 『조선어이이문법(문장론)』(김용구 1986), 『조선어이론문법(품사론부분)』(고신숙 1987), 『조선어이론문법(단어조성론부분)』(김동찬 1987) 등으로 구성된다.

리근영의 『조선어이론문법(형태론)』은 조선에서 나온 이론문법으로서는 처음으로 되는 책이다. 전체의 내용은 기초이론을 비롯한 토에 대한 서술로 되고 있다고 말할 수 있다. 이 책의 서론부분에서는 형태론적 현상에서 제기되는 문제들을 조선어의 민족적특성에 비추어 주체성 있게 해명하는 방향에서 서술하고, 형태론의 연구대상은 조선어의 문법적 형태와 문법적 형태로 표현되는 문법적 의미 ; 문법적 형태와 문법적 의미에 기초하여 이루어지는 조선어의 형태론적인 문법적범주라고 말하였다.

조선어형태론의 기초이론에서는 주로 다른 몇 개의 언어들과 조선어를 대비하여 조선어의 교착적특성을 서술하고 나서 조선어의 단어의 짜임(단어조성짜임, 형태조성의 짜임), 조선어토의 본질, 조선어의 문법적형태의 조성, 문법적형태에 의해 표현되는 문법적의미, 문법적범주와 문법적형태와의 관계를 설명하였다.

다음으로 체언의 문법적범주, 용언의 문법적범주로 나누어 문법적범주의 개념과 문법적형태에 의해 표현되는 문법적범주(격범주, 도움토에 의한 문법적범주, 수범주, 법범주, 말차림범주, 상범주, 존경범주, 시간범주)들을 설명하였다. 그리고 강조형 '-다, -다가, -서, -써, - 까, -서도, -이, -끔, -니, -서니, -슨, -나, -그려'를 토를 따로 갈라보는 이론적 근거를 들고 강조형의 본질과 그 표현을 설명하였고 체언형과 용언형의 개념과 그들의 문법적특성도 설명하였다.

김용구의 『조선어이론문법(문장론)』은 조선에서 나온 이론문법으로서는 두 번째로 되는 책이고 문장론의 이론문법으로서는 처음으로 되는 책이다. 이 책에서는 기초이론을 비롯한 문장류형들과 그 구조적 특성을 설명하였다.

총론부분에서는 조선문장론 분야에서도 주체사상을 이론적방법론적 지침으로 삼고 '구조주의', '변형생성문법', '만능문법' 등을 배격한다고 하였다.

문장론의 연구대상은 조선어의 모든 문장류형과 그 구조적특성, 전일적인 문장구조와 문장류형, 문장의 기본표식을 나타내는 각종 언어적 수단과 수법들에 대한 연구, 단어들의 결합 등이며 문장론은 문맥이 통하는 글을 쓸 수 있는 능력을 키워나가는 방도를 제시해주는 것을 자기의 기본과업으로 삼는다고도 하였다.

문장론의 기초이론 부분에서는 문장의 본질과 기본표식을 다음과 같이 말하고 있다. 문장이란 끝맺이가 있는 론리-의미적계기, 의지-심리적계기 및 문법적계기들이 뚜렷한 진술단위로서 문장론적 관계속에 들어 있는 단어 또는 단어결합들로 완결된 사상과 감정을 나타내는 언어행위의 기본단위라고 하였다. 문장의 기본표식이란 문장을 다른 단위와 구별시켜주는 주되는 표식이고 진술성은 사상의 완결성을 실지로 현실화하여주는 문장의 기본표식이라고 하였다. 그밖에도 문장론적관계의 표현, 문장의 구성성분과 구성자료, 문장분류에 나서는 기본문제 등도 론술하였다.

단어의 결합관계에서는 단어들의 결합관계의 본질과 기본류형, 단어들의 결힙관계의 성격과 실현방식, 단어들의 결합관계의 특수류형인 조선어 '구'와 '부'를 설명하였다. '구'란 조선어적인 단어들의 결합관계의 전일체이며 특수한 류형에 속하는 단어들의 결합체이고 '부'란 단어들의 결합관계의 한 변종으로서 그것이 단순한 구조이건 확대된 구조이건 진술성이나 서술성을 가지지 않으며 문장구조의 가장 낮은 단계의 질서에 속하는 문장론적 구성단위라고 하였다.

문장성분부분에서는 문장성분의 본질적표식과 단위, 문장성분의 갈래와 표현, 문장성분의 상관적 특성, 우리말의 어순의 특성 등을 설명하였다. 문장성분은 어디까지나 전일적인 문장을 구조-문법적립장에서 나눈

의미-기능적단위인 만큼 문장성분의 단위를 획정하기 위하여서는 어디까지나 구조-문법적표식을 위주로 하는 원칙을 지켜야 한다고 하면서 문장성분을 기능에 따라 기초성분(진술어), 주도성분(진술어, 주어, 술어, 직접보어), 의존성분(간접보어, 상황어, 규정어)으로, 성격에 따라 맞물림성분, 외딴성분(끼움말, 이음말, 부름말, 느낌말) 단독성분으로 나누었다.

문장성분의 상관관계를 겹침관계, 귀일관계, 조응관계 등으로 갈라 론술하였고 문장을 내용, 형식, 기능-구조적으로 분류하였다. 복합문부분에서는 복합문의 구조를 인정하는 견해에 있어서도 복합문의 기본표식과 그 구성단위의 한계 그리고 복합문의 분류 등에서 나서는 여러 문제들에 리해하는 데서 한결같지 않다고 하였다. 물론 최근에 나온 문법적 견해들은 문장의 기본표식을 '풀이성'에서 찾고 그 '풀이성'을 가지는 단위를 기준으로 하여 단일문과 복합문의 한계를 그음으로써 문장론적 분야에서 일정한 진정을 가져왔지만 아직 진술단위에 대한 전면적인 고찰이 없고 복합문의 류형에 대한 정밀한 분석이 부족하며 복합문의 구성요소의 구조-문법적특성에 대한 파악이 없는데서 제약성이 있다고 하였다.

복합문에 대한 일반적리해를 깊이하기 위하여서는 무엇보다도 복합문의 본질과 그 기본표식이 무엇이며 복합문의 구성부분으로서의 '단일문'의 한계와 진술단위의 계선이 어떻게 그어지는가 하는 문제부터 옳게 밝혀내야 한다고 하였다. 복합문은 두개 이상의 단일문이 문법적으로 련결되어 이루어진 전일체이다. 단일문이 두 개 이상 련결되면 복합문이 되고 복합문이 있으면 그 안에 두 개 이상의 '단일문'이 있는 법이다고 하였다.

복합문이란 상대적으로 구획되는 두 개 또는 그이상의 진술단위로써 하나의 통일적인 복잡한 진술내용을 담고있는 언어행위의 크고 긴 단위이며 복합문의 기본표식은 상대적 구획성과 전일성이 결합된 하나의 통일체라는데 있다고 하면서 예를 들어 '조선로동당은 혁명위업계승문제를 빛나게 해결한 위대한 당이며 조선인민은 수령의 참다운 후계자를 높이 모신 영광스러운 인민이다', '날이 어두워지자 압록강반에서는 사람들이 모이기 시작하였다', '바람이 분다, 문을 닫아라' 등이 복합문에 속한다고 하였다. 그리고 복합문의 구조-문법적특성을 그 구성단위인 '단일문'들의 구조에서, 전일체 안에서의 '단일문'의 련결방식에서, 앞 '단일문'의 술어와 뒤 '단일문'의 술어가 나타내는 진술형, 복합문의 전체구조를 놓고 찾아보았다. 마지막으로 문장옮김법에서 문장옮김법의 일반적개념, 류형과 특성, 문장옮김법의 구성방식 등도 서술하였다.

고신숙의 『조선어문법(품사론)』도 조선에서 품사론의 이론문법으로서의 처음으로 되는 책이다. 전체에 주되는 내용은 기초이론을 비롯한 품사 각론으로 되고있다. 본서의 체계는 서론, 품사의 기초이론, 체언적품사, 용언적품사, 용언적품사, 수식어적품사, 독립어적품사로 되어 있다.

서론에서 조선어이론문법 품사론의 목적은 교착어인 조선어의 품사에 고유한 구조-문법적특성과 그 발전의 합법칙성을 주체적방법론에 철저히 의거하여 이론적으로 체계화하는 것이며 그 과업은 품사의 본질적특성을 이론적으로 밝히고 품사분류에 대한 문제를 조선어의 고유한 특성에 맞게 올바르게 해명하며 개별적인 품사들의 고유한 특성들을 체계적으로 해명하는 것이라고 하였다.

품사론의 서술방법은 생동한 현실적자료에 기초하여 분석, 일반화하여 해당한 결론을 이끌어내고, 공시적인 고찰방법을 기본으로 하면서 통시적고찰방법도 사용하며 경우에 따라서는 다른 언어의 품사적특성과 대비하여 분석하기도 한다고 하였다.

품사론의 기초이론에서는 품사를 단어들의 어휘-문법적부류로 보면서 문법적인 일반화와 추상화의 견지에서 보면 같은 종류의 문법적단위들의 총체, 통일인 것만큼 문법의 법주로 되는 것이라고 하였다. 그러나 문법적범주이지만 단어를 단위로 하고있다는 특성으로 하여 순수 관계적의미를 나타내는 형태론적인 문법적범주와 구별된다고 하였다.

품사의 단위에서 자립적 단어와 보조적 단어의 한계와 관련된 문제, 단어와 형태부의 한계와 관련된 문제, 단어와 단어결합의 한계와 관련된 문제을 론술하고 품사의 분류기준에서는 품사의 분류는 해당 언어의 문법구조의 특성과 문법적현상에 대한 정확한 인식을 돕고 단어들을 언어실천활동의 수단으로서 원만하게 활용할 수 있게 하자는데 그 목적이 있는 만큼 문법적인 표식을 품사분류의 기본적인 기준으로 삼아야 한다고 하였다.

품사분류에서 단어들의 어휘-의미적표식도 언제나 고려하여야 할 중요한 식별기준으로 될 수 있으며 단어조성적 특성도 고려하여야 한다고 하면서 체언적품사에서는 명사, 수사, 대명사의 위치와 본질적 특성, 종류, 문법적 특성과 관련된 문제를 다루었고 용언적 품사에서는 동사, 형용사의 기본특성, 종류, 동사와 형용사의 구별적 특성을 설명하였다. 그리고 수식품사에서도 관형사와 부사의 기본특성과 종류, 관형사와 형용사 및 그밖의 단어들과의 차이를 설명하고 다음 감동사의 기본특성과 종류, 감동사와 상징사와의 차이를 설명하였다.

이 시기 『조선어문(87~94)』 잡지에 발표된 어학연구 주요 논문들을 보면 다음과 같은 것들이 있다. 어음연구방면에 「훈민정음의 ‘ᅀ’는 음운이 아니라 어음의 특수한 표기」(렴종률 1987.1), 「‘ㅐ, ㅔ, ㅚ, ㅟ, ㅢ’ 등 모음계렬의 력사적변화에 대하여」(박재용 1987.1), 「16~17세기 조선말 말소리 발전에서 몇 가지 문제」(리상호 1987.4), 「15세기 중세한국어의 성조현상에 대하여」(김영황 1988.2), 「‘디→기’류형의 어음변화문제」(김백련 1989.1), 「조선어단어의 악센트문제」(김성근 1990.1), 「조선말자음체계의 음향학적특성」(양하석 1990.2) 등이고, 형태론방면에는 「표현수법의 실현위치와 형태에 대한 고찰」(박용순 1987.1), 「조선말에서의 토의 형성에 대한 력사적고찰」(류렬 1987.3), 「조선말에서 목격형태를 이루는 토들의 뜻조각인 ‘더’의 발생발전에 대한 고찰」(안홍길 1988.1), 「문법적수법과 복수토 ‘들’과 관련한 현실적 정보전달의 견지에서 몇 가지 문제」(권승모 1988.2),

「조선어입말체의 형태론적 다양성에 대하여」(강상호 1989.3), 「조선어주어의 형태론적표현수단에 관한 몇 가지 문제」(리기만 1989.3), 「조선어형태부의 교착성문제」(김백련 1990.1), 「현대조선어의 시간형태에서 시간토가 쓰이는 각양한 구조적특성에 대한 고찰」(리근영 1991.3) ; 품사론방면에서 「명사의 분류와 쓰임에 대한 고찰」(류옥근 1987.4), 「조선어 품사체계의 특성에 대한 고찰」(고신숙 1988.4), 「조선어합성어에서 단어한계문제」(림옥녀 1988.4), 「조선어 부사의 기본표식과 문법적특성에 대하여」(유정심 1989.2), 「동사 '하다'의 말줄기 '하'를 줄이여 쓸 수 있는 가능성에 대하여」(정만복 1989.4) 등이며 문장론방면에서 「바로 풀어옮김법의 개념과 문장론적본질」(김종선 1988.1), 「현실적정보전달의 견지에서 본 문장구획」(리갑재 1988.2), 「문자의 의미와 관련된 문제에 대한 몇 가지 고찰」(림봉우 1988.3), 「조선어 복합문의 구조-문법적특성」(김갑준 1988.4), 「조선어 보어의 문법적특성과 그 갈래」(심상규 1990.2), 「조선어주어의 특성」(리기만 1990.4) 등이다.

어휘론방면에서 「우리말 고유어에서 소리마디들이 결합되는 일반적특성」(김용환 1988.2), 「반대말의 기준설정과 그 갈래」(리휘부 1989.3), 「빈도수사전의 감정에서 제기되는 몇 가지 문제」(리정용 1989.4) ; 문체론방면에서 「과학기술문체의 특성에 대한 고찰」(리병간 1988.3), 「과학기술 문체에서 쓰이는 형태론적 언어수단의 몇 가지」(리병간 1988.4), 「정치론설체 기사의 언어적 특성」(백순경 1989.2), 「조선어입말체의 형태론적 다양성에 대하여」(김상호 1989.3), 「회상기문체에 대한 일반적리해와 그 표현적특성에 대하여」(윤춘화 1989.3), 「문체의 발전과 19세기말 20세기초 조선어문체의 발전」(김주곡 1990.1), 「입말체의 본질과 일반적특에 대하여」(강상호 1990.2), 「혁명적 구호문헌문장의 류형적 특성」(안광호 1991.2), 「생활문체와 그 특성에 대하여」(윤일환 19913), 「아동문학문체의 독자성과 그 특성」(1992.1), 「우리말 회화문장의 본질적특성」(김순기 1992.3) 등을 들 수 있다.

80년대에 나온 언어학 논저들로는 『문화어형태론』(1980), 『조선어학개론』(1983), 『조선어어휘론연구』(1980), 『일반언어학연구』(1985), 『외국언어학사』(1989), 『조선어입말체연구』(1989), 『조선어지리학시고』(1988), 『조선어음운과 형태』(1992) 등을 들 수 있으며 응용언어학도 활발히 전개되어 『계산기언어학연구』(1990), 『조선어정보처리』(1994), 『조선어실험음성학연구』(1995) 등과 같은 저서들도 나왔다.

조선에서는 이 시기 언어의 본체론연구부터 인접과학과의 관계속에서 언어를 연구하였는데 사회언어학, 심리언어학, 수리언어학, 실험언어학, 언어정부론, 환경언어학, 언어통계론, 단어 및 문장의 의미론 본문학 등 언어학의 연구도 활기를 띠게 되었다.

이와 같이 80년대로부터 90년대말기까지를 조선의 문법연구를 이론문법으로의 이전과 확립시기로 잡을 수 있는데 이 시기는 조선어규법문법이 확립된 상황에서 규법문법에서 설명할 수 없는 많은 언어학적 문제들을 해결하기 위하여 이론문법이 산생되었으며 단순히 언어학을 본체론적으로 연구하던로부터 응용언어학, 그리고 린접과학과의 결합속에서 넓은 발전을 가져왔다고 할 수 있다.

이렇게 보면 광복이후 조선의 문법연구는 크게 네 개 단계로 나눌수 있다. 우선 수령과 지도자, 당의 령도 아래 전반 조선인민의 집체적인 노력을 거쳐 일제의 잔재를 청산하고 자체의 문법이론이 없던데로부터 있게 되었다.

다음으로 다른 외국의 언어이론을 교조주의적으로 받아들이던 데로부터 주체의 언어이론과 관점에서 출발한 새로운 규범문법이 산생되고 확립되어 문화어의 발전에 아주 큰 작용을 하였다. 그 후는 이론문법이 확립되어 규범문법이 설명하기 어려운 문제를 이론적으로 해명할 수 있게 되었다고 말할 수 있다.

3. 중세한국어 문법형태에 대한 남북학자 견해

우리말 문장에서 단어들 사이의 문법적 의미는 주로 문법적 형태에 의해 표현되고 문법적 형태는 중세한국어 시기에 이미 기본적으로 형성되었다. 중세한국어 문법적 형태에 대한 분류와 그 문법술어에 대한 기술에 있어서 남북학자들은 서로 다른 견해를 보이고 있다. 이러한 현상은 주로 남북이 장기간 분단된 상태에 있었고 또 그로 인한 학자들 사이의 내왕이 오래 동안 단절된 상태어서 한국어 문법적 형태 연구에서의 교류가 너무도 없었기 때문이라고 말할 수 있다.

이러한 상황은 지금 남북한뿐 아니라 해외에 사는 동포들에게 있어서도 한국어 문법에 대한 올바른 학습과 연구에 상당한 어려움을 주고 있다. 지금 21세기를 맞이하여 남북의 거리가 많이 가까워졌고 또한 통일을 대비하는 이 시점에서 반드시 그 차이점을 인식하고 남북한 문법의 통일을 기할 시기가 되었다고 말할 수 있다.

필자는 이를 감안하고자 중세한국어문법을 기술한 몇 권의 남북한 저서들을 비교하면서 그 차이점을 분석하여 본다.

3.1. 문법적 형태에 대한 넓은 분류

조선학자들은 문법적형태를 토라고 부른다. 『조선민족어발달사』(김영황)에서는 토를 자리토(그것 만으로 단어의 형태를 매듭지을 수 있으며 문장 속에서 단어의 위치를 밝힐 수 있음)와 끼움토(필요에 따라 끼워들어가는 토)로 나누고 자리토에는 얹음토, 이음토, 맺음토, 격토를 끼움토에는 상토, 존경토, 시태토, 바꿈토를 두었다. 『조선말력사문법』(렴종률)에서는 토를 체언적 단어의 문법적형태(격토, 도움토, 후치사적단어) 용언적단어들의 문법적 형태로 나누었다. 그리고 용언적단어의 문법적형태를 위치적형태(이음토, 맺음토)와 비위치적형태(양태의 의미의 시간토, 상토, 존경토, 시간토)로 나누었다. 『조선말력사』(류렬)에서는 토를 자리토(문장에서 일정한 문법적 자리를 차지하고 일정한 문장성분으로 되면서 문장론적 기능을 하고 단어의 형태를 매듭 짓도록 하는 토)와 뜻토로 나누고 자리토는 체언토인 격토와 용언토인 맺음토와 이음토, 규정토, 꾸밈토, 미정토로 이루어지고 뜻토(자리토가 아닌 모든 토)에는 상토, 존경토, 정중토, 태토, 두루토 도움토, 바꿈토가 있다고 하였다.

한국학자들은 문법적형태를 체언에 붙는 형태와 용언에 붙는 형태로 따로 구분하여 부른다. 『옛말본』(허웅)에서는 문법적 형태를 토씨와 씨끝으로 분류하고 토씨에 자리토씨(격조사), 도움토씨(보조동사)를 두고 씨끝에 맺음씨끝(서술법, 물음법, 시킴법, 이음법, 이름법, 매김법) 안맺음씨끝(높임법, 인칭법과 대상법, 시상법, 강조법)으로 나누었다. 『국어사개설』(이기문) 에서는 문법적형태를 어미로 보고 어미를 곡용어미와 활용어미로 분류하였다. 그리고 곡용어미에 주격, 속격, 처격, 대격, 조격, 향격, 공동격, 호격을 두고 활용어미를 다시 선어말어미(의도법, 경어법, 시상법)와 어말어미(부동사어미, 정동사어미, 동명사어미)로 나누었다. 후치사와 첨사도 따로 두어 설명하였다.

『표준중세국어문법』(고영근)에서는 문법적형태를 조사와 어미로 크게 분류하고 체언에 붙는 것을 조사(격조사, 접속조사, 보조사, 복수표시, 접미사), 용언에 붙는 것을 어미라 하였는데 어미를 다시 선어말어미(분리적 선어말어미, 교착적 선어말어미), 어말어미(종결어미, 연결어미, 전성어미)로 나누었다. 『중세국어문법』(이숭녕)에서는 형태편에 명사와 격을 두고 격을 일반격과 복합격으로 나누고 동사에 설법과 종결형 시제와 상, 관형사형, 접속형, 부사형, 피동과 사역형을 두었다.

3.2. 구체적 문법적형태의 유형과 역사

3.2.1. 체언토에 대하여

1) 격형태

조선학자 렴종률 교수, 김영황 교수는 중세한국어에 주격(이, ㅣ, 히-ㅎ가 나타난 것은 '조발사'), 제시격(ㄴ, 은/온, 는/는), 대격(ㄹ, 을/올, 를/롤, 홀/흘-조격과 밀접한 관계), 조격(로, ᄋ로/으로, 흐로/흐로-대격+오), 위격(애/에/예, 해/해/헤/혜-여격이라하고 속격기능과 위격기능을 가짐 '조말력문'), 속격(이/의, 희/히, ㅅ-인물대명사에서 기원), 구격(와/과), 호격(아/어/여, 하), 절대격(조말력문)이 있다고 하였다. 류렬 교수는 여기에 주격토 '가'(16세기말에 나타났고 앞모음아래에 쓰임)와 여위격에 'ㅣ, 애/에/예, 이/의, 그에, 그어긔/거긔, 게/긔'가 더 있었다고 한 것이 특징적이다.

한국학자 허웅 교수는 토씨에서 자리토는 월을 끝맺지 않고 월성분들 사이의 관계를 표시하는데 이것이 곧 자리법이며 자리법에는 임자법(이), 부림법(ㄹ, 를/롤, 올/을), 위치법(애/에, 이/의, 예, 끠), 견줌법(과/와, 두고, 라와), 방편법(ᄋ로/으로), 매김법(이/의, ㅣ), 홀로법(아, 야, 이셔)이 있다고 하였다. 이기문 교수는 주격어미(ㅣ), 속격어미(이, ㅅ), 처격어미(애, 이, 예), 대격어미(ㄹ), 조격어미(로), 공동격어미(와/과), 호격어미(하, 아)가 있다고 하였으며 고영근 교수는 격토를 격조사로 보고 격조사에 주격, 서술격, 목적격, 보격, 관형격, 부사격, 호격이 있다고 하였다. 주격표시에(이, ㅣ, zero), 서술격표시에(이라, ㅣ라), 목적격표시에(롤/를, 올/을, ㄹ), 관형격표시에(이/의, ㅅ), 부사격표시에(애/에/예), 동반의 비교의 부사격 접속의 표시에(과/와), 도구의 부사격에(ᄋ로/으로, 로)가 있다고 하였다.

이숭녕 교수는 일반격에 주제격(논/는, 온/은, ㄴ), 대격(롤/를, 올/을, ㄹ), 주격(이/ㅣ, zero -변위격, 비교격), 속격(이/의 -처격, 향격), 처격(애/에/예-향격, 비교격, 원인격), 조격(ᄋ로/으로, 로 -향격), 공동격(와/과 - 비교격), 서술격(이라, ㅣ라/라), 호격(아/야/여, 하)이 있고 둘이상의 격이 합치어 또는 후치사와 격, 후치사와 후치사가 합치어 복잡한 격의 기능을 나타낸다고 하였다.

2) 도움형태

조선의 김영황 교수는 '자, 만, 란, 도, 곰, 나' 등 도움토가 있다고만 하였다면 렴종률 교수는 도움토는 고대 불완전명사적 단어가 추상화되어 이루어졌고 '마+ㄴ만→(맛), 곰, 곤, 군, 곳(옷)－곧(바로), ᄼ, 도, 쁜, 란(라+ㄴ)' 등이 있으며 지금에 일부 도움토 '부터, 처럼, 까지, 마다, 보다, 히여, 홈쯰, 인하여, 두곤'을 후치사적 단어에 넣었다.

류렬 교수는 다른 토들의 경우와 마찬가지로 15세기~16세기에 들어와서는 도움토가 앞 시기에 비해 늘어났고 그 쓰임도 훨씬 활발하여져 새로운 발전을 보여주었다고 하면서 중세전기에는 'ㄴ(온/은/흔/흔/는/는), 도/두, 사, 란(ᄋ란/으란/ᄒ란/흐란)' 등이 있었다면 15세기~16세기에는 '도, 만, 마다, 두고/두곤, 곰, 옴, 사/ᄼ, 셔, 라와, 라셔, 곳, 옷, 붓/봇, 브터, 짓장' 등과 같은것이 있었다고 하였다.

한국의 허웅 교수는 토씨에서 월을 표시하지 않고 관계를 표시하지 않으며 뜻만 정밀하게 표시하는 도움법들이 이루어진다고 하면서 도움법은 도움토씨 '는/는, 온/은, ㄴ, 도, ᄋ란/으란, 마다, ᄼ, 곳/옷, 붓/밎/봇, 곰, 옷, 셔' 등에 의해 표현된다고 하였다. 이기문 교수는 '곳/옷, 곰, 야, 잇단, ᄼ' 등을 첨사(添詞)에 넣었다. 고영근 교수는 도움토를 보조사라 하고 보조사에 '온/은, 는/는, ㄴ, 란/으란, 도, ᄼ, 곳/옷, 만, 아나/이아나, 이드록, 브터, 이쫀, 마다, 나마, 붓, 곰' 등이 있다고 하였다. 리숭녕 교수는 '도, 곳/곰, ᄼ'는 비독립적이고 앞말의 뜻을 돕는 첨사(partile, 添辭)이라고 하였다. '도'는 조건적 또는 강세적인 첨가의 구실을 나타낸다.

3) 복수형태

'표준중세국어문법'(고영근)에서 복수표시 접미사라하고 접미사에 '들ㅎ, 내'가 있다고 하였다. '조선말력사'(류렬)에서 15세기~16세기 조선말 여럿토(복사토) '둘'은 앞 시기와 마찬가지로 뒤붙이와 같은 기능을 하면서 어디까지나 문법적뜻과 문법적범주로서의 '수'범주가 아니라 다만 어휘적뜻을 나타내는 한편 일정하게 입말투의 빛갈을 세게 해주는 기능도 하였다고 하였다.

3.2.2. 용언토에 대하여

1) 종결형태

김영황 교수는 맺음토라고 하면서 언어사적 견지에서 생성과정의 특성에 의해 크게 둘로 나누었다. 하나는 문법적 추상화되면서 맺음토로 넘어간 것들 '다(라), 이, 쟈(져)'가 있다고 하였다. 여기에 리두토인 如(다비)에서 이루어진 '다(라)', 불완전명사에 의해 이루어진 '이', 리두토인 '齊'에 의해 이루어진 '쟈(져)', '떨어지다'의 고어인 '디다'의 '디'에 말줄기모음 '어'가 붙어서 된 것 '다(도다, 로다, 놋다, 려다, 롯다)'와 '다'의 어음변종 '라(롸, 셰라, 노라, 지라, 고라, 소라, 과라, 쾌라)', 시태토에 불완전명사 '이'가 붙어서 된 것들 '늬, 디, 데, 니, 리, 도쇠, 로쇠' 등이라 하였다. 다른 하나는 호격토가 붙어서 맺음토를 이루게 된 맺음토 '가(고), 야(여, 오), 마, 라'도 있다고 하였다.

렴종률 교수는 자음토가 형성되기 이전에 고대에는 모음만으로 이루어진 토의 체계가 있었는데 이것은 고대적인 형태체계로서 용언에도 체언에도 첨가되었던 것으로 보이며 또한 거기에는 맺음형, 이음형, 얹음형과 같은 형태상의 분화가 따로 없었다고 하였다.

맺음토를 크게 네가지로 나누었는데 모음토 '아, 어, 오, 우, 이', 불완전명사 혹은 가르킴 대명사 '이'가 붙어 된 것 '니, 디, 지, 데, 게, 네, 뇌, 로쇠, 지위', 호격토 '아, 어'가 붙어 된 '야, 여, 다, 라, 도다, 로다, 소다, 쇼다, 쇼라, ㄴ다, 소이', '오/우'가 붙어 된 것 '고, 도, 두, 소, ㄹ시고, ㄴ뎌이고, 여이고, 료' 등이라고 하였다.

말차림에는 원칙적으로 존대와 비존대가 있었으며 존대토에는 '쇼셔, 리잇가, 리이다, 니잇가, 니이다—(맺음토에 다른 토의 결합에 의해)', 비존대에는 '니, 다, 라, 니라, 도다, 오, 로소니, 도소니, ㄴ가, ㄹ까, 녀, 뇨, 료, 아, 여' 등이 있다고 하면서 이러한 토들을 알림, 물음, 시킴, 추김, 욕망, 감탄 등으로 분류하였다.

류렬 교수는 15~16세기 조선말 맺음토는 그 기능에 따라 알림토, 물음토, 시킴토, 추김토, 미정토로 나누고 말차림의 체계에 따라 기초차림, 반말차림, 반높임차림, 높임차림으로 나누었다. 구체적으로 예로 맺음풀이토에 높임차림에 '하다', '다/라'를 기본으로 하는 맺음토 ; 높임의 기초차림에 '지이다', '지라', '고라'를 기본으로 하여 희망, 소원을 나타내는 맺음토 ; 반말차림에 바꿈토 '이'를 기본으로 하는 맺음토 ; 기초차림에 '다/뎌', '샤/셔'를 기본으로 하여 기초차림으로 되면서 느낌을 나타내는 맺음토가 있다고 하였다.

맺음물음토에는 '잇가/잇고'을 기본으로 하는 맺음토(높임차림), '가/고'를 기본으로 하는 맺음토(기초차림), '아/어(가/거)'를 기본으로 하는 맺음토(기초차림), '오(고)'를 기본으로 하는 맺음토(반높임차림), '다'를 기본으로 하는 맺음토(기초차림), '니', '리'를 기본으로 하는 맺음토(반말차림)가 있고 맺음시킴토에는 '셔'를 기본으로 하는 맺음시킴토(높임차림), '라'를 기본으로 하는 맺음시킴토(기초차림)이 있으며 맺음추김토에는 '사이다/사이다'(높임차림), '져'(기초차림), '아스라/어스라/야스라'(기초차림)가 있다고 하였다.

한국의 학자 허웅 교수는 맺음씨끝을 법에 따라 나누고 서술법에 '다, 라(서술과 느낌), 니(확정된 사실을 서술), 마(약속), (으/으)ㄹ쎠(느낌)', 물음법에

'아, 야, 여, 려, 녀, 료, 뇨, (리, 니)의 뒤에 따르는 씨끝, 다 디, 가(을, 은)의 뒤에 따르는 씨끝, 니(확정여부를 물으면서 자문), 리(미정적인 사실을 물음)', 시킴법에 '라, 고라, (으/으)쇼셔(아주 높은 뜻), 쎠(높은 뜻), 져, 져라'가 있다고 하였다.

이기문 교수는 종결토를 부동사어미라 하고 법에 따라 평서법에 '다, 라(오, 과, 더 리, 니) 뒤에서', 명령법에 '쇼셔, 아쎠, 라, 져, 사이다, 고라, 고이라, 지이라(공손법의 등분은 이들 어미로 ㅎ쇼셔체, 하야쎠체, ㅎ라체' 등으로 표시됨), 의문법에 '잇가, ㅅ가, 가(판단을 요구하는 의문법에), 잇고, 고(설명을 요구하는 의문문)', 감탄법에 '고라, 도다, ㄴ녀, ㄹ쎠' 등이 있다고 하였다.

고영근 교수는 어말어미에서의 종결어미라 하고 계칭과 문의 류형에 따라 나누었다. ㅎ라체에 '다, 니라(평서문), 녀, ㄹ따, 녀, 니까(의문문), 라(명령문), 져(청유문)', ㅎ야체에 '이다(평서문), 닛가(의문문), 어쎠(명령문)', ㅎ쇼셔체에 '이다(평서문), 니잇가(의문문), 쇼셔(명령문), 사이다(청유문)', 반말체에 '니, 리(평서문)' 등이 있다고 하였다.

이숭녕 교수는 종결형을 설법의 체계에 따라 나누었는데 직접법의 종결형에서 긍정법은 '다, ㄴ다, 리다, 더라, 야다', 의문법은 '눈다, ㄴ다, 다, ㄹ따, 던다', 규정법은 '느니라, 니라, 더니라, 니러니라' 등에 의해 표현되고 의도법은 '로다, 로라, 롸, 도다, 노다, 노라, 놋다, 소라, 노소라, 도소라, 돗더라, 셔터(감상법), ㄴ녀, 논뎌, (오우)ㄹ띤뎌, ㄹ쎠, 리라(의지법), −오/우−(가능법), −(오우)+다라, −오/우−+ㄹ+띠니라(당위법), 리어다, 다어다, 거다, 게다(가상법), 쓴, 쓰녀(강세법)', 명령법은 '라, −아/어+라(엄명법), 고라(강청법), 고려(청탁법), −아/어+지라(간망법), 져라(권유법), −아/어+져(유도법), 쇼셔, −아/어+쎠(소망법)' 등 형태에 의해 표현된다고 하였다.

2) 접속형태

김영황 교수는 접속형태를 이음토라 하고 시태토가 참여하여 된 '니, 눌, ㄴ로, ㄴ마론, ㄴ뎡, 려, 려, ㄹ쎄, ㄹ순, ㄹ쏠, ㄹ디'과 시태토가 참여하지 않은 것 '아, 고 나, 게, 며, 매, 디, 든, 둘, 드록, 거나, ㄴ대, 던대, ㄴ든, 거든, ㄴ둘, ㄹ둘, 논둘'으로 나누었다. 렴종률 교수도 이음토라 하고 맺음토에서 기능의 변화로 이루어진 것 '아도, 어도, 아, ᅀᅡ, 거니와, 려니와, 고, 고도(오도), 면, 나, 쟈, 져, 니까, 고져, 과뎌, 과댜, 니, 노소니, ㄴ디 라ᄒᆞ니, 다'과 고대적 불완전명사적 단어의 형태로부터 이루어진 것 '늘, 눌, ㄴ로, 듯, 둘, 만콤, 기에, 길래, 로디, 관디, ㄹ시, ㄹ세, ㄴ대, ㄹ뎬, ㄴ동, ㄴ마는, ㄹㄴ믜, ㄹ뎌어늘, ㄴ데, ㄴ바'으로 되어 있다고 하였다. 그리고 이러한 이음토를 합침의 관계, 맞세움의 관계, 선택의 관계, 원인의 관계, 조건의 관계, 의도의 의미, 목적의 의미, 부정의 의미, 방식, 수단, 순차, 정도, 수량, 방향에 따라 나누기도 하였다.

류렬 교수는 15세기~16세기에는 앞 시기에 이어 여러 가지 방법으로 이음토를 다양하게 만들어 내여 활발히 씀에 따라 이음토가 매우 풍부하여졌다고 하였다. 특히 원래 용언의 규정토 'ㄴ'이나 바꿈토 'ㅁ'이 다른 토들과 어울려서 이루어진 기본적인 이음토들을 기초로 하여 여러 가지 끼움토들과 어울려서 다시 새로운 이음토들을 매우 다양하게 풍부화시킨 것이 특징적이라고 하였다. 그리고 또한 불완전명사 'ᄃ', 'ᄉ'의 여러 가지 격형태가 끼움토나 규정토 등을 비롯하여 여러 가지 토들과 어울려 많은 이음토들을 새롭게 만들어 발전시킨 것이 특징적이라고 하였다. 이 시기에 오늘날의 거의 모든 이음토들의 기초를 튼튼히 닦아놓았다고 하였다.

이음형태의 류형에는 기초적인 이음토가 다른 토와 붙어서 이루어진 합침이음토 '아/어/여/오, 아도/어도/야도, 고/오→고셔, 곤, 곡, 니(ㄴ+ㅣ)→거니, ㄴ니, 노니, 더니, 러니, 도니, 도쇄, 노쇄, 리니, ㄴ디니, 나→

거나/어나, 며(ㅁ+ㅣ+여) → 리며, 단디며 ㄹ띠며, 매(ㅁ+애), ㅁㅇ로/ㅁ으로', 불완전명사로부터 이루어진 토 '드(불완전명사) → ㄴ든, 더든, 아디, 거든, ㄴ디, 관디, 완디, 란디, ㄴ대, ㄴ댄, ㄹ만뎡, ㄹ띠언뎡, ㄹ씨언뎡, 디, ㄹ띠, ㄹ디, 드(불완전명사) → ㄹ씨(올씨/을씨), ㄹ씨(올씨/을씨)', 다음으로 규정토에 다른 요소가 붙어서 이루어진 파생이음토 '건, 언, 련(규정토) → 건마론, 언마론, 련마론(파생이음토), ㄴ, 논, ㄹ(규정토)→ㄴ동, 논동, ㄹ동' 등이 있다고 하고 이러한 이음토들을 벌림형식으로 이어주는 이음토, 매임형식으로 이어주는 이음토로도 분류하였다.

한국의 허웅 교수는 접속형태를 이음법의 씨끝이라하고 이유, 원인, 상황을 서술하고 뒤에 다시 설명하는 '(으/으)니', 조건이나 상황을 나타나는 '곤(으/으)란디', '아/어'의 강세 '악/억', 반복과 련속의 '암 엄', 가정을 계속함 '(으/으)ㄴ댄', 설명을 계속함 '(으/으)ㄴ대', 잇달아 함 또는 벌려놓은 뜻을 나타태는 '고', 뒤에 있는 말에 대한 가정 조건 또는 어떠한 상황하에 다시 계속 설명하는 뜻 '든/든', 이유 어떤 상황을 다시 설명의 '아/어', 설명을 계속하는 '(으/으)ㄴ든, 디', 반대를 나타내는 '관디/ㄴ마론, 니와/ㄴ뎡, (으/으)나', 가정의 '으/으)면', 이유 가정의 '(으/으)란디', 다짐을 강조하고 그밖의 일을 부정 '디, 븨/디워, /디웨' 등이 있다고 하였다.

이밖에도 다른 동작이나 상태를 나타내는 '곡/곰, (으/으)며, (으/으)락, 다가', 동작 상태의 병렬 '니, 나니', 어떤 경지에 까지 미침의 '드록', 'ㅁ즉, 듯, 드시, ㄹ스록, 려, 과뎌, 과뎌여, 고져, 게긔, 긔, 디, 둘' 등 씨끝들도 들고 있다.

이기문 교수는 어말어미의 부동사어미라 하고 전후 라렬에 '고, 곡, 곤, 곰', 동시병렬에 '며(ㅁ+여), 며서, 명', 주동사의 동작보다 선행한 동작의 양태에 '아, 어', 원인에 '니, 매, 눌/늘(부동사어미 ㄴ, ㅁ+처격 애, 대격울/을), ㄹ씨/관디(동명사어미+형식명사 드, 스)', 조건에 '면, 든/든, ㄴ대/란대', 양보에 '나, 디, ㄴ둘, 거니와, 건마론, ㄹ쑨뎡, ㄹ션뎡', 목적에 '라',

의도에 '려', 희망에 '고져, 아져, 마뎌, 컷고', 한도에 '드록', 정도를 더해 감에 'ㄹ수록', 두동작이 곧 이어 행해짐에 '라, ㄴ다마다, 긔, 긱', 부정의 표현에 '디, 둘' 등이 있다고 하였다.

고영근 교수는 연결어미로 보고 대등련결에 '고, 며, 며서, 나, 건마른, 거나', 종속련결에 '니, 오뎌, ㄹ씨, 관대, 거든, 거늘, 고져, 디, 븨', 보조적련결에 '아, 어, 긔, 게, 디, 고' 등을 두었다. 리숭녕 교수는 접속형이라 하고 행동제기법과 그 발전형에 '아, 어, 아셔, 어셔, 악, 억, 안, 언, 아는, 어는, 아도, 어도', 전후라렬법과 그 발전형에 '고, 오, 곡, 옥, 고도, 오도', 동시병행법과 그 발전형에 '며, 리며, 리어며, 논디며, 온디며, 운디며, 올띠며, 울띠며', 가정법에 '면, 디면, 단디며, 온디며, 올띠면', 인과전개법에 'ᄂ니, 니, 더니, 리니, 리러니, 노니, 오니, 우니, 오리니, 노소니, 도소니, 리로소니', 설명법에 '아뎌, 어뎌, 오뎌, 우뎌, 샤뎌', 이외에도 '─거/어'계 가상법, '려' 가상법, '고/오' 조건제기법 등 기타 접속형을 두었다.

3) 규정형태

김영황 교수는 없음토에는 'ㄴ, ㄹ, 는, 던'이 있는데 이것들은 시태토들인 '니, 리, ᄂ, 더'와 기원상의 공통성을 가지고 있다고 하였다. 그리고 중세어에서 'ㅅ'에 의 하여 단어의 없음형이 이루어지는 현상도 있었다고 하였다,

렴종률 교수는 없음형토에는 'ㄴ, 은/온, 는/ᄂ, ㄹ, 을/올' 등이 있는데 이들은 맺음토 '니, 리'와 밀접한 관계를 가지고 있고 '니, ㄴ'는 나타난 사실을, '리, ㄹ'는 나타날 사실을 표시하는데 이러한 시간적 의미의 일치는 력사적으로 밀접한 관계가 있다는 것을 말해준다고 하였다. 토들의 형성을 보면 'ᄒ니 → 혼, ᄒ리 → 홀, 아ᄂ니 → 아는, 거니 → 건, 더니 → 던, ᄂ니 → 는' 등과 같다고 하였다. 류렬 교수는 없음토는 이 시기(15세기~16세기)에 앞 시기와 마찬가지로 크게 두갈래로 나뉜다고

하면서 'ㄴ'을 기본으로 하는 규정토 'ㄴ, ㄴ, 던(완료 진행 과거지속)', 'ㄹ'
을 기본으로 하는 규정토(ㄹ-미완료)가 있었다고 하였다.

　허웅 교수는 이름법과 매김법 씨끝이라하고 '(으/의)ㄴ, ㄹ, 을(방금 앞으
로 있을 일), (으/의)ㄴ(결정된 사실), ㄴ+ㄴ(현실적사실)' 등이 있다고 하였다.
고영근 교수는 전성어미에서의 관형사형어미라 하고 'ㄴ, 는, 던, ㄹ'을
설명하였다. 이숭녕 교수는 관형사형어미라하고 직접법에 '는(현재형 지속
상), ㄹ/올/을(부정시제미래형), ㄴ/온/은(과거형완료상), 던/단(과거형미완료상)',
의도법에 '논(현재형지속상), 온/운(과거형완료상), 올/울(부정시제미래상)', 가상
법에 '건/언(과거형완료상)'이 있었다고 하였다.

4) 시칭형태

　김영황 교수는 중세한국어에서 시칭범주나 태범주는 존재하지 않았
으나 시태범주가 존재하였다 하면서 시태토에 'ㄴ, 니, 리, 더, 거'를 들
었다. 이것을 현재진행 직설에 '는, 는, ㄴ니', 과거지속 직설에 '니(니
다)', 미래진행 추측에 '리', 과거지속 회상 확증에 '더', 현재완료 가상에
'거' 등으로 얹음형을 조성하는 시간의 문법적의미를 나타내었다. 시칭
토 '앳, 엣, 옛'은 중세후기에 산생된 것인데 '(아 어 여)+이시다'로 된
것이라고 하였다. 이것은 맺음토나 이음토에 직접 붙을수 있었으며 'ㄴ,
더, 거' 시태토가 그 중간에 끼워들어갈 수 있었다고 하였다.

　렴종률 교수의 고대의 시간적형태에는 토 '더, 거, ㄴ, ㄴ, ㄹ, 니, 리'
가 있었고 새로운 시간형태는 '아(야) 어(여)+이시다(有)'가 되어 완료의
시간적의미를 나타냈다. 미래의 시간토의 형성은 '그, 게(의지 확신의 의
미)'와 관계되며 미래시간토가 완성된 형태로 많이 쓰이기 시작한 것은
국문소설부터라고 하였다. 15세기 '석보상절'에서 그 조성의 시초, 16세
기 '박통사언해'에서 시초적 형태, 17세기~18세기 '사씨남정기', '춘향
전'에서 본격적으로 토로 쓰였으며 '겟'의 'ㅅ'은 과거시간토 '았 었'에
대응되어 일어난 류추형태라고 하였다.

　류렬 교수는 앞 시기에 이미 과거완료, 현재진행, 과거지속의 세 가지로 하나의 체계를 완성하였던 태범주는 이 시기(15세기~16세기)에 들어오면서 술어로 되는 경우 더욱 발전하여 점차 그 기능은 일정하게 시간의 범주와도 관계를 가지면서 시태적범주에로 넓혀지면서 발전하게 되었다고 하였다. 이 시기 조선말에서의 '태' 범주는 앞시기와 마찬가지로 용언의 규정토 'ㄴ'(현재완료), 'ㄹ'(미연 미완료)와 꾸밈토 '아/어/야/여'(현재완료태), 그리고 '태'를 나타내는 끼움토 '가/거'(과거완료태), 'ㄴ/느', '노/누'(현재진행태), '다/더'(과거진행태) 등에 의해 표현되었으며 '아/어/야/여+이시다(잇다)/겨시다' 의한 지속태가 나타났는데 그 후 이것이 문법화과정이 심화되면서 '앳/엣(얫/옛)'으로 녹아붙어서 시, 태의 범주를 2중적으로 표현하게 되었다고 하였다.

　허웅 교수는 시상법이라 하고 확정법에 '(으/으)ㄴ, (으/으)니', 추정법에 '(으/으)ㄹ, (으/으)리', 현실법에 '느', 회상법에 '다/더' 그리고 그 겹침에 '느+ㄴ, 더/다+ㄴ, 느+니, 더니, (으/으)리+니, (으/으)리+니' 등을 들고 있다. 이기문 교수는 시상선어말어미에 '현재(느), 과거(거), 아, 어, 더, 미래(리)' 등 어미를 두었다. 고영근 교수는 '느, 더, 리, 니/ 는'를 교착적 선어말어미라 하였다. 이숭녕 교수는 15세기에는 시제와 행동의 종별인 상(aspect)이 서로 떨어질 수 없는 관계에 있다고 하였다. 시제는 현재형, 과거형, 미래형으로 대별할 수 있는데 '하느다(현재형), 하더라(과거형), 하리라(미래형)' 그리고 상은 현재 과거 미래와 합치여 행동의 종별이 복잡하게 된다고 하였다.

5) 존경형태

　김영황 교수는 존칭토 '시'(존칭범주)는 리두토 敎(이션), 敎是(이시)의 전신인 '겨시다'에서 온것이며 앞에는 상토와 겸양토, 시태토가 올 수 있다고 하였다. 겸양토 '숩'(겸양범주)은 리두토 '白(솗) ← 솗다'에서 왔고 그 위치는 상토보다는 뒤이나 존칭토보다는 앞에 놓이고 시태토보다도 앞

에 놓이고 말차림토 '이'(말차림범주)는 '이시다'가 변화를 거쳐 '이시다
→있다→잇' 온것이며 말끝을 길게 발음함으로써 상대방을 존경하던
당시의 오랜 습관과 관계되고 오직 맺음토의 앞에만 온다고 하였다.

　렴종률 교수는 주체존경토 '시'는 'ㅅ(불완전명사적단어)'이지 '이시다
(有), 계시다'에서 분리되어 나와 존경토로 된 것이 아니라고 하였다. 객
체존경토 '습/숩/줍/읍(ㅂ→ㅸ)'은 '숣다(말씀드리다)'의 리두단어 '爲白濟
(ㅎ숣져)'에 기원을 두며 16세기~17세기에 이르러 소멸되었다고 하였다.
객체존경의 소멸은 일종의 정중성의 표시와도 결부되었던 그 자체의 특
성과도 관련되어 있으며 그들의 변화의 예를 '줍(묻잡고, 묻지와), 습(습니
다), 읍(ㅂ니다)' 등을 들고있다. 류렬 교수는 15세기~16세기에도 예절범
주는 앞시기와 마찬가지로 높임법(존경법, 존칭법)과 정중법 및 말차림법
(계칭법)의 세가지 체계를 유지하면서 다양하게 쓰였다고 하면서 남높임
토에 '시', 제낮춤토(겸손토) '습/숩/줍/읍', 정중법에 끼움토 '오/우(높임토
'-시'의 경우에만 '-아'로 됨)' 등이 사용되었다고 하였다.

　허웅 교수는 높임법을 이루는 씨끝이라고 하면서 상대높임에 '이, 쇼
셔, 아쎠/어쎠', 주체높임법에 '시, 샤', 객체높임법에 '습, 줍, 숩, 스오,
즈오, 슈오' 등이 있다고 하였다. 이기문 교수는 경어법을 이루는 선어
말어미라하고 겸양법에 '습' 존경법에 '시'공손법에 '이'가 있었다고 하
였다. 고영근 교수는 '습(객체높임)', '시(주체높임법)'를 분리적 선어말어미
라고 '이(상대높임법)'은 교착적 선어말어미라 하였다. 이숭녕 교수는 15
세기의 경어법은 셋으로 분류되는데 존경법 또는 주체존경법('시. 샤'가
개재), 겸양법 또는 주체겸양법('습/숩/줍'이 개재), 공손법 또는 상대존대법
('이'가 개재)이 개재한다고 하였다.

6) 상형태

　조선의 어학자들은 상토를 따로 두고 있다. 김영황 교수는 상토를
'기, 히, 이, ㅣ'와 '오, 우'를 들고 있는데 상토는 단어조성기능과 형태

조성기능을 동시에 가지고 있다고 하면서 상토는 말뿌리에 직접 붙으며 말뿌리와 상토사이에는 그 어떤 다른 형태부도 끼일수 없다고 하였다. 리두어 '令是'를 '시기'로 읽으면서 사역을 표시하였던 말에서 온 것으로 짐작된다고 하였다. 사역이나 피동이나 다 행동의 직접 수행자가 아니라는 점에서 공통성이 있는 데로부터 사역에서 피동이 발달하여 나오게 되었으며 결국 사역이나 피동이나 다 같이 '시기'의 변화인 것이다. '오, 우'는 존경표시의 말줄기모음 '오, 우'와 일정한 련관이 있는 것이 아닌가고 생각한다고도 하였다.

럼종률 교수는 상접미사에 '이, 히, 디, 기, 리, 오, 우, 구'가 있고 기본형이 '이, 오, 우'라 하고 '이(상토)'는 맺음토 '이'가 퇴화되어 부사를 이루어 상적의미를 조성하는데 쓰이는 과정에 상토로 분리됨으로써 거기에 행동성의 의미를 획득한것이라고 하였다. 류렬 교수는 조선말의 상은 능동상 과 비능동상으로 나누고 비능동상에는 시킴상과 입음상이 있다고 하였다. 상은 종합구조의 방법과 분석구조의 방법에 의해 표현되는데 종합구조의 방법은 뒤붙이적 성격을 띠는 상토인 'ㅣ/이, 히, 기, 리'와 '붕/봉', '오/우, 호/후, 고/구 '및 'ㅣ오/ㅣ우', '히오/히우', 'ㅗㅣ/ㅜㅣ' 그리고 특예적인 '이이/히이' 등의 끼움토들을 용언의 뿌리에 붙이는 방법으로 실현되고 분석구조방법에 의한 상의 표현은 '게/기 ㅎ다'와 그 형태변종인 '에/의 ㅎ다' 및 '아/어/야 디다' 등과 같은 단어결합의 구조로 실현된다고 하였다.

한국의 고영근 교수는 피동의 접사에 '이'가 있다고 하였다. 리숭녕 교수는 피동접미사와 사역접미사를 두고 피동접미사에 '이, 예, 히', 사역접미사에 '이, 히, 기, 오, 우' 등이 있다고 하였다.

7) 바꿈형태

김영황 교수는 바꿈토를 체언형토 'ㅁ, 디, 기'와 용언형토 '이'로 나누었다. 럼종률 교수는 체언형토에 'ㅁ(어느 한 때 명사적단어였고 명사만들기 뒤붙이 'ㅁ'와 같음', '기(명사적단어에서 유래)', '디(기와 류사한 의미)'와 명사술어토 '이'가 있었다고 하였다. 류렬 교수는 체언의 용언형토 'ㅣ다/이다/히다'와 용언의 체언형토 'ㅁ(옴/음)', '디/기'가 있다고 하였다.

허웅 교수는 이름법이라 하고 'ㅁ, (으/으)ㄴ, ㄹ, 기' 등 토를 씨 끝에 넣었으며 이기문 교수는 'ㄴ, ㄹ, ㅁ, 기'를 어말어미의 동명사어미에 넣었다. 고영근 교수는 명사형전성어미에 '음, 옴, 기, 롬, 디' 등을 두었다.

3.3. 특수하게 설명된 형태

김영황 교수는 끼움토의 순서를 상토(이), 존칭토(시, 습), 시간토 '니, 리, 더, 거, 느니, 더니'의 순서로 되었다고 하였다. 시칭토 '앳, 엣, 옛'는 맺음토나 이음토에 직접 붙을 수 있었고 '느, 더, 거' 등 시태토가 그 중간에 끼워들어 갈수도 있었으며 '이'는 맺음토의 앞에 만 쓰인다고 하였다.

렴종률 교수는 고대적 불완전명사적 단어들이 그것도 하나가 아니라 여러 가지 단어의 각이한 문법적형태로부터 추상화되어 토로 됨으로써 우리말의 토의 다양하고 또 그에 따라 그 문법적관계도 더욱 치밀하여 발전하게 되었다고 하였다. '(ㄷ, ㅅ, ㄴ)+문법적 형태'가 되어 '다(ㄷ+아)→더, 도, 두, 디, 딘, 데, 둘, ㄷ로, 다, 더, 도, 두', '시→시, 세, 술, 소, 수, 시, 수록, ㄹ셔, ㄹ시', 'ㄴ→눌니, 노, 누, 내, 네, 눌, 느로', 'ㄱ→고, 게, 긔, 가, 거, 구기', 'ㅈ→져, 쟈, 자, 죠, 조, 쥬, 지', 'ㅁ→며, 마, 면', 'ㄹ→려, 랴, 루, 리' 등 형태들이 이루어졌다고 하였다.

류렬 교수는 꾸밈토를 두고 기초적인 꾸밈토에서 파생된 꾸밈토 '아/어/야, 아셔/어셔/야셔, 아다가/어다가/여다가, 게/긔, 긋고, 고, 고려, 오려, 과려, 디, 디웃, 라/러, 려'와 불완전명사 'ㄷ', 'ㅅ'의 조격형태에서 파생된 꾸밈토 'ㄷ록, ㄹㅅ록'가 있다고 하였다.

허웅 교수의 토씨에는 연결법과 끝맺음법이 있는데 연결법은 낱말이나 마디를 연결해 주는 문법적 방식인데 '과/와, 하고, 이며, 이여, 마른' 등 토씨가 있고 끝맺음법은 '고, 오, 루, 가, 이' 등 토씨가 있다고 하였다.

이기문 교수는 선어말어미의 의도법에 '오/우', 과거시상법에 '더', 동명사어미에 'ㅁ, ㄴ, ㄹ', 부동사어미에 '더', 감탄법 선어말어미에 '도, 돗' 등을 두고 있다. 그리고 선어말어미의 결합적순서를 밝혔는데 그 순서는 겸양법, 과거, 존경법, 현재, 의도법, 미래, 감탄법, 공손법이라고 하였다. 예를 들며 'ㅎᄉᆞᆸ더시니, ㅎᄉᆞᆸ시니이다, ㅎᄉᆞᆸ리이다, ㅎ리로소이다'의 순서와 같다.

고영근 교수는 교착적선어말어미에 '오/우(화자, 대상이나 의도법을 표시하는 문법요소), 거(확인법), 돗(감동법), 나(원칙법)' 등을 더 들고 있다. 이숭녕 교수는 동사활용에 부사형을 더 두었는데 유도허용법에 '게, 에, 긔, 의', 금지부정법에 '디', 동발전형에 '논디(-오/우, -아/어), ㄴ디, -(오/우)ㄹ띠'와 같은 형태들이 있었다고 하였다.

3.4. 맺는 말

지금까지 중세한국어 문법적 형태에 대하여 남북의 일부 학자들의 견해를 고찰하였는데 이를 종합해 보면 아래와 같다.

첫째, 국어학 전문용어에서 토냐, 조사냐, 어미냐, 씨끝이냐, 활용형이냐 하는 서로 다른 용어들을 남북학자들 사이 그리고 한국 학자들 사이에 사용된 점들이다. 이것은 중세한국어문법을 학습하고 연구하는 지금 세대들에게 상당한 불편을 가져다 주었다.

둘째, 현대조선어의 문법적 형태는 중세한국어에 기본적으로 나타났다고 말 할 수 있으나 그 분류에서 서로 다른 차이를 보이고 있다. 예를 들면 도움토와 후치사사이, 도움토와 접속토 그리고 수식토 사이에서 토들이 서로 넘 나들고 복수형태를 취급하지 않거나 또는 접미사로 보고 있는 것 등이다.

셋째, 조선의 학자들은 토의 역사에 많은 관심을 가졌다면 한국의 학자들은 역사보다도 토의 사용에서의 의미와 그 분류에 대해 많은 관심을 돌렸다고 보아진다.

넷째, 전시기 남북학자들의 연구성과를 잘 종합하고 통일을 위한 표준한국어문법을 작성하는 것은 21세기 남북한 및 해외에 사는 한민족의 한국어문법에 대한 학습과 연구에 매우 유조할 것이다.

4. 국어관련 분야 남북 교류 현황 및 협력[4]

남북통일은 21세기 한민족 앞에 나선 최대의 과제이다. 통일을 이루려면 우선 원활한 교류가 이루어져야 하고 적확한 교류에서 나서는 제일 관건적 문제는 언어이다. 만약 대화 상대 간에 언어 장애가 있다면 교류가 바로 이루어질 수 없는 것은 명확한 사실이다.

한국의 한 교수가 1974년 11월에 이집트에서 개최된 국제회의에 참석차 카이로에 갔을 때 한글로 된 커다란 포스터에 영자나 아랍글자는 한 자도 없는 순전히 우리글로만 된 '평양 국립교예단'의 공연광고를 보고 무슨 뜻인가 몰라서 당혹스러웠다는 사실, '목댕이, 향참외, 숙보다'고 하면 한국 사람들이 이해하기 힘들고 '프린터, 노크, 선관위'라면 조선 사람들이 무슨 뜻인지 잘 모르는 이것이 바로 남북한 언어의 이질화

---

4) 이 글은 김광수(2003) 「국어학 분야의 남북한 교류의 현황과 교류협력 방안」(국제 고려학회 서울지회 논문집 제4호) 토론문을 수정, 보강한 것이다.

로 인하여 언어 장애가 이루어진 실례이다.

남북한의 교류에 있어서 앞으로 문화, 예술분야 및 경제분야의 교류도 중요하지만 우선 먼저 국어학 관련 분야의 남북교류가 더 활발히 진행되어야 한다. 현재 국어 관련 남북 교류의 현황을 파악하고 남북의 협력 방안을 모색하는 이 일은 남북 통일이라는 이 시점에서 아주 바람직한 사업이라고 생각한다.

4.1. 국어관련 분야 남북 교류 과정에 대한 회고

「국어 관련 분야의 남북 교류 현황과 교류·협력 방안(소강춘)」은 1994년부터 2001년까지 5차에 걸쳐 중국에서 남북한 언어학자들이 동시에 참석한 Korean 컴퓨터처리 국제학술회의와 1996년부터 진행된 기타 국어 관련 남북한 학술대회를 중심으로, 남북 간의 국어 관련 분야 학술 교류 현황을 조사하고 교류, 협력의 문제점을 파악하여 앞으로 단계적으로 추진되어야 할 남북 교류·협력 방안을 정리하였다.

필자는 몇 가지 사실을 들어 남북의 교류의 성과를 지적하였다. 우선 여러 차례의 남북교류 과정에서 자모순, 부호계, 자판, 용어 등에서 일정한 합의가 이루어졌음을 긍정하였다.

자모순을 보면 '1996년 'Korean 컴퓨터 처리 국제학술대회'(3차)'에서

① 자모 배열순서를 '정보교환용'으로 한정한다.(3국이 공동으로 주장)
② 현대 한글과 옛 한글을 분리 배열하자(3국 공동제안). ISO 10646 도 그러한 원칙을 따르고 있기 때문이다.
③ 초성, 중성, 종성으로 분류하여 배열하지 말고, 자음과 모음으로 나누어 배열하자(한국, 조선). 왜냐하면 그렇게 하지 않으면 'ㅇ'을 한국에 양보할 수 없다. 자음과 모음으로 구분한다면 'ㅇ'을 'ㅅ' 뒤에 배열하는 데 찬성하겠다(조선).

④ 자음은 예사소리, 거센소리, 된소리로 구분하여 배열하자(중국).
⑤ 1933년의 한글맞춤법 통일안의 원칙을 따르자(조선, 중국).
⑥ 자음과 모음의 숫자를 51개로 하여 배열하자(한국).
⑦ 자음과 모음 숫자를 24자로 하여 배열하자(조선).
⑧ 'ㅇ'을 북에서 양보하고 ㄲ, ㄸ, ㅃ, ㅆ, ㅉ을 남에서 양보하라(중국).
⑨ 겹모음과 기본 모음을 분리하는 것은 남에서 양보하고 겹모음의 배열 순서는 북에서 양보하라(중국).
⑩ 겹자음 중 각자병서는 조선과 중국에서 양보하되, 합용병서는 한국의 순서에 따라 배열하도록 하자(한국).
⑪ 훈민정음 28자를 기준으로 하자(한국).
⑫ 훈민정음 창제원리에 따르고 그 역사성을 고려하자(3국 동일).
⑬ 옛글자의 자모수와 배열순서는 한국에 맡기자(중국).
⑭ 이두자와 구결자는 추후 연구과제로 하여 다음번에 통일안을 제시하도록 하자(한국).

등 14가지 제안이 제기되었는데 그 중에서 ①, ②, ③, ④, ⑤, ⑥, ⑧, ⑨, ⑩, ⑫, ⑬, ⑭가 채택되었음을 밝혔음을 밝혔다.

다음으로 용어분과는 95년 합의문에서 용어 통일 작업의 원칙을 마련하였고, 구체적으로 용어심의를 하면서 여러 가지 내용이 추가되었고 아래와 같은 내용이 합의되었다고 하였다.

① ISO 2382를 기본으로 한 2,100개의 용어를 통일안 대상용어로 선정한다.
② 이 중에서 개념상 차이가 있는 10% 정도의 용어는 복수 안으로 인정하도록 하였으며 나머지 90%의 용어는 단일 안으로 확정하였다.
③ 합의된 용어는 『정보처리용어표준사전』이라는 이름으로 1997년 5월까지 공동으로 출판하여 보급한다.
1999년 중국 연변에서 『국제표준정보기술용어사전』이 출판
수정증보판 2002년 6월(한국정보학회, 중국조선족신식학회, 조선교육성프로그람 교육센터)저 한국통신문화재단 발행(3000개)

　필자는 1996년 학술대회의 성공적인 남북 및 중국의 합의에도 불구하고 각 국에서의 합의사항은 제대로 지켜지지 않았고 특히 한국의 경우는 일반 단체의 합의사항을 공식적인 기구에서 수용하려는 노력이 전혀 없었음을 밝혔다.

　2001년 제4차 학술대회의 공식적인 성과는 남북한 학자들이 4회에 걸쳐 만났고, 96년 합의사항을 각 측에서 어떻게 진행시키고 있는가에 대한 확인 및 반성의 기회를 가진 것이었다고 하였다. 그러나 논문 발표를 통해서 새롭게 제기된 문제들은 다음 모임에서 논의하기로 했고, 유니코드 문제는 남북이 ISO의 권고에 따라 모임을 가진 것으로 보고하기로 했다고 하였다.

　소위원회에서는 앞으로 ISO-10646을 개정한다면 명칭은 JEONGEUM-JA(정음자)로 하기로 하고, 남북이 협력해서 이에 대처한다는 합의를 했다고 밝혔다.

　필자는 또 2001년 남북 언어 동질성 회복을 위한 제1차 국제학술회의(북경)의 성과를 지적하였다. 회의에서는 '방언자료의 보존과 조사자료 교류' 등 11종의 문제가 논의되었는데 그 중 '그 동안 한국의 국립국어연구원에서 추진해왔던 국어 순화자료집과 조선의 사회과학원에서 추진해왔던 말 다듬기 자료를 합해서 공동의 이름으로 출판하자는 제의, 21세기 세종계획 특수자료분과에서 구축하고 있는 조선의 말뭉치를 조선에서 직접 구축하는 것이 의미 있는 일일 것이라는 측면에서 추진되어 '로동신문, 평양신문, 문학신문'을 입력해 조선의 창덕 코드로 받기를 희망 등을 추진하기로 하였다고 하였다.

　특히 이 글을 통하여 우리는 남북간의 교류과정에서 처음에는 대방을 잘 인식 못하고 각자가 자신의 정당성만 주장하고 상대방의 항복을 요구하는 식으로 논의가 진행되던 데로부터 학술대회에서의 성공과 실패의 교훈을 맞보는 3차 학술대회 과정에서 어떤 형태로든지 합의를 이끌어내기 위해서 서로 상대방의 입장에서 생각하는 자세를 가지고, 서로 들 만나면서 서로의 입장을 배려한 인간적인 신뢰를 쌓기까지의 단계를 자세히 설명되고 있다.

여기서 지적하고 싶은 것은 글에서 남북교류 현황을 설명할 때 조선은 정부 주도로 사전에 발표 주제와 발표자가 선정되어 체계적으로 준비된 것, 한국은 국어 정보화에 관련된 공학자들과 국어학자들이 각자의 관심 분야에 대한 논의된 것, 중국 조선족 학자들은 지금까지 자신들이 쌓은 언어학 연구성과를 발표하는 것 등 모순된 상태를 보이고 있다고 설명하였다. 그러나 글에서 모순을 해결하는 가장 좋은 방도를 더 지적하여 주지 못한 점이 아쉬운 점이다.

다음으로 필자는 국어학 분야 남북한 교류협력 단계를 세 단계로 나누어 설명하였다.

- 1단계 : 같은 주제를 가지고 각자의 입장을 제시하는 단계
- 2단계 : 제시된 각자의 입장을 이해하고 이에 대한 면밀한 연구를 진행하는 단계
- 3단계 : 서로의 입장을 이해하고 대승적인 견지에서 남북한 모두에 이익이 되는 새로운 안을 만드는 단계

여기에서 우리는 문제 해결의 가장 좋은 대안은 역사와 현실 파악하는 것인데 남북한 교류가 이 세 단계에서 지금 어느 단계에 있는가에 대한 상세한 설명도 더 하여 주었다면 좋았을 것이라고 생각한다.

개괄해 보면 일부 미흡한 점들도 없지 않으나 「국어 관련 분야의 남북 교류 현황과 교류·협력 방안(소강춘)」은 국어관련 분야의 남북교류의 성과와 방향을 잘 지적해 주었다고 본다.

4.2. 국어관련 문화교류와 협력 제안

남북한 국어학 관련 분야의 교류와 협력 방안을 몇 가지로 더 제안한

다면 아래와 같다.

우선 남북 서로간의 신뢰를 더욱 쌓아야 한다고 본다. 남과 북은 매우 이율 배반적인 요인을 가지고 있다. 같은 민족(피)이라는 민족심에 다가, 서로 맞선 바도 있어 상대방이 나를 아직 이해하지 못하고 있다는 마음도 동시에 지니고 있다고 본다. 때문에 민족심 만을 앞세울 것이 아니라 그 무엇인가를 상대방이 나를 이해하지 못하고 있다는 마음도 충분히 고려해야 한다. 물론 이러한 심성은 반드시 민족심으로 극복해야 하는 과정에 남과 북은 놓여 있다. 이 과정을 극복할 수 있는 가장 중요한 관건의 신뢰의 회복이다.

남과 북은 상호 신뢰를 증진시키기 위해 애써야 한다. 서로 같은 점과 다른 점을 냉정히 인정하고 다른 점을 존중해 줘야 한다. 사소한 약속이라도 지켜야 하고 못 지키면 충분히 설명해야 한다. 특히 남북의 이질적인 정치 현실에서 정치적 오해를 살 만한 언동에도 신중을 기해야 한다.

다음으로 남북 직접 교류의 발판을 마련해야 한다. 현재 남북의 현실 때문에 중국의 중재가 필요했으나 차차 그 의존도를 좁힐 필요가 있다. 중국 측에서의 중재보다는 학술 교류 본래의 뜻에 맞춰 체육이나 예술 분야의 교류처럼 학문적인 영역에서의 정부적 차원이 주도인 남북 교류 참여를 지향해야 한다. 이것은 시간적으로나 경제적으로 많은 낭비를 막을 수 있다고 보고 오해도 풀 수 있다고 본다. 대신, 남쪽이 스스로 교류의 주체가 되기 위해 나서야 한다. 이 때 가장 중요한 것은 일관성 있는 교류 원칙과 단일화된, 축적된 경험을 가진 창구가 필요하다. 중구난방으로 접촉하고, 약속하여 교류 역량을 허비하는 경우가 많다. 조선은 언제나 단일창구라는 점을 충분히 깨달아야 한다.

일회성 교류에 끝나지 말고, 작은 프로젝트라도 연중으로 공동으로 할 수 있는 기회를 만들 것을 권고하고 싶다. 그리고 작은 성과물이라도 만들어 놓아야 한다. 학술회의 그 자체로서만 끝나면 대체로 회의 성과의 직접적인 효력이 반감된다. 회의에서 논의하는 것도 실천적인 것을 중심으로 다루고, 그것을 곧 바로 남북 공동 프로젝트화(방언조사라든가, 전문용어사전 공동 편찬) 등 하여 연중 실시해 나가는 것이 필요하다. 그러면 사실상 연중 교류가 일어나는 효과를 거둘 수 있다. 물론 프로젝트 비용은 남측에서 부담하는 것으로 하는 것이 현재의 실정으로서는 불가피하다.

남북한 국어 관련 분야의 교류범위를 확대해야 한다. 논문에서 보여 주시다 시피 남북 국어관련 분야의 교류는 지금까지 몇 차에 걸친 정보처리 학회와 남북 언어 규범 통일을 위한 학술대회를 중심으로 진행되었는데 이후는 언어학 관련 자료 발굴, 방언 조사, 국어사연구 및 외국인을 위한 한국어교육, 도서교류 등으로 확대하는 것이 바람직하다.

이와 같이 국어 관련 분야의 남북 교류는 지금까지 적지 않는 성과를 거두었다. 이후 발전해 가는 남북의 교류와 통일을 지향하여 더 큰 교류가 이루어져야 한다. 더 큰 교류가 이루어지려면 반드시 정확히 현실을 파악하고 정밀한 교류 계획을 세우고 적극적인 활동을 진행해야 한다.

남북의 스포츠, 예술 분야의 적극적인 교류에 비하면 국어학 분야의 교류가 어딘가 상대적으로 적고 더디다는 감이 든다. 바라건대 어느 분야보다도 국어학 분야가 선두에 서서 적극적인 교류를 진행하고 남북한 언어의 동질성과 이질성을 잘 분석하는 것이 가장 바람직하다고 본다.

5. 한국의 형태소 '께'의 용법에 대한 소고

형태소란 언어에서 어휘적 의미 혹은 문법적 의미를 나타내는 최소의 유의미적 단위로서 한 언어의 하나 하나 형태소를 잘 분석, 연구하는 것은 올바른 언어 사용과 교육은 물론 자연언어처리에서 아주 필요한 작업이며 문법연구의 매우 중요한 과제이다.

일반 국어사전에 형태소의 의미와 용법이 잘 정리되어 있는데 사전적 의미와 용법은 언어학자들이 선인들의 언어현실에 대한 정밀한 분석을 통해 얻어낸 결과에 대한 종합적 기술이라고 말할 수 있다. 하지만 언어라는 것은 고정불변한 것이 아니고 늘 변화과정에 있는 것이어서 사전적 해석만 그대로 믿을 것이 아니라 실제적인 언어 현실을 끊임없이 연구하고 그 의미를 새롭게 도출하는 사업도 현실 언어연구에서 매우 필요하고 중요한 과제이다.

필자는 현재 우리가 실제 사용하는 한국어 언어자료를 수집하던 과정에 현대 한국어 형태소 '께' 용법이 아주 특이함을 발견하였다. 여기에서 말하는 실제 자료란 웹사이트 구글(Goole)에서 검색된 자료들을 말한다. 본고에서는 이러한 자료들을 중심으로 형태소 '께'의 용법을 다시 한 번 분석하고 그 의미를 재확인하려고 한다.

5.1. 형태소 '께'의 사전 정의

우선 형태소 '께'에 대해 현대 한국어사전 표준국어대사전(한컴사전), 국어대사전(이희승 제3판), 우리말큰사전(한글학회), 연세한국어사전(웹사전) 등에서의 정의를 찾아보았다.

● 표준국어대사전(한컴사전)

께1 『방』 ① '매끼01'의 방언(제주). ② '물렛줄'의 방언(제주).
께2 ① '에게①'의 높임말. ¶형님께 무슨 일이 생겼나요?/우리 사장님께 그만한 돈이 있겠습니까? ② '에게②'의 높임말. ¶이 기쁜 소식을 부모님께 제일 먼저 알려 드리고 싶어요./선생님께 인사를 올리고 싶습니다. ③ '에게③'의 높임말. ¶선생님께 야단을 맞았어요./부모님께 용돈을 타서 쓰고 있어요.

께3 『방』 '에게'의 방언(함북).

─께4 「어미」 '─ㄹ게'의 잘못.

─께5 「접사」 『시간이나 공간을 나타내는 일부 명사 뒤에 붙어』 '그 때 또는 장소에서 가까운 범위'의 뜻을 더하는 접미사. ¶이달 말께/서울역께.

● 국어대사전(제3판)

께1(명) : 방[동물]게

께2(명) : 방[식물]깨(전남)

께3(조) : 에게의 높임말 // 형님께 드리겠다.

─께1(미) : 어떤 때나 곳을 중심 잡아 그 가까운 무렵의 범위.//그믐께 오너라/ 남대문께쯤 갔을 거다.

─께2(어미) ─ㄹ게를 어리숭하게 나타내는 말. //다녀 오게 기다려라. 이제부터는 잘하게.

● 우리말큰사전(한글학회)

께1((동)) 게1. 경남

께2((식)) 깨1. 전남

께3 매끼1. 제주 물렛줄. 제주>

께4 뚜껑① 경기

께5 함께. 그 보자기에 이것도 ~ 싸게나. 평북

께6 사람을 나타내는 임자씨에 붙어, 어떤 곳이나 대상을 나타내는 '에게'의 높임말. 행동이 닿거나 미치는 대상을 나타낸다. 선생님~ 여쭈어 보자. 부모님~ 효도를 다하지 못했다. 아저씨~ 드려라. 사물의 있는 데나 일이 일어나는 데를 나타낸다. 형님~ 그만한 돈이 있을까? 그분들~ 무슨 일이라도 생겼을까? 어떤 행동을 일으키게 하는 대상을 나타낸다. 선배들~ 뒤질세라 열심히 공부했다. 그분~ 감화되어….

─께1(뒤) : 1) 어떤 때를 중심으로 한 그 가까운 범위. 보름께, 그믐께, 열흘께 2) 어떤 곳을 중심으로 한 그 가까운 범위 남대문께, 네거리께

－께2(끝) : －ㄹ께. 다녀 오께, 내일 가께.

● 연세한국어사전

께1 【조사】
[Ⅰ]
1. 행위자가 하는 행위를 받는 대상을 나타냄. '에게'의 뜻.
 ● **예문** 남들은 첫 월급을 타면 부모님께 속내의를 사 드린단다.
2. '에다'의 뜻.
 ● **예문** 마음을 그분께 두고 어찌 껍데기만 다른 사내에게 갈 수
 있겠어요
3. ㄱ. 행위주임을 나타냄. '~에 의해'의 뜻.
 ● **예문** 아버지께 야단을 맞고 나면 혼자서 조용히 나만의 장소에
 올라가 엉엉 큰 소리로 울었다.
 ● **예문** 저도 교수님께 교습을 받을 수 없을까요?
4. 어떠한 행위를 하도록 시킴을 받는 대상을 나타냄. '~로 하여금'
 의 뜻.
 ● **예문** 아무리 어수선한 난중이라고 하더라도 혼례 전의 어린 아
 씨께 아이를 포태하게 하실 수는 없습니다.
5. 어떠한 느낌을 가지게 하는 대상을 나타냄. '~에 대하여'의 뜻.
 ● **예문** 다만 아버님, 어머님께 미안해요./저도 사장님께 늘 고마
 워하고 있어요.
6. 어떠한 느낌이나 상태를 느끼는 주체임을 나타냄. '에게'의 뜻.
 ● **예문** 선생님께 필요한 사람이 곧 제가 되듯이 제게 필요한 사
 람도 선생님이에요.
7. 어떠한 기준임을 나타냄. '에게'의 뜻.
 ● **예문** 물론 지금 입고 있는 옷도 교수 나으리께 잘 맞기는 하
 죠./이 옷은 형님께 어울리질 않아요.
[Ⅱ] 편지와 같은 글에서 받는 사람이 높여야 할 대상일 때 그러한
 대상 '~에게 드림'을 뜻함.
 ● **예문** 권남혁 선생님께./고마우신 부모님께. 고마우신 부모님, 오
 늘은 뜻깊은 어버이날입니다.
[Ⅲ] ['~께 대한'의 꼴로, 관용 표현에 쓰이어] 행동이나 상태가 작
 용하는 대상을 제시하여 나타냄.

● 예문 여기에 참가한 여러분께 대한 죄책감이 없지 않습니다.
-께2 【접미사】 [시간이나 장소를 나타내는 일부 명사 뒤에 붙
어] '-에 가까이'의 뜻을 나타냄.
● 예문 그믐께/학교 정문께/10시께

이와 같이 형태소 '께'에 대한 사전의미는 여러 가지인데 네 사전의
정의를 종합해보면 아래와 같다.

첫째, 방언에서 명사 혹은 부사로 쓰임 : 명사로는 미끼(제주), 물레줄
(제주), 게(경남), 깨(전남), 뚜껑(경기)로, 부사로는 함께(평북) 의미로 쓰인다.

둘째, 어미로서 내 내일 꼭 가께. 처럼 '-ㄹ께'의 의미로서 쓰인다.

셋째, 조사로는 '에게'에 높임말로 쓰인다.

넷째, 접미사로도 쓰이는데 어떤 때나 곳을 중심으로 한 그 가까운
범위 '열흘께, 보름께, 남대문께, 가슴께' 등으로 나타난다.

본 고에서 고찰하려는 부분은 첫째의 방언적 의미와 둘째의 어미로
쓰임을 제외된 나머지 의미 셋째와 넷째의 의미이다.

5.2. 형태소 '께'의 실제 용법

실제 사용하는 자료를 분석해 본 결과 아래의 용례들이 나타나고 있
다.

우선 사전적 의미에서의 셋째 의미 즉 체언에 붙어서 '에게'의 존경
의 의미로 쓰인 것들이 대부분이다.

● 예문
① 출판기획자 여러분께 내 책을 팔고 싶다!
② 존경하는 선생님, 보고 싶은 선생님 등 학생이 선생님께 전하는
사연을 올리면 본사가 선정한 좋은 사연에 대해서는 지면에도 보

도하여 드리겠습니다.

③ 젖을 먹이면 엄마에게도 좋은 거라고 할머님께 설명하느라고 땀
을 뺐었습니다.

④ 모든 영광을 하나님께 돌릴 수 있도록 기도하자.

⑤ 늘 학점이 모자라 담당 교수님께 찾아가 양해를 구했던 것은 사실
이다.

⑥ 아직도 분별이 모자라 교수님께 심려를 끼쳐 드린 것 같아 송구스
럽습니다.

⑦ 부모님께 건강을 선물하세요.

⑧ 신앙생활은 우리의 모든 것을 하나님께 맡기고 사는 생활입니다.

⑨ 만약 제가 할머니께 걱정을 끼쳐 드렸다면 죄송합니다.

⑩ 새 학기 준비와 학업에 열중해 있을 학생 여러분께 격려의 인사를
전합니다.

다음으로 사전적 의미에서의 넷째 의미 즉 어떤 시간을 중심으로 가
까운 범위를 나타냄에 쓰인 예들도 있다.

● 예문

① 개표는 전자개표기로 실시함에 따라 이르면 투표 당일 오후 9시
께 후보자별로 당락이 가려지고 자정 전까지 개표작업이 완료될
것으로 중앙선관위는 내다봤다.

② 하지와 대서 사이에 들어 있으며, 음력으로는 6월, 양력으로는 7
월 7, 8 일께가 된다.

③ 소서와 입추 사이에 들며, 음력 6월, 양력 7월 23일께가 된다.

④ 다만 이 지역 주민들 사이에 내려오는 영등살의 전설에 담긴 내용
을 분석해보면 지금부터 약 3백 여 년 전인 1680 년께가 아닐까
싶다.

⑤ 보고서는 유럽의 개인 소비 부문이 올해에도 여전히 미약할 것으
로 보인다며 내년께가 되서야 회복세를 되찾을 것으로 내다봤다.

⑥ 망종과 소서 사이에 들며, 음력으로 5월, 양력으로 6월 21 일께가
된다.

⑦ 공연은 예정보다 약 20분 늦어진 7시 50 분께가 되어서야 시작
됐다.

⑧ 그믐<u>께</u>마다 하늘로 밤마실 나다니 던 달이 보름에 애비 모를 애를
  뱄다.

  이때의 '께'를 접미사로 볼 것인가 조사로 볼 것인가 하는 문제가 존
재한다. 예들에서 보여주다시피 접미사로 보지 말고 조사로 보는 것이
더 낫지 않을가? 모든 시간명사 뒤에 붙어서 접미사의 의미를 벗어나
완전히 추상적이고 관계적 의미를 나타내기에 문법적 형태로 보는 것이
더 합당할 것이다. 즉 이미 문법적 추상화를 거친 조사로 보는 것이 더
적합하다.

  어떤 위치를 중심으로 한 그 가까운 범위를 나타내기도 한다. 이때는
주로 명사에 붙어서 파생적 의미를 나타내기에 접미사로 보아도 무방
하다.

● 예문
  ① 물이 선뜩해서 아래턱이 덜덜거렸으나, 오그라 붙은 사타구니<u>께</u>를
    한 손으로 꽉 움켜쥐고 버티는 수밖에 없었다.
  ② 그러나 자신도 억제하지 못할 한 가닥 기쁜 마음이 벌써부터 가슴
    언저리<u>께</u>를 간지럽히는 것이었다.
  ③ 지원은 가슴<u>께</u>를 짓누르는 묵직한 통증에 티셔츠를 입은 채로 왼
    쪽 가슴을 손바닥으로 감쌌다.
  ④ 이마<u>께</u>가 꽉 막힌 기분입니다.
  ⑤ 가슴<u>께</u>가 져렸다.
  ⑥ 오히려 영훈은 아내의 코 위에 걸려있는 작은 멸루치 떼 같은 눈
    웃음으로 인해서 늘 가슴 언저리<u>께</u>가 편하게 느껴지곤 하였었다.
  ⑦ 그러나 앉아 있어도 나올 기미가 없어 일어서는데 갑자기 명치<u>께</u>
    가 찢어지는 듯 고통이 온다.
  ⑧ 안채가 돌아앉아 있어서 대문<u>께</u>의 기척을 들을 수는 없지만 마당
    에 깔린 흰 잔 돌이 발에 밟히는 소리가 들렸는데도 누구도 그에
    게 신경을 쓰지 않았다.
  ⑨ 장기적 지질안정성의 평가를 위해서는 기존의 불연속면체계가 정
    밀하게 조사 및 분석되어야 할 뿐 아니라, 응력장의 변화에 따른

불연속면체께의 변화가 예측될 수 있어야 한다.

현대 한국에서 수량을 나타내는 수량사의 뒤에 붙어서 어떤 양의 가까운 범위도 나타내기도 한다.

● 예문
① 10mm 께의 폴리에스터 베이스에 유재가 발라져 있습니다.
② 해발 1,200m 께를 넘어서자 분위기 파악을 못한 일부 '조숙한' 나무들이 단풍으로 제법 빨갛게 물든 이파리들을 뽐낸다.
③ 이 시기를 유치열기라고 하는데 유치열기는 첫 영구치가 나오기 시작하는 만 6세께까지 계속된다.

이 부분은 사전정의에서도 지적하지 못한 부분이라고 할 수 있다. 즉 이때의 용법을 접미사로 보기보다는 추상적 관계적 의미를 나타내는 문법적 형태로 쓰였다고 보아도 무방할 것이다. 정도를 나타내는 보조사로 보아야 할 것이다.
기타의 용법으로 아래와 같이도 쓰인다.

● 예문
① 필요한 것을 모두 다 가진 자신도 세상에 대해서 화가 날 때가 너무 많은데, 자신이 볼 때 불쌍하기 그지없는 나께가 늘 행복한 모습을 하다니요?
② 얼마 전 차를 타고 수원 어디께를 지나다 보니 길 옆 학교 운동장에 잔디가 곱게 깔려 있었다.

이때 명사가 아니라 대명사 '나, 어디' 등 단어의 뒤에 오기에 접미사로 볼 수 없다.
일부 경우에는 '께'가 문법적 형태'-나'와 결합하여 완전히 하나로 굳어져 쓰이는데 이때 접미사적으로 쓴 것으로 보기 보다는 문법적 형태로 쓰이면서 관계적 의미를 더 잘 나타낸다고 보아야 할 것이다.

● 예문

① 언젠가 부산에서 어느 수석전시회장을 갔는데 돈푼께나 있는 것
으로 알려진 그 수석회의 회장이라는 자가 손을 내저으며 전시장
취재를 거부하는 거다.

② 이쯤되면 기방께나 출입하시고, 방귀께나 꾸신다는 천하제일의 세
도가 들은 다 포함되었을 성 싶다.

③ 그의 아내가 함께 먹고 마신 자들을 물으면 모두 돈 많고 벼슬께
나 하는 자들이었다.

④ 이런저런 자리에서 목청께나 높은 사람들이 도심폐선도의 이용방
안에 대해 실천 척인 모습을 보인 예를 찾아보기 힘들다.

⑤ 지나고 보니 내 딴에는 든든한 배경남 명관계 조직과 자금 덕으로
제법 어깨 힘께나 썼던 모양이다.

⑥ 특히 청년들을 주요 대상으로 하여 동화교육이란 명목으로 글께
나 아는 친일 세력들과도 협조체제를 구축하고 최선생의 감동적
인 정신을 치밀한 계획 하에 철저하게 왜곡 말살한다.

⑦ 아침부터 푹푹 찌는게 오늘도 땀께나 흘리겠다는 생각을 하며 국
립공원 매표소 안으로 들어서는데 매표소 직원이 반갑게 맞이해
준다.

⑧ 마구잡이로 힘께나 쓰고, 달리기나 할 줄 아는 선수들은 경쟁에서
밀려나고, 장기적으로 조직적인 훈련을 쌓은 선수들만이 우승 경
쟁에 들어가 각국은 선수 훈련에 새로운 눈을 뜨기 시작했다.

위의 예를 보면 보조사 '–나'와 결합하여 '–께나'라는 하나의 형태
로 명사의 뒤에 붙어 보조적으로 쓰이면서 해학적이고 비양조로 어떤
정도를 나타낸다. 이때 '–께나'를 하나의 문법적 형태로 인정하는 것이
바람직하나 사전에는 이에 대한 설명이 없다.

5.3. 형태소 '께'의 사용에 대한 재인식

형태소 '께'의 사용을 앞뒤 언어환경을 실제 용례를 통해서 다시 한

번 확인해 보는 작업이 아주 필요한 것이다. 그것은 하나의 유의미적 단위인 형태소가 문장 안에서 고립적으로 존재하지 않고 앞뒤 언어환경과 밀접한 연관관계를 가지고 있기 때문이다.

형태소 '께'의 앞에는 명사, 수사, 대명사 등 품사들이 모두 올 수 있다.

존경을 나타내는 명사의 뒤에 '께'가 쓰일 때 조사 '에게'와 대응되는 존경의 의미를 나타낸다.

● 예문
① 고향으로 돌아가고자 하는 이 경향성은 결국 우리가 <u>하나님</u>께로 돌아가고자 하는 본능이라 하겠습니다.
② <u>예수</u>께로 가면 나는 기뻐요 걱정 근심 없고 정말 즐거워.
③ 나는 <u>아버지</u>께로 간다.
④ <u>당신</u>께로 나아오기를 쉽게 허락하시는 <u>예수님</u>께 22일의 조배를 드립니다.
⑤ 당은 우리를 항상 부르시고 기다리시며, <u>당신</u>께로 나아오는 모든 이들을 즐겨 맞으며 계시나이다.
⑥ 죄가 나를 붙잡고 협박한다면 <u>하나님</u>께로 도망해야 한다.
⑦ 나는 <u>그분</u>께로 강하게 끌리는 것을 느꼈다.
⑧ 주님은 인류를 위해 자신의 생명을 내어놓은 영웅이 아니라, <u>그분</u>께로 나아오는 모든 자들에게 생명이 되시는 유일하신 구세주이시다.

상술한 용례에서 보면 하나님, 예수, 그리스도, 주, 여호와, 성령, 동정녀, 부처님, 아버지, 당신, 그분, 여러분, 교수님, 선생님, 부모님, 고객, 회원, 오빠는 존경을 나타내는 명사들이기에 문법적 형태소 '에게'가 아니라 '께'가 붙어서 객체에 대한 존경을 나타내는 것이다.

시간을 의미로 쓰이는 '-세기, -년, -월, -일, -분' 등 명사가 올 때 어떤 때(시간)를 중심으로 한 그 가까운 범위를 나타난다.

● 예문
① 정치 경제적인 문제 외에 미국이 <u>3월</u> 중께를 개전시점으로 잡은 결정적 이유는 이라크의 기상 조건이다.

② 우리나라 농경문화의 흔적은 대략 기원전 10세기께의 청동기시대
부터 나타난다.
③ 현재까지 국제적으로 공인된 중국의 문자사용 년대는 20 세기 초
에 발견된 갑골문자를 근거로 기원전 1천4백 년께의 상대商代·
·이를 흔히 殷代라고 함 말기로 추정하고 있다.

위치나 부위를 나타내는 명사의 뒤에서는 위치를 중심으로 가까운 범
위를 나타낸다.

● 예문
① 그는 내 입술께를 쳐다보며 의아한 표정을 지었다.
② 쉰다는 것은 그냥 쉴 수 없어서 나무의 밑둥치께를 두 손으로 붙
들고 엉덩이부분의 근육을 펴주면서 척추를 타고 흐르는 마디마
디 사이의 근육 들을 풀어주고 강화시키는 운동으로 한 번에 약
100회씩 흔들어주곤 한다.
③ 물론 너무 외로움에 젖어 있어도 문제지만 때로는 옆구리께를 스
쳐 가는 외로운 같은 것을 통해서 자기 정화, 자기 삶을 맑힐 수
가 있다.
④ 손날로 가슴을 강하게 두드려주던 손바닥으로 가슴께를 골고루
두드려 가슴에 쌓인 피로를 풀어줍니다.

이 밖에도 대명사 '나' 의문대명사 '어디' 등도 앞에 올 수 있다.

① 필요한 것을 모두 다 가진 자신도 세상에 대해서 화가 날 때가 너
무 많은데, 자신이 볼 때 불쌍하기 그지없는 나께가 늘 행복한 모
습을 하다니요?
② 얼마 전 차를 타고 수원 어디께를 지나다 보니 길 옆 학교 운동장
에 잔디가 곱게 깔려 있었다.

이와 같이 형태소 '께'의 앞에 여러 가지 어휘적 의미를 나타내는
단어들이 쓰이면서 각이한 의미를 나타낸다는 것을 알 수 있다.
다음 '께'의 뒤에는 기타 여러 문법적 형태소들과 잘 결합되어 쓰인

다. 그러한 결합관계에 있는 형태들을 보면 '께로, 께로의, 께와, 께의, 께나, 께는, 께도, 께라도, 께마다, 께마저, 께만, 께보다, 께조차, 께처럼, 께와, 께면, 께부터, 께까지, 께야' 등이다.

예를 들면 아래와 같다.

● 께로
   ① 너무도 갑자기 그 분의 샬롯 귀향을 통해서 샬롯이 그리스도께로 돌아올 만한 가능성을 보았기 때문입니다.
   ② 자유와 기쁨 베푸시는 주께로 옵니다.
   ③ 죄악 가운데 빠진 자들이 여호와께로 돌아오기를 기다립니다.
   ④ 그가 세상을 떠나시지만 아주 사라지시는 것이 아니라 그를 보내신 아버지께로 돌아간다는 사실을 말씀하여 제자들을 위로하신다.

● 께로의
   ① 예언자들이 보는 회개란 한마디로 하나님께로의 돌이킴이라고 정의할 수 있다.
   ② 그러나 인간의 자유는 죄로 손상되었으므로 하느님의 은총을 힘입지 않고 서는 하느님께로의 지향을 완전히 행동할 수는 없다.
   ③ 이태리 음악의 자존심이며 상당한 위상을 자랑하는 주께로의 무대는 무언가 조금 모자란 듯한 인상을 남기게 된다.
   ④ 내가 바라는 오직 하나의 선물은, 쉬지 않고 불타는 당신께로의 사랑뿐입니다.

● 께와
   ① 존경하는 김정일 각하 나는 해방의 날에 즈음하여 당신께와 전체 조선인민에게 축하를 보낸다.
   ② 나는 민족적 명절인 태양절에 즈음하여 당신께와 전체 조선 인민에게 축하를 드립니다.
   ③ 그리고 여기서 나오는 모든 영문 출판물들은 전부 교황 성하께와 교황청의 여러 성성들에 제출되어 오고 있다.
   ④ 끝으로 그날 밤 특별하신 생각으로 출연하야주신 여러 분께와 및 독자 여러분께 감사한 말씀 다시 지상으로 올리며 붓을 놓습니다.

- 께의
  ① 우리가 면병과 포도주가 예수님의 살과 피로 변하는 것을 육안으로는 볼 수 없듯이, 마리아께의 봉헌의 효과를 눈으로 볼 수는 없다.
  ② 이틀밤이나 잠못 이루던 마음은 선명해진 남산과 그 언덕께의 짙은 녹음의 빛깔로 화들짝 추스려집니다.
  ③ 거룩한 교부들의 가르침은 복되신 동정녀께의 모범으로서의 힘을 여러 가지 모양으로 표현하고 있다.
  ④ 1999년 6월, 이곳 히가시나라유적에서 기원전 1,2 세기께의 소형 동탁이 출토됐다.

- 께나
  ① 이왕이면 예쁜 말 바르게 쓰시는 게 쓰는 분께나 보시는 분께나 좋다고 생각해요.
  ② 최정애 권사 음악부장께나 박성준 지휘자에게 문의하시기 바랍니다.
  ③ 단지 대학에서 수학을 전공하는 학생이나, 교수님께나 고도의 이해력이 필한 것이지요.

- 께는
  ① 본교환권을 가져오시는 분께는 무료 한방피부관리 쿠폰을 드립니다.
  ② 선착순 20분께는 비닐백을 드립니다.
  ③ 2만원이상 구매 고객께는 비즈와 원석을 이용한 심플 한 링 귀걸이를 선물로 드립니다.
  ④ 무통장 구매 고객께는 송금수수료를 일괄적으로 되돌려 드립니다.
  ⑤ 포항공대에 기부하시는 분께는 다음과 같이 예우 해 드립니다.
  ⑥ 낙찰되지 않은 분께는 전액을 환불합니다.
  ⑦ 맞추시는 분께는 DVD 플레이어나 에어컨기능 정장교환권 중에 하나를 드립니다.
  ⑧ 정기구독 회원께는 호산나음악사에서 발행되는 성가곡집을 수시로 증정합니다.

● 께도
　① 내가 살아가면서 세상을 사랑하고 사람을 사랑하게끔 만들어 주
　　셨고, 차가운가슴에 온기를 불어넣어 주신 이형득 교수님께도 감
　　사를 드립니다.
　② 또한 학생들을 적극 지도해 주시고 선행을 발굴하여 주신 선생님
　　들과 학교 관계자 여러분께도 감사와 찬사를 드립니다.
　③ 끝으로 영예의 수상자 여러분께도 다시 한번 진심으로 축하의 말
　　씀을 드립니다.
　④ 알릴 수 있도록 서버 사주신 교수님께도 감사하구요.
　⑤ 이중섭의 친구며 그 기념사업회 회장이신 구상 시인께도 고개 숙
　　여 감사드린다.
　⑥ 그리고 우리를 지금 이 자리까지 설 수 있게 해주신 이수만 선생
　　님과 혜익이 오빠, 경욱이 오빠께도 감사드립니다.
　⑦ 바쁘신 중에도 신경을 써주신 교수님께도 감사를 드립니다.
　⑧ 학교에서 열심히 가르쳐 주신 홍신선, 박제천, 이종대 선생님께도
　　감사드린다.
　⑨ 아버지께도 이번 기회를 빌어 감사의 말씀을 드리고 싶습니다.

● 께라도
　① 단 한 분께라도 희망을 전달해 드렸으면 하는 마음으로 이 글을
　　올립니다.
　② 여러분이 학교에 가기 전에 등록을 마치긴 힘드니까 부모님께라
　　도 부탁해서 강의 등록하시는 게 좋을 거 같네요.
　③ 불자가 아닌 제가 영광스런 이 작업을 훌륭히 끝낼 수 있도록 부
　　처님께라도 매달려야 하는 심정이었으니까요.

● 께마다
　① 이 손으로 법계 끝까지 가도록 지성을 할지며 두 손에 법의 공물
　　을 가져 법계에 가득 차신 부처님께마다 모든 부처님께 공양하고
　　싶어라.

● 께마저
　① "이제 부모님께마저 내 신용을 잃어버리게 될 것이다"며 걱정했다.
　② 아버지께마저 버림받은 그 철저한 고독 속에서.

● 께만
① 세 번째로는 오직 하나님께만 영광을 돌렸기 때문이었습니다.
② 우리는 오로지 그분만을 믿고 그분께만 의지하고 그분께만 구원을 요청한 다.
③ 1600만 화소를 1600만원에 5분께만 드립니다.
④ 오늘은 무조건 주께만 드리고 싶습니다.
⑤ 신청시에만 가능이라는 의미는, 무료이지만 원하시는 분께만 제공된다는 뜻입니다.
⑥ 이 세상 모든 여인들 중에서 오직 당신께만 소원하는 것입니다.
⑦ 그리고 하나님을 만나고 하나님 아버지께만 영광을 돌려야 할 성전의 기능이 바로 세워져야함을 역설하셨습니다.
⑧ 당신 생각만 했어요. 당신께만 할 말이 많았어요.
⑨ 환경이 좋든 나쁘든 하나님께만 초점을 맞추고 자신들의 처지에 눈을 돌리지 않았다.
⑩ 그 어떤 일이 벌어져도 오직 여호와께만 희망을 두었더니 오직 주께서 도와주시리라.

● 께보다
① 고객 여러분께 보다 편리한 서비스를 제공하기 위하여 회원 제를 운영하고 있읍니다.
② 회원 여러분께 보다 폭넓은 혜택과 다양한 특전을 드릴 것을 약속합니다.
③ 하드웨어에서 소프트웨어에 이르기까지 일조환경의 평가와 관련한 모든 것을 준비한 당사는 이러한 실무 경험을 바탕으로 고객 여러분께 보다 한 차원 높은 고품질의 엔지니어링 서비스를 제공하려 합니다.
④ 이같은 전망치는 당초 예상했던 2004년께보다 2 년 여가 앞당겨진 것으로 그만큼 블루투스에 대한 기업들의 투자와 제품개발에 가속도가 붙었음을 방증한다.

● 께조차
① 하나님께조차 버림을 받았다고 느낄 때가 있다.
② 그러면서 저는 부모님께조차 효도를 못해본 자식이 되었습니다.

● 께처럼

① 하지만 그 때 대구서부터 형님의 간병을 맡은 이들이 친아버지<u>께
처럼</u> 너무나 잘해 드리고 있어서 다소 안심이 되었다.

● 께와, 께면

① 오전 7시 50분<u>께와</u> 오후 6시<u>께면</u> 수백대의 자전거 행렬이 양쪽
차도 하나씩을 가득 메운다.

● 께부터

① 오는 20일<u>께부터</u> 이곳에 조성될 공동주택건설용지 9필지 13만
3964평을 주택건설업체들에 선공급할 예정이다.

② LG생명과학은 오는 8월<u>께부터</u> 국내에서 팩티브의 판매에 들어간
뒤 올 하 반기중 미국 시장에 제휴사인 진소 프트Gene Soft를 통
해 팩티브를 내놓을 계획이다.

③ 오후 8시<u>께부터</u> 서울 등 수도권의 개표가 본격적으로 진행되자
또 다시 상황이 급변했다.

④ 취임식장엔 본행사 시작 4시간전인 오전 7시<u>께부터</u> 초청인사들이
속속 입장, 자리를 잡았다.

⑤ 오후 2시<u>께부터</u> 붉은 악마 티 셔츠와 대표팀 유니폼을 입은 시민
들이 몰려들기 시작, 오후 5시<u>께부터</u> 광화문 동화빌딩 앞을 꽉 메
웠다.

⑥ 이번 주말<u>께부터</u> 서울은 활짝 핀 봄 꽃으로 단장될 전망이다.

⑦ 서늘한 바람이 느껴 질 때인 9월 말<u>께부터</u> 방송사의 TV드라마 출
연 요청이 줄을 이었다.

⑧ 이번 인상안은 시 물가대책위원회 심의를 거쳐 빠르면 다음달 15
일<u>께부터</u> 시행될 예정이다.

⑨ 그런데 75년<u>께부터</u> 세계 시장에서 일본 차의 위상이 바뀌었다.

● 께까지

① 또 8월 초하루에서 보름<u>께까지</u> 부는 바람을 8월 가부새 바람 분
다라고 한다.

② 줄거리의 큰 변화에 따라 방송도 내년 6월<u>께까지</u> 연장된다.

③ 최근 서울시내 어느 경찰서앞 횡단보도에 설치된 신호등을 오후

8시 40분부터 밤 12 시께까지 관찰하여 보았다.

④ 줄거리의 큰 변화에 따라 방송도 내년 6월께까지 연장된다.

⑤ 아침 여섯시 반쯤부터 전화통이 울려대기 시작해 새벽 세시께까
지 이어진다.

⑥ 이에 따라 WCDMA 서비스에 관한 KT 차원의 구체적인 계획 또
한 다음달 말께나 확정될 전망이다.

⑦ 그는 둑방 아래의 자드락밭에서 무릎께까지 자란 어떤 채소를 만
지작 거리고 있었다.

⑧ 전에 보던 목각승은 허리께까지 처지는 바랑을 메고 있었는데 지
금 보고 있는 목각은 그런 바랑이 없었다.

⑨ 가슴께까지 늘어진 수염이 있는 얼굴은 무척 평화로와 보였다.

⑩ 군복의 한가지로 조끼모양을 하고 있는데, 뒷솔 기가 단에서 허리
께까지 틔었고 길이가 두루마기처럼 길다.

● 께나

① 10월 공모주 홍수우려 공모주 시장은 10월께나 활기를 찾을 전망
이다.

② 하지만 그 동안 창립총회가 계속 미뤄져, 오는 2월께나 개최될 것
으로 보입니다.

③ 하지만 박찬호는 앞으로도 한 두 차례 더 마이너리그에서 시험 등
판한 뒤 내달 중 순께나 메이저리그에 올라올 예정이다.

● 께야

① 마을로 도착한 뒤 내린 눈으로 뒤덮인 험한 산길을 오르던 설정스
님은 눈 길에 낭떠러지로 떨어져 정신을 잃고, 그 후로 한참이 지
난 초봄께야 노스 님 그리고 감이와 함께 길손이가 혼자 남아있
는 관음암으로 향하게 된다.

② 주민들은 박양을 찾기 위해 자체수색을 벌이다 발견하지 못하자
오후 3시께야 해경에 신고했다.

③ 그날 흐린 날씨 때문에 간절곶에서는 오전 8시 15분께야 해를 볼
수 있었다고 한다.

④ 마을로 도착한 뒤 내린 눈으로 뒤덮인 험한 산길을 오르던 설정스
님은 눈 길에 낭떠러지로 떨어져 정신을 잃고, 그 후로 한참이 지

난 초봄<u>께야</u> 노스 님 그리고 감이와 함께 길손이가 혼자 남아있
는 관음암으로 향하게 된다.
⑤ 배수작업이 끝난 직후부터 복구반은 다시 카펫 교체 작업과 전기
상태검사 등 마무리작업을 진행, 개막식을 불과 4 시간 가량 앞둔
25일 오전 6시<u>께야</u> 사인을 나눌 수 있었다.

여기에서 특이한 점을 지적해야 할 부분은 문법적 형태 '와, 면, 부
터, 까지, 야'와 결합된 형태 '께와, 께면, 께부터, 께까지, 께야' 등은 시
간을 나타내는 단어 뒤에서 어떤 시간을 중심으로 가까운 범위를 나타
냄에 쓰인 것이다.

현대 한국어 형태소 '께'의 의미는 역사적으로 이루어진 것이다. 즉
조사로 '에게'의 높임말로, 또는 접미사로 쓰이면서 어떤 때나 곳을 중
심으로 한 그 가까운 범위를 나타내는 용법은 중세한국어에부터 이미
있었던 것이다. 예를 들면

- 끠 : (께) 님내끠 다 安否ㅎ숩고<석六 1>
  菩薩끠 묻즈붇더<月二 11>
  姑舅끠 다 보내엿다가<家언二 3>
  도죽 ㅎ다가 王끠 자피니<月十 25>
- 쯰 : 님금쯰 가놋다(歸至尊)<杜重十七 25>
- 끠 : (곳, 곳에) 安邊拖北 져즘끠 호지러니<頤齊出塞曲>
- 끠 : (때에) 뎌 주숨끠 그 前節에 비취더니(向來暎當時)<杜初卄四 27>
  보름끠 취ㅎ여 드려와(半頭娶將來)<杜重上 41>
- 븨 : 어니 븨 ㅎ올고<新語一 26>
  섯둘 납향븨 온 눈녹은 물(臘雪水)<東醫湯藥一 5>
- 쯰 : 보름쯰 더브러 와(半頭娶將來)<杜初上 46>

중세한국어에서는 조사로 '에게'의 높임말로 쓰인 형태소와 접미사로
쓰이면서 어떤 때나 곳을 중심으로 한 그 가까운 범위를 나타내는 형태
소는 서로 다른 어음 형태였으나 어음의 역사적 변화로 인하여 현재 동
음어로 되면서 지금과 같은 형태로 쓰이고 있다.

5.4. 맺는 말

상술한 내용을 종합하면 우선 한국어 형태소에는 하나의 어음형태가 어휘적 의미와 문법적 의미를 동시에 나타내는 형태소가 있는데 '께'라는 형태소가 그 가운데의 하나이다. 즉 동음이의어 의미로 방언 어휘의 의미, 조사나 어미와 같은 문법적 의미 및 접미사적 의미를 나타낸다.

다음으로 언어에서 의미라는 것은 변화하는 과정에 있으며 어휘적 의미로부터 문법적 의미로의 추상화 과정도 거친다는 것을 알 수 있다. 때문에 우리는 사전적 정의에만 매일 것이 아니라 변화하는 현실에 기대여 제때에 그 의미와 사용환경을 여러 가지로 정리하고 분석하는 것이 바람직하다.

그 다음으로 한국어 형태소의 분석과 정리는 한국어에 대한 올바른 학습과 전수에 필요하며 자연언어처리 및 문법연구에도 매우 필요한 작업이다. 때문에 언어 학자들은 시대에 따라 여러 가지 형태소에 대한 종합적인 분석을 진행하여야 한다.

마지막으로 오늘의 모든 형태소의 의미와 결합관계는 역사적 변화 과정을 거쳐서 이루어진 것임을 재확인할 수 있다.

❀ 참 고 문 헌 ❀

김병선(2001), 「서로 다른 정보기술용어의 동질성 회복」, 국어생활, 2001년 봄호.
김영황·권승모(1996), 『주체의 조선어 연구 50년사』, 김일성종합대학출판사.
김영황(1978), 『조선민족어 발전력사 연구』, 과학백과사전출판사.
김종록(2002), 『한국언어문화론』, 영한문화사.
강은국(1987), 『조선어의 민족적특성』, 흑룡강조선민족출판사.
고신숙(1987), 『조선어리론문법』, 과학백과사전출판사.
고영근(1987), 『표준중세국어문법』, 탑산출판사.
고영근(2002), 『표준중세국어문법(개정판)』, 집문당.
과학백과(1979), 『조선어문화어문법』, 과학 백과사전출판사.
과학백과(1980), 『조선어어휘론연구』, 과학 백과사전출판사.
과학원(1960), 『조선어문법(1)』, 과학원출판사.
과학원(1960·1963), 『조선어문법(1.2)』, 과학원언어문화연구소.
국립기품원(1996), 『조선표준에 관한 연구』, 국립기술품질원.
국제한국학회(1998), 『한국문화와 한국인』, 사계절.
기표원(2002), 『남북과학기술용어 비교 조사연구』, 기술표준원.
김광수(2001), 「속담에 반영된 조선민족의 문화」 중국조선어문.
김광해(1993), 『국어어휘론개설』, 집문당.
김대(1976), 『조선문화어문법규범』, 김일성종합대학출판사.
김대(1981), 『문화어어휘론』, 김일성종합대학출판사.
김동찬(1987), 『조선어리론문법(단어조성론)』, 과학백과사전출판사.
김수경(1964), 『조선어문법』, 고등교육도서출판사.
김영황(1998), 『조선어민족어발전력사연구』, 과학백과사전출판사.
김진용·김태중·이병희(2003), 『전문용어 정리와 표준화 추진 방향』, 한국과학기술정보연구원.

김진우(1992), 『인간과 언어』, 집문당.

렴종률(1992), 『조선말력사문법』, 김일성종합대학출판사.

렴종률·김영황(1990), 『조선어문법』, 김일성종합대학.

류렬(1990), 『조선말력사』, 사회과학출판사.

리귀배(1988), 『조선어문법리론』, 연변인민출판사.

리근영(1985), 『조선어리론문법』, 과학백과사전출판사.

리만규(1962), 「학술용어 사정의 기본원칙」, 조선어학.

이수락(2001), 「정보기술용어의 우리말 다듬기와 표준화에 관한 연구」, Korean 정보처리 국제학술회의 논문집.

문상규(2001), 「정보통신 분야 표준화 교류 및 협력방안」, Korean 정보처리 국제학술회의 논문집.

박병채(1996), 『국어발달사』, 세영사.

박상준(1947), 『조선어문법』.

박상훈·리근영·고신숙(1986), 『우리나라에서의 어휘정리』, 사회과학출판사.

박용순(1964), 『조선어문체론』, 김일성종합대학출판사.

소강춘(2003), 「국어 관련 분야의 남북 교류 현황과 교류·협력 방안」, 2003년 제4회 국제고려학회 서울지회 논문발표집.

신효식(2004), 「동북아표준화 전문용어협력」 제2회 동북아시아 표준합작 연구토론회, 논문집 p.70 베이징.

심병호(1988), 「과학기술 발전과 학술용어」, 문화어학습 1988년 3호.

연구회(1949), 『조선어문법』, 조선어문연구회.

用語政策(Strategy of Terminnology), 第15回 專門用語 シンポジウム~ 慶応義塾 大學三田 キヤンパス 2002年.

이기문(1988), 『국어사개설』, 탑출판사.

이기용·시정곤(2001), 『정보지식혁명과 전문용어』, 전문용어언어공학연구센터.

이숭녕(1961), 『중세국어문법』, 탑출판사.

이득춘(1987), 『조선어 어휘사』, 연변대학출판사.

이익섭(1994), 『사회언어학』, 민음사.

이익섭·이상억·채완(1997), 『한국의 언어』, 신구문화사.

이현복(1993), 『남북한 언어의 비교연구』, 통일원 교류협력국.

중국술어표준화위(2000), 『術語標准匯集(上, 下)』, 全國術語標准化技術委員會.

정순기·리기원(1984), 『사전편찬리론연구』, 사회과학출판사.

정순태(1987), 「학술용어를 잘 다듬자면」, 문화어학습 1987년 1호.

최기선·박세영·홍성희·오길록, 『한국어공학』 한국과학기술원, 전자통신연구원.

최기선·송영빈(2000), 『전문용어연구(1.2)』, 전문용어언어공학연구센터.

최기선(1998), 『전문용어 표준화를 위한 기반 조성』, 서울 문화관광부.

최기선·신효식(2000), 『전문용어연구(3.4)』, 전문용어언어공학연구센터.

최기선(2001·2002·2003), 『21세기 세종계획 전문용어정비』, 문화관광부·국
	립국어연구원.

최기호(2001), 「남북한의 로마자 표기법의 통일과 ISO계류안 문제」, 2001년,
	Korean 정보처리 국제학술회의 논문집.

형복의(2000), 『문화언어학(文化語言學)』, 湖北敎育出版社.

차광일(1981), 『조선어토대비문법』, 료녕인민출판사.

최명식·김광수(2001), 『현대조선어』, 연변대학출판사.

최석두·박우석·남지순역(2003), 『전문용어학』, 한국문화사.

코텀(2003), 『한국 ISO/TC 37 관련자료집』, 한국 ISO/TC37, 전문위원회.

코텀(2003), 『한국 ISO/TC 37 전문위원회 회의 논문집』, 한국과학술원.

풍지위(1997), 『現代術語學引論』, 語文出版社.

풍지위(2000), 『術語淺說』, 語文出版社.

한정통협(2001), 「정보통신표준화 추진 현황 및 발전방향」, 2001년 Korean 정보
	처리 국제학술회의 논문집.

허웅(1969), 『옛말본』, 과학사.

홍사만(2002), 『국어특수조사연구』, 역락출판사.

홍도삼·최기선·김태석 공역(1998), 『자연언어처리』, 홍릉과학출판사.

■사전 자료 ■■■

『컴퓨터용어대사전』, 컴퓨터용어대사전편찬위원회, 정보문화사, 2000년.

『컴퓨터정보용어대사전』, 성안당 전산용어편집위원회, 2000년.

『남북한의학용어』, 대한의사협회, 1996년.

『북한 7개국어과학기술용어사전(자료)』.

『생물학용어(한영·영한)』, 생물과학협회, 2000년판.

『표준의학사전, 미생물학, 생명공학 용어집, 해양용어사전, 미생물학,분자생물
　　　　학사전』, 코텀기구축웹사전.

『최신판 IT 용어사전』, aiwa Soken 저, 2001년.

『컴퓨터 정보 용어 대사전』, 컴퓨터정보과학용어연구회, 1997년.

『표준전자공학용어사전』, 대한전자공학회, 1997년.

『21세기 컴퓨터용어사전』, 김현숙, 컴퓨터용어연구회 크라운출판사, 1999년.

金山電子詞霸(英漢計算机大詞典朗文英漢綜合電腦詞典)(http://cb.kingsoft.com)

國立情報學硏究所 開發·事業部 http://sciterm.nii.ac.jp/cgi-bin/reference.cgi

『전자통신용어해설집』, 한국전자진흥협회, 1997년.

『정보통신용어사전』, 한국정보통신기술협회, 1993·2001년.

『ISO2382기준(한영조일)정보기술표준용어사전』, 한국어정보학회·중국조선어신
　　　　식학회·조선교육성프로그람교육센터 공저, 2002년.

鄭州大學在線英漢-漢英科技大詞典(http://www3.zzu.edu.cn/zzjdict)

❁ 찾 아 보 기 ❁

TC37위원회 82

ㅍ

파생법 18
파생어 42
표제어 13
표준어 189
표준원칙 160
표준제정 148
표준화 24, 51, 56, 80, 81, 87, 102,
　　103, 114, 149, 171, 178, 181, 184
표준화사업 161
표준화의 분류 81
품사 207, 213
품사론 220, 222
풍부성 16
피동접미사 237

ㅎ

학술용어 92, 105, 111, 169
한국문화 195
한국어화 29
한글 로마자표기법 88
한글 자판 배열 88
한글창제 26
한자 문화권 26
한자사용 199
한자어 전문용어 73, 92
합성법 18, 175
형성원리 181, 184
형성원칙 176
형태론 201, 206, 213, 217, 221
형태소 246, 263
혼종어 33, 136, 150
환경문제 165
활용어미 225

■ 저자 김광수(金光洙, Jin-Guang Zhu)

1989년 중국 연변대학 조선언어문학학과 졸업
1994년 중국 연변대학 조선언어문학학과 석사졸업(문학석사)
2001년 중국 연변대학 조선언어문학학과 박사졸업(문학박사)
1991년~1999년 중국 연변대학 조선언어문학학과 강사
1999년~현재 중국 연변대학 조선언어문학학과 부교수
1997년~1998년 조선 김일성종합대학 조선어문학부 연수
2002년~2004년 한국과학기술원 전문용어언어공학연구센터 박사후 연수연구원

● 저서

『현대조선어』(연변대학출판사, 2001년, 최명식 공저)
『조선어계칭의 역사적고찰』(한국 역락출판사, 2001년)
『표준한국어문법』(漢文 길림인민출판사, 2002년, 이득춘 공저)

● 논문

「중세한국어 한자어동음어에 대하여」(중국조선어문, 1995년)
「화음계몽언해의 정음자표기에 반영된 중국음 성모체계의 몇 가지 특징」(조선김일
　성종합대학학보, 1998년)
「한국어교수에서의 문화인소의 주입」(한국 태학사, 2001년)

남북한 전문용어 비교 연구 ■ ■ ■

인　쇄　2004년　8월　20일
발　행　2004년　8월　27일

저　자　김 광 수
펴낸이　이 대 현
편　집　권 분 옥
펴낸곳　도서출판 역락
　　　　서울 성동구 성수2가 3동 301-80 (주)지시코 별관 3층
　　　　전　화 : 3409-2058, 3409-2060　FAX : 3409-2059
　　　　이메일 : youkrack@hanmail.net
　　　　등　록　1999년 4월 19일 제2-2803호

정 가 . 14,000원
ISBN　　89-5556-326-4-93710

■ 잘못된 책은 교환해 드립니다.